高职英语教学的
发展与创新研究

资灿 ◎ 著

西南交通大学出版社
·成 都·

图书在版编目（CIP）数据

高职英语教学的发展与创新研究 / 资灿著. —成都：西南交通大学出版社，2020.4
ISBN 978-7-5643-7404-4

Ⅰ. ①高… Ⅱ. ①资… Ⅲ. ①英语–教学研究–高等职业教育 Ⅳ. ①H319.3

中国版本图书馆 CIP 数据核字（2020）第 054480 号

Gaozhi Yingyu Jiaoxue de Fazhan yu Chuangxin Yanjiu
高职英语教学的发展与创新研究
资 灿 著

责 任 编 辑	孟 媛
封 面 设 计	原谋书装
出 版 发 行	西南交通大学出版社 （四川省成都市金牛区二环路北一段 111 号 　西南交通大学创新大厦 21 楼）
发行部电话	028-87600564　028-87600533
邮 政 编 码	610031
网　　　 址	http://www.xnjdcbs.com
印　　　 刷	四川煤田地质制图印刷厂
成 品 尺 寸	170 mm × 230 mm
印　　　 张	16.25
字　　　 数	227 千
版　　　 次	2020 年 4 月第 1 版
印　　　 次	2020 年 4 月第 1 次
书　　　 号	ISBN 978-7-5643-7404-4
定　　　 价	89.00 元

图书如有印装质量问题　本社负责退换
版权所有　盗版必究　举报电话：028-87600562

前 言
PREFACE

　　从 20 世纪 80 年代初建立职业大学至今，我国高职教育已经走过了 30 多年的发展历程。1996 年，全国人大通过并颁布了《中华人民共和国职业教育法》，从法律上确定了高职教育在我国教育体系中的地位，由此也拉开了高职教育发展的序幕。1999 年全国教育工作会议召开，中央提出"大力发展高等职业教育"的工作要求，标志着我国高职教育进入了蓬勃发展的历史新阶段。1996 年，我国高等教育的毛入学率仅为 6%，2002 年达到高等教育精英化阶段和大众化阶段的临界点 15%，到 2005 年上升至 21%，10 年间年均递增 1.5 个百分点。这其中，高职教育的快速发展起到了基础性与决定性作用。教育部的相关数据显示，截至 2017 年 8 月，全国共有职业院校 1.23 万所，开设近千个专业、近 10 万个专业点，年招生 930.78 万人，在校生 2680.21 万人，中职、高职教育分别占中国高中阶段教育和高等教育的"半壁江山"。

　　虽然高职教育取得了长足进步，但是其不足之处也较为明显。一个突出的问题就是生源质量逐年下降，高职学生的英语水平参差不齐，大部分学生的英语基础比较薄弱，这导致了教学难度的增加，在英语教学中表现得尤为明显。

　　从整体来看，很多学生自认为与英语"绝缘"，缺乏对英语学习的兴趣。此外，高职院校的英语教学长期以来深受传统教学模式的影响，思想观念相对落后，教学方式单一，严重缺乏新意。教师在课堂教学中无法灵活地转换角色，忽视了学生的主体地位，只是一味地进行"填鸭式"教育，缺乏语言环境的营造，使得学生在课堂上只是被动接受，课堂氛围死气沉沉，学生难以在课堂中感受到学习的乐趣，教师无法从课堂上得到反馈。高职英语传统的教育教学思想、教学模式、教学内容、教学方法等已不能适应新时代社会快速发展的需要。

在经济全球化趋势日益增强的今天，作为世界语言的英语的作用更为凸显。进入21世纪以后，随着我国国际交往的日益频繁，社会发展需求和高等教育国际化所带来的学科发展需求的变化，要求大学英语的教学内容和教学目标做出相应调整的呼声越来越高。然而，受传统教学模式的影响，高职大学英语教学面临很多问题，如学生的语言综合应用能力不足（甚至到大学毕业，很多学生都不能达到社会对英语这门世界性通用语言的要求）、自主学习英语的能力未得到充分培养、教师的知识结构单一、不能很好地满足技术技能型人才的培养需要；在进入电子传媒、网络时代后，新的学习方式，如慕课、微课等网络学习对传统的、单一的英语教学方式提出了挑战。对此，高职大学英语教学的深入改革与创新势在必行，英语教学有必要在转变教学思想、革新教学模式、创新教学策略、优化教学评估的基础上，寻求更大的进步与发展。本书正是为顺应这一要求而写作的。

本书对高职英语教学的发展历程、现状、教学内容、教学风格、教学模式、教学手段等方面做了系统的研究，并在经济全球化、网络化、信息化的新时代背景下，提出了高职英语教学的改革思路，对高职英语教学的内容、模式、风格、方法与手段等方面进行了创新研究，供广大高职院校英语教学工作者参考。

在本书写作过程中，参考了大量文献和专著，并引用了部分专家和学者的观点，在此一并表示感谢。由于水平有限，书中难免存有疏漏和不当之处，还望广大读者批评指正。

目 录
CONTENTS

第一章　高职大学英语教学概述 ……………………………………001
　　第一节　大学英语教学发展历程与现状分析 ………………001
　　第二节　大学英语教学改革概述 ……………………………029
　　第三节　高职大学英语教学改革的新要求和新形势 ………045
　　第四节　高职大学英语教学的对策和建议 …………………055

第二章　高职大学英语知识教学 ……………………………………060
　　第一节　高职大学英语语音教学 ……………………………060
　　第二节　高职大学英语词汇教学 ……………………………077
　　第三节　高职大学英语语法教学 ……………………………091

第三章　高职大学英语技能教学 ……………………………………103
　　第一节　高职大学英语听力教学 ……………………………103
　　第二节　高职大学英语口语教学 ……………………………114
　　第三节　高职大学英语阅读教学 ……………………………130
　　第四节　高职大学英语写作教学 ……………………………139
　　第五节　高职大学英语翻译教学 ……………………………151

第四章　高职大学英语文化教学 ……………………………………169
　　第一节　高职大学英语文化教学简述 ………………………169
　　第二节　高职大学英语文化教学的目标与内容 ……………181

第三节 大学英语文化教学的原则与方法 ……………… 193

第五章 **高职大学英语情感教学与学习风格** ……………… 206
  第一节 高职大学英语情感教学 ……………………… 206
  第二节 高职大学英语学习风格 ……………………… 217

第六章 **信息化教学手段在高职英语教学中的应用** …… 229
  第一节 信息化教学模式 ……………………………… 229
  第二节 信息化手段下的学习模式 …………………… 230
  第三节 信息化手段下的教学方法 …………………… 231

第七章 **翻转课堂、混合式教学在高职英语教学中的应用研究** ……………………………………… 233
  第一节 基于翻转课堂理念的混合式教学模式 ……… 234
  第二节 混合式教学模式的构建 ……………………… 237
  第三节 高职英语课堂混合式教学的必要性和可行性 …… 239
  第四节 混合式教学模式有效实施的反思及建议 …… 241

第八章 **在高职英语教学中融入思政教育** ……………… 243
  第一节 高职院校学生的思想现状分析 ……………… 243
  第二节 改变高职院校学生思想状况的方法 ………… 247

参考文献 ……………………………………………………… 250

第一章
高职大学英语教学概述

经过几十年的发展，我国的高职英语教学取得了显著的成绩。高职英语教学在教与学两个层面上的改革都取得了明显的进步，在教学理论、教学内容、教学方式、教学效果、教学实践上都有较大的改变。但随着社会的发展，社会各界对大学生英语水平提出了更高层次的要求，高职英语教育教学的研究与发展与本科大学的英语教育教学的研究与发展还存在很大差距。高职教育的目标是为社会培养高素质劳动者，在英语教育方面更应该注重应用性和实际效果。尽管目前我国大学英语教学已经历经了三个重要的历史时期，进入到新的历史转型期，但是仍然有必要从整体上梳理一下大学英语教学在我国的发展历史与现状，以便对高职大学英语教学进行更深入的探讨。

第一节 大学英语教学发展历程与现状分析

一、大学英语教学的发展历程

大学英语教学改革从未停下脚步，一直在向前发展。就其本质来说，大学英语教学发展和变化的过程就是不断改革、创新、探究的过程。因此，这里主要对教学大纲、课程设置、师资建设、教材建设这四个主要层面的发展历程进行回顾。

（一）教学大纲的发展历程

为了适应国家经济建设和社会发展的需要，在教育部的领导下，专家团队基于对大学英语教学实际需求的认识，制定了不同历史时期的教学大纲。这些大纲凝结了教育部门和行政管理部门的思想，是对大纲制定者教育观、语言观、语言学习观的集中反映。

教学大纲是以一定教学理论与教学思想为指导，对教学要求、教学目标、教学内容以及教学评估等进行规定和描述的文件。[①]通过对近年来高校英语教学大纲的比较和分析，能对目前高校英语教学的历程和教学状况有一个整体性的认识。

1. 1962年《英语教学大纲（试行草案）》

《英语教学大纲（试行草案）》是中华人民共和国成立以来公布的第一份大学英语教学大纲。此大纲是供高等工业学校本科五年制各类专业使用的。该大纲的制定是基于特殊的历史背景，当时我国除了受西方国家的封锁，几乎和外部世界断绝了往来之外，国内还受到极端思潮的影响，对西方国家除科技外的一切都持有排斥的态度。同时，中学阶段的教学也被忽视多年，才刚开始复苏。

针对上述时代背景，1962年教育部拟订了《英语教学大纲（试行草案）》。其中提出当时的大学英语教学目的：为学生今后阅读本专业英语书刊打下较扎实的语言基础。

这一教学大纲反映了当时特定的历史背景，具体包含三个层面的内容：一是以阅读为导向；二是以科技英语为主；三是给学生打语言基础。

综上所述，通过对1962年的《英语教学大纲（试行草案）》进行回顾，不难发现这个教学大纲作为中华人民共和国成立以来的第一份英语教学大纲，存在着诸多历史局限性，但它是与我国20世纪60年代大学英语教学实际水平相吻合的，并对规范当时的英语教学、提高英语课程的地位有着积极的作用，在我国大学英语教育史上有着重要

---

① 王守仁. 高校大学外语教育发展报告（1978—2008）[M]. 上海：上海外语教育出版社，2008：39.

的意义。

2. 1980年《英语教学大纲（高等学校理工科本科四年制试用）（草案）》

《英语教学大纲（高等学校理工科本科四年制试用）（草案）》（以下简称《英语教学大纲（草案）》）是改革开放以来颁发的第一份大纲。它是清华大学、北京大学受教育部的委托提出初稿，并在1980年6月在上海召开的高等学校理工科公共外语教材编审委员会扩大会议上经讨论和修改之后，由编委会审定通过的。

1980年的《英语教学大纲（草案）》是"文化大革命"结束三年多后起草和制定的，当时教学界处在拨乱反正的环境，经济和社会处于恢复发展时期。这份教学大纲是为高等学校理工科本科四年制试用，且在教学目的、教学要求、教学内容等方面参照了1962年的教学大纲。

这份教学大纲还将大学英语教学分为基础英语教学阶段和专业阅读教学阶段两个阶段。其中规定的教学目的是：基础英语教学阶段为学生阅读英语科技书刊打下较扎实的语言基础，专业阅读阶段使学生具备比较顺利地阅读有关专业的英语书刊的能力。

此外，该大纲在词汇、阅读、听说写能力、教学安排、教学目的等方面也规定了具体的内容，如表1-1所示。

表1-1 《英语教学大纲（草案）》规定的具体教学内容

词汇教学要求	基础阶段	掌握单词1 500~1 800个，一般要求能英汉互译，能正确识别词类，选择词义
	专业阅读阶段	掌握单词800~1 000个，要求能英汉互译，能正确识别词类，选择词义
阅读教学要求		1. 基础阶段结束时能阅读与后期课文难易程度相当、内容可以为学生理解的科普或一般科技文章，理解正确，并能做中文摘要。阅读速度为每小时2 500~3 000印刷符号（生词不超过15个） 2. 专业阅读阶段结束后，阅读有关专业书刊的速度应达到每小时4 000~5 000印刷符号。从基础阶段后期要注意快速阅读能力的培养

续表

听说写能力 教学要求	1. 能听懂课堂用语 2. 能听懂及回答根据课文提出的问题 3. 能听写词汇熟悉的短文 4. 能把结构不太复杂的句子正确地译成英语
教学安排	1. 基础阶段的教学时数，工科应在240学时以上，理科应为300学时左右，一般安排在第一至第四学期 2. 专业阅读阶段一般每周安排2学时，持续2~3个学期
教学对象	中学学过英语的学生，他们入学时应掌握700~800个单词及最基本的语法知识，能比较顺利地朗读学过的课文

就教学目的来看，1980年的《英语教学大纲（草案）》中基础阶段的教学目的照搬了1962年大纲中的内容，这也表明了1980年大纲制定者对1962年大纲制定者教学思想的认可。

综合来说，1980年的《英语教学大纲（试行草案）》考虑了不同程度学生的不同需求，鼓励学生选择适合自己的学习内容：入学时英语水平超过大纲规定第一阶段要求的学生，可通过测试，进入第二或第三阶段学习。对于那些提前达到或达到大纲基础阶段教学要求的学生，可开设高级阅读课、听力课、翻译课、会话课、科技英语写作课等英语选修课。这些内容是对1962年大纲内容的创新，体现了因材施教的教学理念，并在后期为大纲制定者所继承和发展。

3. 1985年《英语教学大纲（高等学校理工科本科用）》和1986年《大学英语教学大纲（高等学校文理科本科用）》

与1962年和1980年的教学大纲相比，1985年《英语教学大纲（高等学校理工科本科用）》和1986年《大学英语教学大纲（高等学校文理科本科用）》这两份大纲的教学内容更加详尽、完整。这两份大纲所规定的教学目的、教学要求、教学安排基本上是一致的，结构也大体是相同的，正文都分为教学对象、教学目的、教学要求、教学安排、大学英语教学中需要注意的几个问题以及测试六个部分。下面就对其中的几个部分进行具体分析。

（1）教学目的。

理工科大纲规定的教学目的为：培养学生具有较强的阅读能力、一定的听和译的能力以及初步的写和说的能力，使学生能以英语为工具，获取专业所需要的信息，并为进一步提高英语水平打下较好的基础。文理科大纲教学目的则省略了"译的能力"。

（2）教学要求。

这两个大纲在教学要求方面保留了1980年大学英语教学大纲中将英语教学分为基础阶段和专业阅读阶段的做法。其中理工科各阶段的教学要求如表1-2所示。[①]

表1-2　1985年《英语教学大纲（高等学校理工科本科用）》内容

基础阶段	基本要求	1. 语音：能运用国际音标和基本读音规则拼读单词。朗读时语音语调基本正确
		2. 词汇：掌握3 800～4 000个单词以及一定量的习语，并具有按照基本构词方法识别生词的能力。对其中2 500左右的常用词，要求拼写正确、能英汉互译，并掌握它们的基本用法（中学所掌握的单词和习语包括在内）
		3. 语法：在中学原有的基础上，进一步扩大与加深基本语法知识，侧重语法结构在语言交际活动中的运用
		4. 阅读能力：掌握基本阅读技能，能顺利阅读并正确理解语言难度中等的一般题材文章和科普、科技读物，阅读速度达到每分钟50词。阅读难度略低、生词不超过3%的材料，速度达到每分钟80词，阅读理解的准确率以70%为合格
		5. 听的能力：能听懂英语讲课，对题材熟悉、句子结构比较简单、基本上没有生词、语速为每分钟120词的听力材料，一遍可以听懂，听力理解的准确率以70%为合格

[①] 王守仁. 高校大学外语教育发展报告（1978—2008）[M]. 上海：上海外语教育出版社，2008：45-47.

续表

基础阶段	较高要求	1. 词汇：掌握 5 000～5 300 个单词以及一定量的习语，并具有按照基本构词方法识别生词的能力。对其中 3 000 左右的常用词，要求拼写正确、能英汉互译，并掌握它们的基本用法（中学所掌握的单词和习语包括在内） 2. 阅读能力：掌握较高的阅读技能，能顺利阅读并正确理解语言难度较高、内容比较广泛的一般题材文章和科普、科技读物，阅读速度达到每分钟 70 词。阅读难度略低、生词不超过总词数 3% 的材料，速度达到每分钟 120 词，阅读理解的准确率以 70% 为合格 3. 听的能力：对题材熟悉、句子不太复杂、基本上没有生词、语速每分钟约 140 词的听力材料，一遍可以听懂，听力理解的准确率以 70% 为合格
	专业阅读阶段	1. 词汇：掌握 1 000～1 200 单词以及一定量的习语（不包括中学和基础阶段的词汇量） 2. 阅读能力：能顺利阅读并正确理解有关专业的书籍和文章。阅读速度达到每分钟 70 词，阅读理解的准确率以 70% 为合格

（3）教学安排。

在教学安排方面，基础阶段的教学时数应不少于 240～280 学时，安排在第一至第四学期。每周四课时。基础阶段的教学分为六级，每学期为一级，每级为 60～70 学时。一般学生在两年中可从第一级学到第四级（达到基本要求）。对于起点比较高、学有余力的学生来说，可以从第二级或第三级开始，学到第五级或第六级（较高要求）。对于起点比较低的学生来说，可设置预备一级和预备二级。专业阅读阶段安排在基础阶段结束后的第五到第七学期进行，每周有两个学时作为必修课开设，阅读总量为 250 000 词。若条件许可，还可以从三年级开始开设若干提高性质的外语选修课程。

（4）教学测试。

理工科大纲和文理科大纲都规定：基础阶段各级教学结束后均应安排考试，其中第四、六级结束时，应按本教学大纲的要求进行全国统一考试。

结合上述大纲的内容不难发现，新的教学大纲要求有所提高，而且以科学性、先进性、实用性为指导思想，对听、说、读、写等教学目标和要求进行了定性、定量的描述，并首次提出了分级教学，进一步规范了大学英语教学。

4. 1999年《大学英语教学大纲（修订本）》

受国家教育委员会委托，高等学校大学外语教学指导委员会在1996年5月成立了"面向21世纪的大学英语课程教学内容与课程体系改革研究与实践"项目组，目的是修订大学英语教学大纲。经过两年多的努力，《大学英语教学大纲》的正文和词汇表、语法结构表、功能意念表和语言技能表的修订工作得以完成，并于1998年12月下旬提交高等学校大学外语教学指导委员会英语组扩大会议审定通过。

根据《大学英语教学大纲（修订本）》，大学英语教学的目的为："培养学生具有较强的阅读能力和一定的听、说、读、写、译能力，使他们能用英语进行信息交流。大学英语应帮助学生打下扎实的语言基础，掌握良好的语言学习方法，提高文化素养，以适应社会发展和经济建设的需要。"经分析可以发现，原来处于第三层次的"初步的写和说的能力"在该教学目标中被提升到了第二层次。同时该大纲对学生的语言应用能力的要求由之前的三个层次变为两个层次。其中，第一层次的要求是阅读，可见修订后的大纲对阅读十分重视。此外,《大学英语教学大纲（修订本）》注重打好语言基础的重要性，指出"'打下坚实的语言基础'，这不仅必要而且也是可以争取达到的目标"。

《大学英语教学大纲（修订本）》教学安排包括两个阶段：基础阶段和应用提高阶段。其中基础阶段与理工科大纲和文理大纲分级教学的做法相同，将教学要求分为基本要求和较高要求，其中基本要求是达到四级，较高要求是达到六级。而应用提高阶段包括专业英语课和高级英语课，其中专业英语课是必修课，高级英语课是选修课。

此外，《大学英语教学大纲（修订本）》对原来大纲中"第四、第六级结束时，应按本教学大纲的要求进行全国统一考试"这一规定进行了修订，改为"考试形式可以是学校自行命题考试、试题库测试和全国统一考试等"。

《大学英语教学大纲（修订本）》还对原来大纲中的语法结构表、功能意念表和技能表进行了修订，同时增加了以下内容：部分国家（或地区）、语言、国民及国籍表，常用英美人名表，常用地名表，常用前缀、后缀以及常用缩写词，这些内容以附录的形式存在。

《大学英语教学大纲（修订本）》将原理工科和文理科两份大纲进行了合并，变为一份；确定了教学对象，即全国各类高等院校的本科生；提出"英语学习四年不断线""分类要求和因材施教"等思想；首次将大学英语四级定为全国各类高校均应达到的基本要求。可以说，《大学英语教学大纲（修订本）》是当时"大学英语教学上新台阶"的一项十分重要的成果。

5. 2000年颁布的《高职高专教育英语课程教学基本要求（试行）》

2000年10月教育部高教司颁布了《高职高专教育英语课程教学基本要求（试行）》，这是迄今为止对高职大学英语教学要求最重要的规定。

《高职高专教育英语课程教学基本要求（试行）》对高职大学英语教学的适用对象、教育目的、教学要求都做了明确的要求。鉴于目前高职、高专和成人高专学生入学时的英语水平差异较大，本课程的教学要求分为A、B两级，实行分级指导。A级是标准要求，B级是过渡要求。入学水平较高的学生应达到A级要求，入学水平较低的学生至少应达到B级要求。随着入学英语水平的不断提高，学生均应达到A级要求。

《高职高专教育英语课程教学基本要求（试行）》还强调了在高职英语教学中需要注意的几个问题。

其一，高职高专教育培养的是技术、生产、管理、服务等领域的高等应用型专门人才。英语课程不仅应打好语言基础，更要注重培养实际使用语言的技能，特别是使用英语处理日常和涉外业务活动的能力。

其二，打好语言基础是英语教学的重要目标，但打好基础要遵循"实用为主、够用为度"的原则，强调打好语言基础和培养语言应用能力并重；强调语言基本技能的训练和培养实际从事涉外交际活动的语言应用能力并重。

其三，重视语言学习的规律，正确处理听、说、读、写、译之间的关系，确保各项语言能力的协调发展。目前要特别注意加强听说技能的培养。

其四，考虑到目前学生入学英语水平的差异，教学和测试分 A、B 两级。对入学时未达到标准入学水平的学生应进行必要的补充训练，逐步使学生都能达到 A 级要求，以保证基本要求的全面落实。

其五，在完成《高职高专教育英语课程教学基本要求》规定的教学任务后，应结合专业学习，开设专业英语课程，这既可保证学生在校期间英语学习的连续性，又可使他们所学的英语得到实际的应用。

其六，正确处理测试和教学的关系。语言测试应着重考核学生实际运用语言的能力，防止应试教育。与此同时，科学的测试又能为教学改革和语言学习提供积极的反馈，是提高教学质量的必要保证。

其七，积极引进和使用计算机多媒体、网络技术等现代化的教学手段，改善学校的英语教学条件。组织学生参加丰富多彩的英语课外活动，营造良好的英语学习氛围，激发学生学习英语的自觉性和积极性。

6. 2004 年《大学英语课程教学要求（试行）》

教育部高教司于 2003 年 2 月成立"大学英语教学基本要求"项目组，制订了《大学英语课程教学要求》。教育办公厅于 2004 年 1 月印发了《大学英语课程教学要求（试行）》（以下简称《课程要求（试行）》），同时要求在文件精神的指导下开展大学英语教学改革工作。《课程要求（试行）》正文由六部分组成，即教学性质和目标、教学要求、课程设置、教学模式、教学评估、教学管理。下面分别予以阐述。

（1）教学性质和目标。

《课程要求（试行）》在"教学性质和目标"这一部分这样描述大学英语："大学英语是以英语语言知识与应用技能、学习策略和跨文化交际为主要内容，以外语教学理论为指导，并集多种教学模式和教学手段为一体的教学体系。"该文件第一次将学习策略和跨文化交际纳入教学内容。此外，它还首次提出大学英语教学是"集多种教学模式和教学手段为一体的教学体系"。

就大学英语教学目标这部分而言，《课程要求（试行）》将其确定为："培养学生的英语综合应用能力，特别是听说能力，使他们在今后工作和社会交往中能用英语有效地进行口头和书面的信息交流，同时增强其自主学习能力，提高综合文化素养，以适应我国社会发展和国际交流的需要。"与之前的教学大纲相比，该文件中的教学目标的内涵更全面、更丰富。

（2）教学要求。

《课程要求（试行）》将教学要求分为一般要求、较高要求和更高要求三个层次。其中，一般要求是每个大学毕业生应达到的目标。那些英语基础好、学有余力的大学新生则可以将较高要求和更高要求作为英语学习目标。当然，我国的大学英语教学应因地制宜，避免"一刀切"。一方面，为了保证人才培养质量，我国所有高等院校非英语专业本科生经过大学阶段的英语学习与实践应达到一般要求；另一方面，每个学校可根据自身情况自主确定大学英语教学目标，提出较高要求或更高要求。

但是《课程要求（试行）》省略了之前大纲中的语音、语法，对各项英语能力的排序也做了一定的调整，分别是听、说、读、写、译，强调听说，将词汇放在最后。

(3)课程设置。

《大学英语课程教学要求(试行)》对大学英语课程设置进行了详细描述,在原则上要求各高等学校"将综合英语类、语言技能类、语言运用类、语言文化类和专业英语类等必修课程和选修课有机结合",并将课程的具体名称列出来。此外,该文件针对大学英语课程设计提出的要求还包括"要充分体现个性化""应大量使用先进的信息技术""应充分考虑对学生文化素质培养和国际文化知识的传授"等。

(4)教学模式。

在教学模式部分,《大学英语课程教学要求(试行)》提出,要对传统英语教学模式进行改革,建立以计算机和课堂为基础的新的教学模式。其具体要求为"各高等学校应充分利用现代信息技术,采用基于计算机和课堂的英语教学模式,改进以教师讲授为主的单一教学模式,新的教学模式应以现代化信息技术,特别是网络技术为支撑,使英语的教与学不受时间和地点的限制,朝着个性化和自主学习的方向发展"。需要提及的是,在将计算机网络运用于外语教学的过程中,不能完全否定现有教学模式,而是充分考虑和合理继承其优秀部分。

(5)教学评估。

《大学英语课程教学要求(试行)》第一次提出将形成性评估和终结性评估结合起来,建立准确、全面、科学、客观的评估体系。该文件以附件的形式下发推荐性"学生英语能力自评/互评表",按照三个层次,即一般要求、较高要求和更高要求来评估学生的英语能力。就目标要求的评估而言,学校在充分考核学生实际使用语言进行交际能力的基础上,采取多种不同的形式,如可以参加全国统一考试,也可以根据《大学英语课程教学要求(试行)》中一般要求、较高要求或更高要求单独命题组织考试,还可以实行地区或校际联考。

(6)教学管理。

《大学英语课程教学要求(试行)》首次增加了教学管理的内容。此外,文件中第一次涉及大学英语师资队伍建设,指出学校应加强对英语教师的培训和培养工作,使他们尽快适应新的英语教学模式。

总之,《大学英语课程教学要求(试行)》是一份十分重要的文件,体现出改革的精神,时代性较强,极大地推动了我国高校的大学英语教学改革。当然,文件也存在一些不足,有待于进一步完善。

7. 2007 年《大学英语课程教学要求》

教育部高教司于 2006 年 11 月成立了《大学英语课程教学要求(试行)》修订项目组,并于同年 11 月 8 日在北京举行第一次会议,正式启动修订工作。2007 年 3 月修订项目组第二次会议在南京举行,在会上形成了《大学英语课程教学要求》正文修订稿。后又继续修订工作,并于 2007 年 5 月定稿。2007 年 7 月,教育部办公厅正式印发修订后的《大学英语课程教学要求》。

《大学英语课程教学要求》主要是对《大学英语课程教学要求(试行)》中的部分内容,如教学性质和目标、教学要求、课程设置、教学评估等进行一些调整、增补和修改,下面以教学性质和目标、教学要求的更改为例进行说明。

在教学性质和目标部分,《大学英语课程教学要求》调整了《大学英语课程教学要求(试行)》中对大学英语描述的顺序,改为"大学英语教学是以外语教学理论为指导,以英语语言知识与应用技能、跨文化交际和学习策略为主要内容,并集多种教学模式和教学手段为一体的教学体系"。

在教学要求部分,《大学英语课程教学要求》坚持了《大学英语课程教学要求(试行)》中三个层次的框架结合与规定,对较高要求和更高要求的设置进行重新说明:"较高要求或更高要求是为有条件的学校根据自己的办学定位、类型和人才培养目标所选择的标准而推荐的。各高等学校应根据本校实际情况确定教学目标……"。此外,《大学英语课程教学要求》对三个层次的要求中与听、说、读、写、译有关的内容进行了微调。例如,将原来一般要求的听力理解能力中"能听懂慢速英语节目,语速为每分钟 130 词左右"改为"能听懂语速较慢(每分钟 130~150 词)的英语广播和电视节目",将原来较高要求的听力理解能力中"能听懂题材熟悉、篇幅较长的国内英语广播或电视节目，语速为每分钟 150 词左右"改为"能基本听懂题材熟悉、篇幅较长的英语广播和电视节目，语速为每分钟 150~180 词"。将原来一般要求的翻译能力中"能在翻译时使用适当的翻译技巧"移到"较高要求"。

可以说，《大学英语课程教学要求》对于我国当前和今后一段时期大学英语教学具有重要的指导意义，对大学英语教学改革起到推动、深化作用，进而利于提高教学质量。

（二）课程设置改革的历程

教学目标决定着教学内容，而教学内容又对课程设置起决定作用。上面已经对教学大纲做了简要的回顾，下面就来回顾一下课程设置的改革历程。

1. 初始阶段

初始阶段是从 1962 年到 1984 年，以"文化大革命"为界，"文化大革命"前和"文化大革命"后的课程设置各有其自身的要求，具体分析如下。

（1）"文化大革命"前。

我国大学英语课程始于 1956 年，就是当时的公共英语教学。20 世纪 60 年代后，将公共英语作为选修课的学生人数急剧增加。1962 年，《英语教学大纲（试行草案）》的颁布为其改革提供了契机，因为该大纲的目的是"为学生今后阅读本专业英语书刊打下扎实的语言基础"。1966—1977 年，我国外语教学基本处于停滞状态。

综合来讲，改革开放前，大多数学生都认为大学英语课程只是大学的一门选修课而已，人们感受不到英语的重要性，学生学习的积极性并不高。

（2）"文化大革命"后。

1978 年以后，党中央陆续召开了多次外语教育工作会议和座谈会。在 1978 年的座谈会上，廖承志首次提出了大中小学外语教育的一条龙计划。他特别强调要打好外语的基础。1979年,党中央还印发了全国外语教育座谈会的纪要《加强外语教育的几点意见》(以下简称《意见》)。其中《意见》提出了两条关键性的意见:一是要加强中小学的外语教育,外语课是一门重要的基础课程,三五年内要在城市中学普遍开设,甚至一些有条件的城市从小学阶段就要开设;二是要对大学英语教学加以重视和研究,将其重心放在增加高校外语课时上。

1979年冬季,在《意见》的要求和教育部的委托下,清华大学、北京大学等多所高校联合制订了《英语教学大纲(草案)》,并于1980年顺利通过。《英语教学大纲(草案)》同样过于强调英语基础的重要性,而忽视了实践的问题,从而使教学要求无法实现。

2. 分类分级阶段

分类分级阶段是从1985年到1993年,这一时期对中小学外语教育的重视使大学英语课程面临新的调整与改革,这从1985年和1986年的两份大纲中可以体现出来。这两份大纲主要存在以下特点。

(1)强调语言基础的重要性。

两份大纲指出,大学英语基础阶段的教学重点必须将语言共核放在首位,以利于学生打下坚实的基础。

(2)提高了教学要求。

例如,1962年和1980年的大纲对阅读的要求是每分钟达到10~15个词,而这两份大纲要求每分钟50词;阅读难度略低,生词不超过总词数的3%时,速度应达到每分钟80词。

(3)开始培养学生的交际能力。

两份大纲指出,英语教学既要传授必要的语言知识,又要引导学生运用所学语言知识和技能进行各种语言交际活动。

(4)实行分级教学。

两份大纲将大学英语基础教学分为六个级别,将一至四级规定为必修课程,将五至六级规定为选修课,然后通过各种表格,对各级教学内容和要求做出规定。应该说,这一做法是大学英语教学的一个重大突破。

（5）突出分类指导。

两份大纲在教学目的、教学重点、筛选词汇的标准、课时分配上都有所不同。

基于这两份大纲，原国家教委陆续组织了大学英语四、六级考试，并产生了巨大的影响。自此，全国大学英语教学逐渐走上了统一大纲、统一考试的道路。

3. 统一大纲、考试阶段

统一大纲、考试阶段是从1994年到2001年。1994年7月和12月，原国家教委分别在大庆和桂林召开了全国大学英语教学研讨会和全国大学英语教学上新台阶座谈会。这两次会议最终导致了1999年《大学英语教学大纲（修订本）》的形成。这份修订大纲具有如下几个特点。

（1）强调语言基础教学。

《大学英语教学大纲（修订本）》提出，大学英语教学的目的是培养学生的阅读能力和听、说、读、写、译能力，使他们可以用英语进行交流。大学英语教学要为学生打下扎实的语言基础，使学生可以掌握良好的语言学习方式，提高自身的文化修养，以适应社会和经济发展的需要。

（2）突出阅读能力的培养。

新的教学大纲还将教学目标中阅读定义为第一层次要求，听、说、写、译定义为第二层次要求。

（3）淡化语言交际能力。

新大纲指出，语言基础知识包括语言知识和语言应用能力；语言教学既要重视语言知识的准确性，又要注意语言使用的流利程度和得体性。

（4）统一大纲、统一考试。

新的大纲指出，文、理不分科，也不再只适用于重点大学，而是全国各类高校学生均可参加。还强调，要将四级定为全国各类高校学生都应达到的基本要求。

4. 听说领先、计算机教学阶段

从 2002 年至今发生了一次大学英语教学改革,即进入了听说领先、计算机教学阶段。与之前相比,本次改革在培养目标和内容上均发生了较大变化。

(1) 培养目标的变化。

2004 年,教育部正式批准了《大学英语课程教学要求(试行)》。该要求具有两大特点。

① 首次以大纲的形式强调听说能力的培养。具体内容为:以培养学生的英语综合应用能力为目标,特别要培养学生的听、说能力,使他们在今后工作和社会交往中可以用英语有效地进行交流,同时增强其自主学习能力,提高综合文化素养,以适应我国社会发展和国际交流的需要。

② 改变了传统的大学英语教学模式。《大学英语课程教学要求(试行)》提出,要充分利用现代信息技术,采用基于计算机和课堂的英语教学模式,改进以教师讲授为主的单一教学模式。另外,各高校还要建立网络环境下的听说教学模式。

在各高等院校的大学英语教学目标和教学模式都发生了一定变化的情况下,大学英语教学的内容和课程设置也受到了影响。

(2) 改革内容的变化。

在这次改革刚刚启动的时候,教育部制订了两个重要文件:《大学英语教学改革基本思路》和《大学英语教学改革工程草案》,并于 2002 年的大学英语教学改革的座谈会上进行了讨论。从改革的细则可以看出,本次改革的目标并不是提高学生的听说能力,而是培养学生运用英语进行学习和研究的能力。

(三) 师资建设改革的历程

在过去 30 多年,我国大学英语教师师资建设工作取得了很大的进步，无论是教学水平还是队伍结构都逐渐得到了改善，基本可以满足人才培养的需要。下面就对我国大学英语师资建设的发展历程进行回顾。

1. 1978 年以前的师资建设

1978 年以前，大学英语师资队伍发展得并不理想。1978 年，经国务院批准我国首次召开了外语教育座谈会，提出了《加强外语教育的几点意见》，包括两个问题：一个是中华人民共和国建立初期大力发展了俄语教育，忽视了英语和其他语种，导致外语教育的片面发展；另一个是注意了专业外语教育，对高校公共外语教育和中小学外语注意不够。显然，当时的外语教育政策对大学英语师资队伍的建设和发展产生了巨大的影响。针对这两大问题，特别是师资队伍匮乏的现状，1979 年出台的《加强外语教育的几点意见》第 5 点特别强调"大力抓好外语师资队伍的培养和提高"。文件指出"目前高等学校外语教师队伍青黄不接，高水平的骨干教师后继乏人"。为了解决这一难题，教育部开始着手扩大高校外语专业的招生规模以培养师资；开展多种形式的进修活动，为了解决英语师资缺乏和水平不高的问题，自 1979 年到 1981 年，三年内每年聘请外籍英语教师和国外华侨 100 名左右。

2. 20 世纪八九十年代的师资建设

1980 年，国务院批准教育部制订了《1980 年至 1983 年高校英语教师培训计划》。根据这一计划，北京外国语学院和上海外国语学院等 16 所院校负责英语专业教师的培训工作，清华大学、天津大学、上海交通大学等 9 所理工院校外语系负责培训公共英语师资的任务。据统计，从 1980 年至 1983 年，三年内 9 所理工院校的外语系共为高校培训了 2 100 多名公共英语教师。这是一次规模浩大的师资培训，可以说全国有五分之一的公共英语教师接受了这次培训。自从这次大规模的培训之后，教育部一直延续着这一工作，许多高校设立了固定的公共英语教师培训中心，如天津大学、上海交通大学、重庆大学等。

1984 年，教育部又进一步提出扩招英语专业的学生。要求 3 所外国语学院、2所师范大学以及10所综合性大学都进行扩招。其中3所外国语学院每校增招英语专业20人（一个班），2所师范大学和10所综合性大学每校扩招英语专业10人，这样每年扩招180人左右，学生一旦毕业就能满足高校公共外语师资的需求。随后除了上述三种院校招收英语专业的学生外，许多高校也开设了科技英语专业，进而培养了大批的大学英语教学人才。到了20世纪80年代末，全国高校从事大学外语教学的教师就达到了2万人，且多是英语教师。

与20世纪80年代前的师资力量相比较，80年代后的英语教师能力，尤其是听说水平有明显的提升。大学英语教师在参与各种师资培训的活动中，既提高了听、说、读、写等基本技能，又学习了语言测试、二语习得、心理语言学以及社会语言学、外语教学法等理论，从而大大提高了大学英语教学的质量。在教育部的大力支持与鼓励下，高校大学英语师资队伍建设收到了显著成效，这期间大学英语教师不仅在国内获得了进修机会，还有了出国进修的渠道，使得大学英语教师可以去英语国家的高校学习，进行文化交流。总之，随着高校师资队伍质量的提高，国内大学英语教学的质量明显提高，大学生的英语水平也得到提高。

3. 21世纪的师资建设

20世纪末，大学英语师资建设陷入困境。从1999年开始，国内各高校纷纷对英语学生进行扩招。据统计，1999年全国普通高校招生人数约有160万人，比上一年增加了约51万人；2000年的招生人数多达220万人，比上一年增加了约61万人；而2001年招生达到了268万人，比2000年增加了48万人。仅仅三年，各类高校在校生人数就达1 300多万人。急剧增加的学生人数给高校师资队伍，特别是大学英语师资带来了巨大的压力和挑战。在英语教学过程中，许多教师都承担着高负荷的工作，加之大班上课现象十分普遍，严重影响了大学英语教学的质量。

为解决这些问题，我国众多高校纷纷加大大学英语教师队伍建设的力度。然而，这一举措不仅没有缓解师资力量短缺的状况，还造成教师整体学历、素质下滑。这一问题最终引起了教育部的高度重视。2007年修订的《大学英语课程教学要求》中明确指出：健全教师培训体制。教师素质是提高教学质量的关键，也是大学英语课程建设与发展的关键。学校应建设年龄、学历和职称结构合理的师资队伍，加强对教师的培训和培养工作，鼓励教师围绕教学质量的提高积极开展教学研究，创造条件因地制宜开展多种形式的教研活动，促进教师在教学和研究工作中进行富有成效的合作，使他们尽快适应新的教学模式。同时要合理安排教师进行学术休假和进修，以促进他们学术水平的不断提高和教学方法的不断改进。尽管如此，由于各高校大学英语师资力量的严重短缺，很多教师都忙于上课，没有时间参加培训，但随着高校大学英语教学改革的逐步推进，各高校仍在不断地努力着。2006年，教育部高教司发布了《关于开展大学英语教学改革巡讲活动的通知》，以便加强师资队伍建设，推广基于计算机和网络的大学英语新教学模式，提高教师教学水平。2006年，教育部高教司共组织3批巡讲，给全国27个城市多所高校10 000余名的大学英语教师进行了培训。通过这次巡讲使大学英语教师对教学改革有了深入的认识，对促进大学英语教学改革产生了巨大的推动作用。

在此期间，很多高校积极尝试利用自己的各种资源组织师资培训活动，一些出版社也纷纷举办培训班，邀请一些知名专家和学者以学术报告、论坛或讲座等形式来进行培训。随着国家政策的调整，特别是"质量工程"的实施，在各级教育教学相关部门的努力下，大学英语师资建设正逐年得到改善和提高。

总体来说，虽然目前我国大学英语师资队伍建设取得了丰硕的成果，但相对于我国蓬勃发展的高等教育和飞速发展的大学英语教育来说仍是不够的。大学英语师资仍存在数量短缺、质量有待提高、教学任务繁重等问题。教育相关部门仍要给教师提供一些培训机会，进一步提高科研方法。

（四）教材建设改革的历程

在大学英语教学中，教材起着举足轻重的作用。这是因为外语这门学科的教材要肩负起比其他学科更多的任务和责任。大学英语教材不仅具有其他学科的特点，还承载着本身作为语言输出材料的功能。另外，教材还体现了一定的外语学习理念，并通过教学内容、教学材料以及学习活动的编排，使教学要求更加具体化、详细化。因此，大学英语教材不仅是教师组织英语教学活动的主要依据，也是学生学习英语知识的主要来源。下面就具体来回顾一下教材建设的改革历程。

1. 第一代大学英语教材

第一代大学英语教材是1949—1966年编写的。本阶段教材的内容偏重科技英语，教法传统，以语法为纲，以课文为中心，这与当时的英语教学大纲极为相符，即为学生以后阅读专业英语材料打下坚实的基础。可见，1949年的大学英语教学的目的主要是培养学生的阅读能力，这也是第一代大学英语教材的一大特点。

2. 第二代大学英语教材

第二代大学英语教材是1977—1985年编写的。由于1977年的《英语教材编写大纲》以及1980年的《英语教学大纲（高等学校理工科本科四年试用）（草案）》的起草、制订比较详尽，为当时大学英语教材的编写提供了依据，因此这一时期的大学英语教材都较好地贯彻了大纲对阅读能力等的教学要求，如《英语》（1977）、《英语（理工科通用）》（1980）、《英语（理工科用）》（1981）等。

1977年，教育部在长沙召开座谈会并通过了《英语教材编写大纲》，1978年在北京召开了"全国外语教育座谈会"并颁布了《加强外语教育的几点建议》。在此以后，第二代大学英语教材开始呈现一番新气象，具体表现为：引进了一些国外的英语教材；教材语言更加真实、地道；教学目的和要求不再仅限于阅读，而是更强调听、说、读、写的综合能力培养。

与第一代大学英语教材相比，第二代大学英语教材在很多方面有了一定的突破，但是也存在其局限性。这是因为这一时期的教材内容仍然以科技题材为主，以培养学生阅读科技书刊的能力。

3. 第三代大学英语教材

第三代大学英语教材是1986—2000年编写的。第三代大学英语教材先后出现两个出版高潮。第一个高潮出现在1986年至1988年。以这三年出版的大学英语教材为代表的第三代大学英语教材，在后来15年甚至是20年里几乎一直占据着重要的地位。

特别值得一提的是，1986年出版的由复旦大学董亚芬主编的《大学英语（文理科本科用）》这本教材发挥了极其重要的作用，在我国千余所大学的大学英语课堂上几乎随处可见，甚至进入21世纪以后还有不少教师选用这套教材。该教材由于编写得当，于1992年获全国高等学校第二届优秀教材特等奖、国家教委高等学校第二届教材一等奖等荣誉称号，成为当时唯一获得特等奖的外语类教材。

第二个出版高潮出现在20世纪末，尤其以1999年最为明显。本阶段影响较大的教材有应惠兰主编的《新编大学英语》、高等教育出版社出版的《大学核心英语》（第3版）以及1998年上海外语教育出版社出版的《大学英语》（修订本）等。

总的来说，第三代大学英语教材在质量上比之前的大学英语教材得到了前所未有的提升，对前后两代英语教材有着承前启后的作用。它继承了前两代大学英语教材编写的优点，而且对之后乃至21世纪的编写工作有着较大的指导和规范意义。

4. 第四代大学英语教材

2001年至今编写的教材为第四代大学英语教材。这一时期的代表性教材主要有：上海外语教育出版社出版的全新版《大学英语》（2001）、《新世纪大学英语系列教材》（2007），外语教学与研究出版社出版的《新视野大学英语》（2002）等。与前三代大学英语教材相比较，第四代大学英语教材的特点更加鲜明，主要体现在以下几个方面。

（1）强调以学生为中心。

2004年和2007年颁布的大纲为第四代大学英语教材的编写工作注入了新的时代特色。例如，《大学体验英语》注重让学生通过亲身体验产生对英语学习的兴趣；《新时代交互语》以自主性、个性化、交互式学习为教材编写原则。这些都体现了教材在编写过程中注重学生的中心作用，重视开发学生的自我潜能，充分考虑"人""语言"以及"社会"之间的关系。

（2）重视听、说教材的编写。

第四代的大学英语教材都有听说方面的专门教材，甚至有些教材还是经过一再修订而成的。这主要是因为2004年的《大学英语课程教学要求（试行）》和2007年《大学英语课程教学要求》都明确指出，大学英语教学目标是培养学生的英语综合应用能力，尤其是听说的能力。

（3）运用网络信息技术。

2004年颁布的《大学英语课程教学要求（试行）》，真正将现代教育信息技术应用到大学英语教材中。特别是在课程要求颁布之后，大学英语教材中现代教育信息技术的运用才呈现出丰富多彩、形式多样的现象。

此外，网络课程也充分体现了第四代大学英语教材对现代教育信息技术的运用。高等教育出版社、清华大学出版社、上海外语教育出版社等多家出版社，针对其出版发行的大学英语教材还研发了相应的软件、网络课堂。

（4）呈现多元化发展。

由于大学英语课程体系已经呈现多元化、立体化的景象，课程设置不再只是单一的综合英语类课程，而是将综合英语、语言技能、语言文化、语言使用等方面的必修课和选修课相结合。因此，大学英语教材也呈现多元化发展状态。

这期间，多家出版社都组织了专家学者出版了种类繁多、内容丰富的选修课（又叫"后续课""拓展课"）的大学英语教材。例如，高等教育出版社的"大学英语选修课/学科课程系列教材"中的《大学英语实用翻译教程》《大学商务英语口语》《学术交流英语》《大学体育英语综合教程》等。

二、大学英语教学改革的现状分析

随着国家、社会对大学英语的关注，大学英语教学取得了可喜的成绩。但是，受一些主客观因素的影响，目前我国的大学英语教学存在着许多问题和弊端。只有对这些问题和弊端有一个清晰的认识，才能逐步地采取有针对性的措施，从而不断提高我国大学英语教学的质量。下文将对大学英语教学的现状进行分析和探讨。

（一）学生英语水平的现状

中国的学生从小学到大学，甚至到硕士、博士研究生，都投入了大量的时间和精力学习英语。尤其是随着大学英语四、六级考试出现以来（高职大学英语为 A、B 级），大学英语教学更是得到了教师和学生的高度重视。但是，学生的英语水平却不容乐观，没有得到应有的改善和提高。

从现实状况来说，虽然各大高校不断改善英语教学的条件、设备，学校的有关领导、教师、学生都倾注了很大的努力，但是收到的效果却很小。学生的英语水平仍处于"聋子英语""哑巴英语"的状态，这样的英语教学与学习根本就没有实现真正的英语教学与学习目标。

此外，对非英语专业学生而言，大多数学生学习英语的目的也仅是为了应付四、六级考试，考试通过之后便不再学习英语，等到毕业的时候，英语水平没有提高反而大大下降，很多学生虽然也获得了大学英语的四、六级证书，但是在听、说、写方面的能力却有待提高。当然，其中有一些学生一直比较重视英语的学习，自步入校门开始便将大量的时间和精力投入到英语学习中，但是这样的学生只注重单词、语法的记忆，最终的结果则是花费了大量的时间，但是听、说、写能力仍旧没有得到提高，平日的努力和收到的实际效果不成比例，这一无奈的英语学习现象值得人们深思。

学生英语水平普遍不高与英语教学的方式存有很大关联。在课堂上，教师一直讲，学生一直闭口听、记笔记，却害怕开口、害怕提问。下课后，学生也只是背单词、背笔记、做机械性的训练。这种完全没有启发性的教学使得学生既无法提高对英语学习的兴趣，也无法提高英语学习的成绩。

（二）高职公共英语教学的现状

随着高等教育逐渐由精英教育向大众教育转变，我国高校入学人数逐渐增加。1996年，我国高等教育的毛入学率仅为6%，2002年达到高等教育精英化阶段和大众化阶段的临界点15%，到2005年上升至21%，10年间年均递增1.5个百分点。这其中，高职教育的快速发展起到了基础性与决定性作用。教育部的相关数据显示，截至2017年8月，全国共有职业院校1.23万所，开设近千个专业、近10万个专业点，年招生930.78万人，在校生2 680.21万人，中职、高职教育分别占中国高中阶段教育和高等教育的"半壁江山"。与高职学生人数逐年增加想伴随的，是学生质量和教学质量的相对下降。总体而言，高职院校学生英语学习情况具有以下特点。

其一，英语水平参差不齐。由于高职学生的入学录取分数线降低，学生的英语基础差距日益加大。高职学生的个体差异较大，英语水平相差较远，英语基础薄弱。以南方某高职院校为例，该校近三年招生总数为9 700余人。以2016年录取的新生为例，各学院学生入学英语成绩如表1-3所示。

表1-3　某高职院校2016级新生英语高考成绩

	经贸管理学院	信息工程学院	机电工程学院	建筑与设计艺术学院
入学英语科目（最高分）	119	104	99	111

续表

	经贸管理学院	信息工程学院	机电工程学院	建筑与设计艺术学院
入学英语科目（最低分）	24	21	15	24
入学英语科目（平均分）	71.51	61.22	59.98	61.78

在实际教学过程中，教师进一步发现，很多学生英语词汇量匮乏，严重影响了他们的听力理解能力、语言表达能力及应用能力的提高，相当多的学生在学习语音、语法方面存在很大的困难。

其二，英语应试能力一般，英语运用能力差。在传统教学体制下，存在一些自主学习能力较强的学生，他们不仅通过了高等学校英语应用能力考试B级考试，而且通过了英语四级、六级考试，可是这其中很多人一旦面对用人单位的英语面试时，就张口结舌，语无伦次。此现象说明教师的教和学生的学都忽视了语言应用这一重要环节，从另一侧面也反映了高职大学英语要加强英语应用能力环节的训练。

其三，学习兴趣不浓。学生为何动力不足？学生为何兴趣不浓？究其原因，无外乎以下几种情况：教师的课堂组织能力欠佳；教学设计未从实际学情出发；教师照本宣科，学生学习主动性不够；学生英语基础差……这些都是教师要思考和解决的问题。

目前，高职公共英语教学中存在着以下几个层面的问题，下面逐一进行介绍和说明。

1. 教学模式传统单一

受大纲的影响，大学英语教学传统单一。教师是整个课堂自始至终的主角，学生在课堂上只是扮演倾听者，这种教学模式大大地降低了学生的学习兴趣和学习主动性。由于教师过分重视英语基础知识的传授，而严重忽视英语综合应用能力的提高，导致出现了"聋子英语""哑巴英语"等现象。虽然，近年来英语教学者也在不断努力寻找各种新型的教学模式，但"填鸭式""灌输式"的教学模式依旧存在，而且在课堂上教师与学生之间的交流也仅仅是问与答的交流，而没有过多的深入交流，因此也就导致了学生空有语言知识而不会学以致用。这样培育出来的学生不仅和《大学英语课程教学要求》提出的培养目标相背离，而且会逐渐被社会淘汰。

2. 教学方法不够科学

随着社会的发展，社会对外语人才的需求在不断发生变革，这就会使得学校培养外语人才的模式发生了变化，而教师的教学方法也随之有所改变。目前，我国大多数高等院校仍旧采用黑板、粉笔、教师加课堂的教学方法。教师独占讲台，学生主要是听课、记笔记以及做练习，这种传统的教学方法主要是为了应付考试，但是并不能满足学生的实际需求。

另外，大学里的公共英语教学大多采用大规模班级授课的方式，但是学生来自全国各个地方，而不同地区的教学水平又存在很大差异，因而学生的英语基础水平也存在很大差别，这就导致了教学出现众口难调的情况。在课堂教学中，教师很难照顾到每一位学生。即使是有条件实施小班教学的院校，大多数教师也仍旧倾向于采用传统的讲授方法。单调的授课方法无法调动学生的学习积极性，也就难以有效提高教学质量。

3. 英语教材陈旧落后

教材是教师教授课程的重要工具。一般情况下，教师都是根据教材的编排顺序来安排课堂教学，所以教材决定着教学内容和教学方向。然而，现在的大学英语教材内容更新缓慢，陈旧落后的教材根本跟不上时代的变化，而且与社会严重脱节，这种忽视实用性的教材直接导致了教师教学内容陈旧，进而影响了学生英语水平的提升。同时，落后的教材也与学生的实际生活相差甚远，从而导致学生对英语学习缺乏兴趣，直至把英语逐渐荒废。由此可见，设计出满足我国学生学习需求与教师教学需求的教材，是我国大学英语教学的当务之急。

4. 师资素质逐渐下降

师资力量薄弱是目前大学英语教学一个亟待解决的问题。随着我国教育事业的不断发展，高等院校的招生也在不断扩大，导致了教师队伍的严重不足，师资不足的情况要求现有的教师要面临当前沉重的工作。更为严重的是，不少研究生也承担了授课的任务。这些情况都导致了教师素质低下的问题。作为英语教学的主导者，英语教师素质的高低不仅会影响到教学的质量和效率，还会影响到学生英语学习的积极性与主动性。可以说，教师素质的高低关系到英语教学的成功与否。

5. 应试能力被过分推崇

从某种角度说，英语是我国学校教育中历时最长、学时最多的一门学科，学生从小学到大学，都会投入大量的精力去学习英语。但是，当学生们花费大量的时间去学习单词和语法后，却依然没有真正掌握语言的运用技巧，他们不会用、听不懂、说不出，这主要是因为传统英语教学应试教育的倾向性。由于学校的选拔主要看成绩，并且以考试结果评价学校、评价教师的教学效果以及学生的学习效果，这就严重制约了英语教学的发展。

为了检验学生对英语的掌握程度，我国大学每年举行各种各样的英语选拔考试，其中最普遍的是大学英语四、六级考试。虽然四、六级考试的设置为提高大学生的英语水平和英语能力做出了很大贡献，但是四、六级考试主要是考查学生对英语单词、语法等的掌握程度，将选择题作为标准化的测试方法，将通过率的高低作为评价教师和学生的一个重要标准，这在某种程度上加重了应试教育的倾向。

6. 教育管理未被具体落实

从教育管理方面来看，教育部门的相关领导对英语教学的改革问题进行过多次探讨，多次指示要大力推进公共英语教学改革。这些指示为大学英语教学改革提供了一定的指导和借鉴。另外，学校内部也在积极地采取相关措施不断推进英语教学改革。

但是，在这一改革的过程中，教师管得过死、教得过严、考试内容过于死板等问题仍然存在。不同的学生有着不同的学习特点和学习需求，而这样的管理体制无法满足具体学生的学习要求。

7. 文化教育的重要性被忽视

从世界范围上来说，高等教育正朝着国际化、多元化、合作化以及个性化的方向发展，因此外语教学不应该与文化教育分割开来。课程是教学的基本单元，所以也是培养学生多元文化意识以及跨文化交际能力的重要载体。

在我国的大学英语课程中，很多教师和学生都认为只要掌握了英语词汇、语音以及语法就掌握了英语，这在高职大学英语教学中表现得更为明显。由于教师在教学过程中着力于语言知识的教学，忽视了英语文化背景知识的教学，从而导致学生在语言交流过程中遇到了障碍。语言是交际的工具，如果不了解语言所承载的文化，就难以顺利地进行沟通，那么语言的学习就失去了意义。因此，教师在英语教学过程中要帮助学生多了解一些英语国家的文化背景知识。

8. 多媒体技术未得到充分利用

随着社会的发展和进步，多媒体技术逐渐应用于人们的生活中，网络英语学习软件也逐步推广开来，多媒体和网络技术已经运用到教学的各个领域。在多媒体课堂中，教学课件的应用能够使教师和学生的角色发生重大变化。教师利用音频、视频系统将教学内容和图、文、像结合起来，使学生在任何角落听得清楚、看得明白。学生将注意力集中在课堂之上，并且积极参与到课堂活动中。可以说，多媒体技术的应用，给大学英语教学带来了新的活力。

第二节　大学英语教学改革概述

一、大学英语教学改革的基本原则

大学英语教学改革并不是毫无规律可循的,而是要遵照一定的规则和理据展开。本节介绍英语教学改革中常见的一些原则。

(一) 以学生为中心原则

以学生为中心是英语教学的首要原则。以学生为中心的理论源于美国教育学家杜威(Dewey)的"儿童中心论"。他曾指出,人类有着自由的天性,尊重这种自由的天性,遵循教育的自然规律对儿童的成长和发展有重要的作用。在英语教学中,"儿童中心论"的理念是要求尊重学生的主体地位,遵循学生学习的自然规律。也就是说,教师心里要时刻装着学生,时刻想着学生的需求,将"教"建立在学生的"学"上,一切工作都要围绕学生的学习展开。教师必须在充分了解和分析学生心理与需要的基础上,安排和调整自己的教学策略和步骤以适应学生的需要,注重学生的主体作用,提供过程与经验,由学生自己进行意义的建构,自主学习,而不是让他们接受现成知识。具体来讲,教师要做到如下几点:

(1) 制订合理的教学方案,即教师必须根据学生的语言接受水平和语言运用能力来制订合理的教学方案。

(2) 认真分析教材,即教师必须保证教材内容符合学生的实际需求,并根据学生学习中的实际情况来调整教学内容。

(3) 认真备课,即教师必须在上课前精心准备教学内容、设计教学流程,对一些突发状况要有所准备,以保证课堂教学顺利进行。

(4) 选择合适的教学方法和手段,即教师还必须根据学生的特点选择合适的教学方法和教学手段,从而激发学生的学习兴趣,使学生积极参与到学习中去。

（5）重视自身的引导和支架作用，即教师必须在学生遇到困难时给予及时的帮助，在学生学习进步、情绪高涨时多加鼓励，引导他们继续努力等。

（二）循序渐进原则

任何事物都是循序渐进地发展起来的，英语的教与学也是如此。学生的英语学习必须经历一个由易到难、由外到内的吸收和消化过程，这样才能真正掌握学到的知识，才能将这些变成自己的东西并应用自如。因此，英语教学也必须遵循人类认知的渐进规律，遵循循序渐进的原则开展英语教学。具体来说，英语教学的循序渐进原则应该做到如下三点。

1. 口语向书面语过渡

学生在学习语言时首先以口语开始，然后逐渐过渡到书面语。英语包括口语和书面语两种形式，但是从语言的发展史来看，口语的发展远远早于书面语。这是因为人类在几十万年前从学会劳动的时候起，就开始说话，但是那时候人们还不会写字，文字的出现要晚得多。可见，在英语中，口语是位于第一性的，书面语是位于第二性的。因此学生学习英语应从听说（口语）开始，逐渐过渡到读写。

此外，由于口语里出现的词汇比较常用，而且大都是日常生活用语，句子结构也相对简单，与书面语相比更容易学习，因此通过口语的学习，学生可以很快获得与日常生活相关的交际语言，迅速提高交际能力。

2. 听、说技能向读、写技能过渡

在听、说、读、写等语言技能的培养上，应该首先侧重听、说能力的培养，逐渐过渡到读、写技能的培养。通过英语课堂中的听、说教学，学生可以学到正确的语音，掌握基本的词汇和基本的句子结构，从而为读、写能力的培养奠定基础。因此，在英语学习的初级阶段，

特别是在起始阶段，教师应加强听、说的教学，然后再逐步向读、写教学过渡。

3. 各种能力不断强化

英语能力的提高不是一次性完成的，而是一个螺旋式发展的过程，需要进行多次训练。这种循环往复要求教学中要做到以旧带新，从已知到未知。因此，教师应以学生已有的语言知识和已熟悉的语言技能为出发点，传授新知识，培养新技能。

（三）兴趣原则

兴趣是最好的老师，是推动学生不断前进最强有力的动力。对于学生来说，英语学习的兴趣在很大程度上决定着英语学习的成功与否。从表面上看，我国学生在英语学习中似乎大多都很消极，不主动。实际上，很多学生一开始对英语学习并不是排斥的，这是因为他们对于英语学习具有天然的兴趣，对新鲜事物和对异国语言与文化也抱有强烈的好奇心。之所以很多学生对英语学习失去兴趣，英语水平迟迟得不到提高，很大程度上是由于传统教学中教学理念出现偏差、教师教学方法不当、考试体系不科学等。因此，若想真正提高教学质量，必须首先从源头抓起，努力激发和培养学生学习英语的兴趣，为英语学习注入动机和活力，这样教学效果也就指日可待了。为了激发学生的学习兴趣，教师应该做到如下几点：

（1）找到学生感兴趣的点。教师只有了解了学生的兴趣所在，才能够因需施教，真正激发学生的学习动机。

（2）善于发现学生的进步，并及时给予鼓励。教师在教学中应当善于发现学生的进步，并及时给予鼓励和表扬，这既可以培养学生的自信心，也是培养学生兴趣的一个有效方法。

（3）加强师生之间的交流。实践表明，人们对课程的喜爱程度与教师存在着密切的关系。教师性格活泼，且富有幽默感就会影响学生，使学生喜欢这位老师所教授的课程。

(4)创新教学方法。创新的教学方法不但有助于增强学生的学习兴趣，而且也有助于发展他们的思维和运用能力。学生的学习兴趣也会因良好的学习效果而得到加强。

(5)完善教学评价的方式。教学评价方式的完善要求引入形成性评价，这将引导学生更加注重学习的过程，体会进步的成就感和学习的乐趣，从而激发他们主动学习的愿望。

（四）灵活性原则

灵活是兴趣之源，灵活性原则也是兴趣原则的有力保障。同时，语言是一个充满活力、不断发展的开放性系统，所以英语教学改革应该遵循灵活性原则。具体来讲，教师应该在平时的教学中做到如下几点。

1. 运用灵活的教学方法

教学方法的灵活意味着教师在英语教学中，要对语音、词汇、语法等语言知识和培养听、说、读、写、译等语言技能教学的实际情况进行具体问题具体分析，根据不同的教学内容、教学情况灵活采取不同的教学方法。

2. 引导学生采用灵活的学习方法

学习方法的灵活意味着教师要引导学生积极探索合乎英语语言学习规律和符合学生生理、心理特点的自主型学习模式，使学生能够自我导向、自我激励、自我监控，发散思维、开拓创新，在不断的尝试和总结中提高学习效率。

3. 灵活使用英语组织课堂

学习语言的最终目的是交流沟通。教师要通过自身灵活的使用英语带动并影响学生使用英语。在课堂教学中，教师应尽可能多地用英语组织教学，使学生感到他们所学的英语是活的语言。此外，教师还可以通过灵活性的作业为学生提供灵活使用英语的机会。

（五）交际性原则

交际性原则是英语教学改革始终要坚持的原则。教师要培养学生能够运用所学的语言知识在不同的场合、对不同的对象进行有效交际的能力。具体来说，教师应该做到如下几点。

1. 正确理解英语教学的性质

要坚持交际性原则，教师要先理解英语教学的性质。英语教学是一种针对听、说、读、写等各项技能的培养型课程，教、学、用三个方面是一个有机的统一体，其中"用"处于核心地位。使用英语进行交际的能力是在使用的过程中培养出来的，只有理论没有应用，很难达到预期的目标。因此，在教学中应加强英语使用的力度。

2. 将英语作为交际工具来教、学、用

众所周知，英语是一种进行交际的工具，英语教学的目的是培养学生了解和掌握这种交际工具。

使用交际工具的能力是在使用当中培养的，英语教学中的交际性原则既要求教师将英语作为一种交际工具来教，也要求学生把英语作为交际工具来学，还要求教师和学生课上课下都将其作为交际工具来用。

教学活动要和以英语进行交际紧密地联系起来，力争做到英语课堂教学交际化。在英语教学中，教师或学生不是单纯地教或学英语知识，而是通过操练，培养或形成用英语进行交际的能力。教师要尽量利用教具，为学生创造适当的情景，协助学生进行以英语作为交际的真实的或逼真的演习。这样使学生不仅能学得有兴趣，有成效，而且能真正学到英语的应用，学了就会用。

3. 教学内容与活动的选择要贴近生活

由于英语语言是用于现实生活中的，所以英语教学就要将教学内容与学生的生活相联系。具体来说，在英语教学中，教师应把语言和学生所关心的话题结合起来，给学生提供足够的、内容丰富的、题材广泛的、贴近学生生活的信息材料，这样的材料因为具有一定的现实

性，因此容易使学生产生共鸣，从而会调动学生的兴趣，也能促使他们认识到学习英语的目的在于交际，而不是为了应付考试。

4. 在教学中创设交际情景

要使学生具备使用英语进行交际的能力，真正做到在适当的地点和适当的时间，以适当的方式向适当的人讲适当的话，就要在英语教学中积极创设情景，开展各种各样的教学活动，以此来提高学生英语语言应用的能力。情景包括时间、地点、参与者、交际方式、谈论的题目等要素，在某一特定的情景中，某些因素，如讲话者所处的时间、地点以及本人的身份等都制约他说话的内容、语气等。另外，在不同的情景中，同样的一句话也可以表达不同的意义和功能。例如，"Can you tell me the time?"具有两层意思：可能是质问他人为什么迟到，是一种责备的口吻；也可能是向别人询问时间，是一种请求的语气。因此，在英语教学中，只有把教学的内容置于一种有意义的情景之中，才有可能让学生充分理解每一句话所表达的意思。这就要求教师在设计英语教学活动时要充分结合教材的内容，利用各种教具，开展各种情景的交际活动，这样对学生和教学都会产生有利的影响。此外，教师也可以设计任务型活动，让学生通过完成特定的任务来获得和积累相应的学习知识与经验，但这些活动需要具有交际的性质，才利于交际目标的完成。

（六）系统性原则

系统性也是英语教学改革必须遵照的一个原则。系统性原则主要有三个作用。

（1）使学生对所学内容有比较系统、完整的概念。

（2）能够建立起各个部分知识之间和新旧知识之间的联系。

（3）能够清晰且有层次地消化所学内容。

下文将详细分析系统性原则对教师工作提出的要求。

1. 系统安排教学工作

教师在安排教学工作时应该有一定的计划，主要做到如下几点。

（1）有计划地备课。例如，一篇课文要上八课时，在备课时要一下备完，不能今天上两节课就备两节课的内容，要一次备好。

（2）讲解要逐步深入，层次分明，前后连贯，新旧联系，突出重点，一环套一环，一课套一课，形成一个有机而系统的联系。

（3）教学的步骤和培养技能的方法应该符合掌握语言的过程。要根据课程的最终教学目的，由易到难，逐步提高要求。

（4）布置的练习要有计划性。要先进行训练性练习，然后再进行检查性练习。此外，练习的形式要具有体系性，相同的练习形式也要有不同的要求。

（5）布置的家庭作业要与课上讲课的重点密切联系起来。每次作业要有明确的目的，课内课外要通盘考虑。

（6）经常考查学生对知识和技能的掌握情况，每堂课要有一定的提问并做相应的记录。这可以对学生起到督促的作用，也能为自身的教学提供有益的反馈。此外，对学生的平时成绩不能仅凭教师的印象来评定，所以平时对学生所做的口、笔头作业要有记录。

2. 系统安排教学的内容

在英语教学中，教师安排的教学内容也要有严密的计划和顺序。例如，低年级教学内容的安排基本上应是圆周式的，对系统不要机械地去理解，切忌搬用生硬的系统。教师应该按教科书的安排特点和班级的情况合理组织讲课的内容，确定讲课的重点。当遇到一个生词时，不要急于将这个生词的所有意义、用法全部讲给学生。当讲解一个新的语法规则时，不要一股脑儿地把所有规则都交代给学生，而要分解知识，分步骤地教给学生。这样才能由浅入深，由易到难。

3. 系统安排学生的学习

教师要不断地指导学生进行连贯的学习。所有学习都要循序渐进，做到经常、持久、连贯，也就是要持之以恒。同样，教师在教育学生的过程中首先要做到有恒心，经常及时地带领学生进行复习和做好功课。另外，教师要帮助学生处理好日常学习与期末复习的关系。要明确指出，将学习重点放在平时，平时训练要从难从严。坚决反对那种平时学习不努力，期末考试临时抱佛脚的做法。此外，教师还要经常关注和指导学生的学习方法，并做到因材施教。

（七）关注情感的教育性原则

关注学生的情感，教学具有教育性也是大学英语教学改革要遵循的一个原则。具体来说，教师在教学过程中关注学生情感要做到以下两点。

1. 努力营造良好的教学环境

（1）建立相互尊重、相互理解、相互信赖的新型师生关系。教师应该做到仪表大方、笑容可掬、和蔼可亲，保持在学生中的威望。教师既要充当学生学习上的指导者，又要做学生生活中的朋友。教师要及时了解学生遇到的挫折，帮助其总结经验教训克服困难，帮助他们树立学习的信心。而作为生活上的朋友，教师要时刻注意学生的思想动态、家庭情况，必要时对其进行心理指导。

（2）营造激发学生学习动机和兴趣的轻松愉悦的学习氛围。上文提到，兴趣是学习活动中最直接、最活跃的推动力。学生的学习兴趣不仅能转化为稳定的学习动力，而且还能促进学生智能的发展，启迪学生智慧和开发学生潜能，达到提高学习效率的目的。教师在教学过程中要注意培养学生学习英语的持久兴趣，把培养学生的兴趣、态度和自信心放在英语教学的首要地位，从而有效地促进学生身心健康全面的发展。

除了兴趣，学生的动机也是影响英语教学的关键因素。不管是听、说、读和写等能力的培养还是英语知识的教学，如果不能激发学生的学习动机，教学就不可能产生预期的效果。而创设情景就是激发学习动机一个重要因素,因为没有特定的社会情景,就没有语言的交际活动。

2. 培养学生形成积极的情感

综合诸多教育专家和学者的观点,可以将培养学生积极情感的具体举措归纳为如下两点。

(1)联系学习内容讨论情感问题。在平时的英语教学中,教师要注意融入积极的情感态度的培养,针对学生学习过程中出现的具体问题进行具有针对性的引导,帮助学生解决情感态度方面的问题。

(2)建立情感态度的沟通渠道。在课堂教学中,教师要建立起情感态度的沟通和交流渠道,如建立融洽、民主、团结、相互尊重的课堂氛围等。有些情感态度可以集体讨论,有些问题则需要师生之间进行有针对性的单独探讨。但在沟通和讨论的过程中,教师要注意尊重学生的感受,避免伤害学生的自尊心。同时,情感既有内在的表现也有外在的反映,所以教师必须仔细观察,了解学生的情感态度,以培养学生积极的情感,消除消极的情感,促进学习者健康人格的发展。

二、高职大学英语教学改革的理论依据

面对社会发展和教改深入不断提出的新挑战以及全面推进素质教育的高涨呼声,作为外语教师或教学研究人员,除了要熟知基本外语教学理论和技术外,还要对外语的教与学有更深入的研究,借助不断发展的相关理论,使外语教学更具有教育性、更能促进学习的成效,使学习者素质全面提高。本书在大学英语教学改革与创新中主要涉及近些年不断发展,在外语教学中极具应用潜力的一些理论。

(一)认知理论

认知语言学兴起于 20 世纪 80 年代初,是认知科学与语言学相结合而形成的新兴边缘学科。从 20 世纪 90 年代以来,认知语言学在中国蓬勃发展,其理论及相关概念对第二语言习得和教学等诸多领域产

生了深远影响。认知语言学所提出的主要概念和研究对象有理想化认知模型、基本范畴、原型、图式、辐射范畴等，其中被应用于英语教学的有基本范畴、隐喻认知结构、相似性、图式等。

1. 基本范畴

客观事物纷乱复杂，人们为了记忆这些事物就必须对这些事物进行判断、分类和储存，这就构成了许多范畴。在同一范畴中并不是所有事物都处于同一层面或地位，总有一些事物被人类非常容易而迅速地感知，那么这一层感知的范畴就叫基本范畴。基本范畴有如下几个特点：① 其成员具有明显的能被感知的对外区别性特征；② 具有快速识别的特征；③ 首先被认识、命名、掌握和记忆；④ 运用最简洁的、使用频率最高的中性词（赵艳芳，2001）。词汇教学应注意把基本范畴词汇讲授放在词汇教学的首位，然后在讲其他范畴层次的词汇。在学生掌握经常作为词典定义词语的基本范畴词以后，再学习掌握其他范畴的词汇会取得事半功倍的效果，从而不断提高英语水平。

2. 隐喻

莱考夫和约翰森（Lakoff & Johnsen，1980）认为，隐喻不仅仅是一种语言现象和语言的修辞手段，而且是一种思维方式和隐喻概念体系，是人们用一种事物来认识、理解、思考和表达另一事物的认知思维方式之一。人思维的基本特征就是隐喻，人们的概念系统在很大程度上也是以隐喻的方式构建的。词语的隐喻意义有两种：一种是在生活中顺应需要而灵活运用产生的，另一种是在语言中已被人们所接受的约定俗成的隐喻意义。在词汇教学中，提高隐喻思维有助于学生透过英语语言的表层形式体会异语民族的思维特点和概念模式，将某些看似互不关联的词语与其反映的底层概念结构联系起来，最终掌握语言形式背后的那些概念。

3. 图式理论

约翰森（1980）将意象图式定义为通过感知的相互作用和运动程

序获得的对事物经验给以连贯和结构的循环出现的动态模式。所谓"图式"是指每个人过去获得的知识在头脑中储存的方式，是大脑对过去经验的反映或积极组织，是被学习者储存在记忆中的信息对新信息起作用，并将这些新信息加工转存到学习者的过程。图式是一种储存于大脑的抽象的包含空档的知识结构，每个组成成分构成一个空档，当图式的空档被学习者新接收的具体信息填充时，图式便实现了。

鲁梅尔哈特（Rumelhart）认为阅读图式可分为语言图式（linguistic schemata）、内容图式（content schemata）和形式图式（formal schemata）。实际上，听力理解同样具有这三方面的图式，形式图式包括语篇图式，这就要求老师不仅要帮助学生扫清语言障碍，更要让学生懂得不同文章的语篇结构和类型。内容图式则要求老师在选择阅读材料时一定要有针对性和目的性。从实质上讲，阅读教学就是要平衡阅读材料所要求的内容图式与学生大脑中已存在的相关内容图式之间的关系。

4. 距离相似性

距离相似性其基本含义是概念距离越小语言形式上的距离也更为接近。其认知基础是邻近的概念与相关的思想较为容易被激活，在心智上也就更倾向于被放在一起处理。距离相似性原则对英语学习有着重要的实践意义，它不仅可以帮助学习者理解一些语法知识，还可以指导学习者更得体、礼貌地使用语言，从而达到运用英语交际的终端目的。

自从索绪尔提出语言符号任意性原则以来，任意性一直被认为是人类语言的本质特征之一。近几十年以来，随着认知语言学的发展，语言符号任意性原则受到了广泛的批判，与之相对的语言相似性开始受到了国内外学者的普遍关注，成为新的研究热点。在国内，不少学者致力于相似性的研究，如沈家煊、杜文礼、王寅等，其中王寅将其定义为"语言符号在音、形或结构上与其所指之间存在映照性相似的现象"。总之，语言的相似性是相对于语言的任意性而言的，它是说语言的能指和所指之间，也即语言的形式和内容之间有一必然的联系，即两者之间的关系是可论证的、是有理据的（赵艳芳，2001）。

距离相似性对语言符号相似性的研究由来已久，最早是哲学家和符号学家感兴趣的问题。美国哲学家皮尔斯提出了符号三分法，将符号分成相似符（icon）、标志符（index）和象征符（symbol），对象似性的研究做出了重大贡献（Peirce, 1940）。而功能主义语言学家海曼则对语言符号相似性做了更为系统、详尽的研究。他把语言结构的相似性分成两大类：成分相似与关系相似。前者指语言成分与人类的经验成分相似，换言之，就是形式与意义相对应；后者指语言结构内部不同成分之间的关系与人类经验结构成分之间的关系相对应。他还对后一种相似现象做了进一步的分类，如距离相似性、数量相似性、顺序相似性、标记相似性、话题相似性和句式相似性等（Haiman, 1985）。我国学者王寅将距离相似性定义为：语符距离相似于概念距离（王寅，2001）。概念距离相近，同属一个义群或语义场，或欲述一致性较高的信息，在思维时就容易将它们放在一起思考，它们共现的可能性就较大，表达时语符间的距离也往往靠得近。语符距离近了，则其所表示的概念距离也就近了。

学习英语不但要学习语言知识，还要学习怎么使用这门语言达到交流和交际的目的。因此，通过分析英语语言交际中所体现的距离相似性，从而来探讨其对语言交际的重要原则——得体性与礼貌程度所产生的影响。

（1）语言得体性与礼貌原则。

语言的得体性（appropriateness）是"一种社会群体的文化心理的价值评价"（王希杰，1996），是交际中必须遵守的最高原则。语言的得体性中体现着距离相似性，说话人越客气，使用的语言结构越复杂，信息量越大，说话人和听话人之间的社会距离也就越大。例如，"Open the window." 和 "Could you possibly open the window?" 表达同样的基本意义，但是后者较之前者结构要复杂，所包含的信息量也要大些，多用于关系不是很密切的人之间，而前一句则用于朋友或非常熟悉的人之间。除非要表达一些特殊含义，只有这样用才是符合语境需要的，因而也才是得体的。

（2）距离相似性对得体性和礼貌程度的影响。

距离相似性原则体现在英语的许多表达之中，首先来看一下词与词或词素位置的不同所产生的不同意义效果。例如：

Only I want two apples.

I only want two apples.

I want only two apples.

三个句中的 only 位置不同，表达了不同的意义，这完全是由 only 与其相邻修饰词的关系决定的。第一句仅说"我要（不是别人）"，第二句是说"仅要（不含其他想法）"，第三句是说"仅两个（不是更多）"。

根据距离相似原则：认知或概念上相接近的实体，其语言形式在时间和空间上也相接近，就是说概念之间的距离跟语言成分之间的距离相对应。从这一概念出发，我们可以更进一步探讨日常会话中的语用规则。如一条普遍的语用规则：客气意味着距离。说话者越客气，则使用的语言单位更多，信息越多，社会距离就越大（杜文礼，1996）。此外生活中我们使用模糊限制语，这一语言现象与距离相似性有着密切关系。使用模糊限制语之后，语言单位要变长，话语信息量要变大，无形中体现出了交际双方的距离。例如：

Your price is too high for us to accept.

I'm afraid your price is somewhat on the high side.

日常购物"砍价"时，可以使用第一句，即使交易不成功，也不会带来太严重的后果。但如果是在商务交易中，这种说法就不合适了，如果能够很好地使用模糊限制语，可能会带来意想不到的结果。对比以上两个例句，不难发现模糊限制语"I'm afraid"和"somewhat"在此种语境下的使用就使话语礼貌得体很多，在体现出双方距离的同时减少了双方在感情上的对立，很好地缓和了交易争执中的紧张气氛，使交易更容易成功。

另外，委婉语当中也体现着距离相似性。一般而言，委婉语都比直接表达要复杂些。其实，冗长只是一种掩饰的象征，使用委婉语的真正动因在于用某种原因使听话人远离事实。例如，把"garbage collector"委婉地称为"solid waste ecologist"，用"pass away""pay the debt of nature""go the way of all flesh"等来表达"die"的意义等。

通过语言手段表达的礼貌自然同句式有密切的关系。不同的语言表达方式会体现出不同的礼貌程度差异（何自然，1997）。如果不考虑语境的作用，只是从语言形式本身来判定礼貌的程度，那么语言符号增多，社会距离增大，话语的礼貌程度越高。例如：

① Will you please close the door?

② Won't you close the door?

③ Close the door, if you please.

④ I would like you to close the door.

⑤ Would it be too much to ask you to close the door?

以上①到⑤都是表达 close the door 的意思。①到③的语符单位都小于④和⑤。凭直觉可以看出，从①到⑤语言结构愈长，信息量愈多，社会距离也愈大，故话语越礼貌。

然而在语言的具体使用过程中，要充分考虑交际的生成语境。关系越密切，社会距离缩小，话语越简短。语言的相似性揭示了人类的普遍认知规律和语言内部结构之间的关系。

（二）建构主义理论

建构主义（Constructivism）成为 20 世纪 90 年代以来一种非常有影响的学术思想，被誉为"当代教育心理学中的一场革命"。该理论认为外部世界是客观存在的，但是对于世界的理解以及赋予它意义却是由个体自己决定的，个体会以自己原有的知识经验来构建它或者说解释它，由于每个个体的原有知识经验存在差异，因此各自所构建的世界也是不同的。建构主义强调的是个体从自身经验背景出发对客观事物的主观理解和意义建构，重视学习过程而反对现成知识的简单传授。

1. 社会建构主义

个人建构主义认为个体一出生便开始积极地从自身经验中建构个人意义，即建立他自己对世界的理解。其代表人物皮亚杰把心灵的发展看作是已有知识和当前经验不断达到平衡的过程，伴随这一过程的是同化和顺应。这一理论强调"个人"的发展和经验，忽视干预和直接教育的作用，忽视"社会"环境的作用，因此具有局限性。本书所建立的理解教学过程的基础是社会建构主义模式。这一模式的要义：知识不是通过教师传授得到的，而是学习者在一定的情境即社会文化背景下，借助其他人（包括教师和学习伙伴）的帮助，利用必要的学习资料，通过意义建构的方式而获得的。该理论认为"情境""协作""会话""意义建构"是学习环境的四大要素。"情境"：学习环境中的情境必须有利于学生对所学内容的意义建构。"协作"：协作发生在学习过程的始终。"会话"：学习小组成员之间必须通过会话商讨来完成规定的学习任务的计划；会话是达到意义建构的重要手段之一。"意义建构"：这是整个学习过程的最终目标。所要建构的意义是指：事物的性质、规律以及事物之间的内在联系。建构主义指导下的教学应是：以学生为中心，在整个教学过程中教师起组织者、指导者、帮助者和促进者的作用，教师利用情境、协作、会话等学习环境要素充分发挥学生的主动性、积极性和首创精神，最终达到使学生有效地实现对当前所学知识的意义建构的目的。

2. 最近发展区理论

心理学家维果茨基心理学的一个中心概念是中介作用，它是指儿童身边对他有重要意义的人在他认知发展过程中所起的作用。有效学习的关键在于儿童和中介人（父母、老师、同伴）之间的交往互动的质量。他的另一个重要贡献是最近发展区理论。最近发展区是指比儿童现有知识技能略高出一个层次，经他人协助后可达到的水平。儿童与成人或能力强于他的同伴交往是他进入下一个发展区的最好办法。这提供了一种积极信息，即学生在某学习阶段遇到障碍时经过教师的帮助可以越过障碍达到一个新的学习阶段。

建构主义提倡的主要教学方法为随机进入教学、支架式教学、抛铺式教学。随机进入教学（Random Access Instruction）是指学习者可以随意通过不同途径、不同方式进入同样教学内容的学习，从而获得对同一事物或同一问题的多方面的认识与理解。支架式教学（Scaffolding Instruction）是指教学应当为学习者建构对知识的理解提供一种概念框架，这种框架中的概念是为发展学习者对问题的进一步理解所需要的。因此，事先应该把复杂的学习任务加以分解，以便于把学习者的理解逐步引向深入。支架式教学由搭脚手架、进入情境、独立探索、协作学习、效果评价几个环节组成。抛铺式教学（Anchored Instruction）也称为"实例式教学"或"给予问题的教学"，形象地被比喻为"像轮船被锚固定一样"，是指以具有感染力和代表性的实例（案例）使学生对事物的性质、规律及与其他事物的联系达到深刻的理解。抛锚式教学有创设情境、确定问题（在创设的情境下，选择出与当前学习主题密切相关的真实性事件或问题作为学习的中心内容，选出的事件或问题就是"锚"，这一环节的作用就是"抛锚"）、随机进入学习思维发展训练、小组协助学习、学习效果评价几个环节。

（三）二语习得理论

本书重点介绍输入假设理论。

20世纪80年代克拉申（Krashen）提出了"输入假设理论"（the Input Hypothesis Model）。这个理论由五个相互连接的"假设"组成：输入假设（Input Hypothesis）；习得/学习假设（Acquisition/Learning Hypothesis）；监控假设（Monitor Hypothesis）；自然顺序假设（Natural Order Hypothesis）；情感过滤假设（Affective Filter Hypothesis）。克拉申认为，人类只通过一种方式获得语言，那就是对信息的理解，通过吸收可理解的输入信息（Comprehensible Input）来获取语言知识。只要学习者听到有意义的语言信息并设法对其进行理解，就会产生语言习得的效果。他认为学习者所接受的输入语言必须满足下面三个条件语言习得才可能发生：① 可理解的输入；② 包含已知的语言成分；③ 包含略高于已知的语言水平的成分。只有当习得者接触到可理解的语言输入，即略高于他现有语言水平的第二语言输入，而他又能把注意力集中于意义或信息的理解，而不是对形式的理解，才能产生习得。如果现有语言水平为 i，能促进他习得的是 i+1 的输入。

互动假说是迈克尔·朗（Michael Long）在克拉申提出的输入假设理论基础上提出的，并被广泛认为是输入假设理论的扩展和延伸。朗关注这些输入如何变得可理解，即交际双方为交流能顺利进行而进行的交互调整（modified interaction），语言输入在互动中通过澄清请求、理解检查、重复证实，其理解性会增强，语言输入也会更加成功。这一理论也为讨论式教学、课堂交际活动提供理论支持。在课堂教学中要使学生获得更多的可理解性语言输入，就必须尽可能多地创造出为实现交际目的而使用语言的机会，以便让学生接触到更多可听懂的语言输入。

第三节 高职大学英语教学改革的新要求和新形势

英语作为国际通用型语言，其重要性不言而喻。而目前的英语教学体系存在着种种弊端，只有对其进行改革才能有效地促进英语教学质量的提高。因此，本节以我国教学改革的新形势为依托，对高职大学英语教学改革提出一些新要求，以期为之后的大学英语教学改革提供一定的思想理论指导。

一、着眼于全人发展，以人为本

英语教学的首要定位就是人的教育，而大学英语教学的首要要求也应当是人本主义。教师要时刻以学生为中心，充分发挥出学生的主体作用，注重学生的全面发展，使他们具备持续学习的能力，从而为终身学习打下良好的基础。因此，当代英语教学要求学校和教师要着眼于学生的全面发展。要促进学生的全面发展，仅靠帮助学生掌握英语知识是远远不够的，还需要注意培养学生的社会责任感、积极的情感、严谨的治学态度等，因为这些因素对学生的英语学习也有重要的影响。这就要求教师在英语教学中尊重学生，做到以人为本。具体来说，主要从以下几个层面着手。

（一）承认学生之间的差异性

首先我们必须承认，学生之间是存在差异的，每个学生都有其独特的个性。学生的类型不同，其学习特点也存在差异，面对这些差异，教师应该为他们提供与他们实际学习需求相符的学习指导，同时也为他们提供平等的学习机会。可见，教师在教学中应该具体问题具体分析，做到因材施教。例如，有的学生擅长口头表达，有的学生则擅长书面表达；男生比较倾向于阅读思考，而女生则倾向于记忆单词、掌握规则。因此，一名优秀的英语教师应该在教学中根据学生的具体类型和特点进行具体的指导。

（二）相信学生的潜在能力

教师应该坚信，每一个学生都具有极大的学习潜能，每一位学生也都有其独特、丰富的内心世界。尤其是在科技与网络高度发达的今天，学生在很多方面都比以往更独立，在许多问题上的思考也非常独特。因此，教师应该多与学生沟通、交流，使学生能够将教师视为朋友。同时，教师在与学生平等相处的基础上，不断获取学生的想法，进而改进自己的教学，为学生提供更加充足的发展潜能的机会。这样，英语教学也会卓有成效。

（三）发挥学生的主体作用

学生主体是指自主地、能动地参与教学活动的学生个体。在英语教学中，教师要尽量做到为每个学生创造良好的教学环境，确保每个学生能够参与到教学活动中，让学生在教学活动中不断地培养和发展自身的自主性、能动性和创造性。

（四）营造和谐的课堂氛围

要顺利地实施情感教学，营造和谐的课堂氛围是较为关键的层面。课堂教学实际上是交际的过程，如果课堂气氛和谐，交际就会有效；如果课堂气氛不和谐，交际就会无效。从某种程度上来说，营造和谐的课堂交际氛围比使用好的教学方法更重要。营造和谐的课堂氛围有赖于以下三个因素。

1. 提倡宽容的态度

英语毕竟是一门外语，不是母语，我们使用母语都会不可避免地犯错，在学习英语时犯错更是在所难免。长期以来，教师在教学中过于强调语言的精确性，学生只要犯一丁点的错误都会被教师打断并更正。久而久之，学生便产生了挫败感与畏难情绪，甚至出现了"谈英语色变"的情况，对英语学习提不起任何兴趣，那么英语课堂氛围沉闷也就可想而知了。

改革背景下的大学英语教学提倡教师对学生的宽容态度，即教师应该引导学生多运用英语，不必有错必纠。

此外，在英语课堂教学中，教师还需要正确处理学生的突发情况。例如，碰到学生上课打瞌睡的时候，不应当立刻严肃地训斥学生，而应当本着以人为本的态度关心学生。这样，学生对教师心存感激，自然也就会努力地投入到英语学习当中。

2. 改善师生关系

要创造和谐的课堂气氛，教师首先要热爱自己的学生，给学生创造更多平等的机会。其次,教师要坚持人本主义的思想,改变教学重教师而轻学生的传统观点,对师生之间的关系进行重新审视和调整。在具体的教学过程中,教师还要为学生提供充足的学习空间,让不同类型、不同水平的学生都能够在学习过程中获得乐趣、成就感和满足感。当学生们感受到成功时,就会不断提高自己对这门功课的兴趣和积极性,这也就必然会推动教学质量的提高。

3.注重情感交流

研究表明,教师对学生能力的信心在一定程度上直接影响着学生学习的效果。因此,在英语课堂上,教师自身应该始终处于高昂的、乐观向上的精神状态,对学生要倾注所有的热情,并用这种态度将学生的积极情感调动出来。同时,教师要对学生充满信心,多表扬与鼓励学生,提高他们英语学习的积极性与主动性。

二、注重培养学生的综合运用能力

英语教学要注重培养学生运用语言的综合能力,这也是英语教学最基本的目标所在。在新一轮大学英语教学改革中,国家推出了新的《全日制义务教育普通高级中学英语课程标准(实验稿)》,其中对英语课程的内容和目标做了如下表述:基础教育阶段英语课程的目标是培养学生的综合语言运用能力。这种能力的形成建立在语言技能、语言知识、情感素质、学习策略以及文化意识等素质整合发展的基础之上。[1]要培养学生语言的综合运用能力,教师需要深刻认识以下三点。

(一)语言技能的掌握是学习语言的主要目的

语言技能包括听、说、读、写、译五个方面的基本技能以及其综合运用能力。如前所述,听、读是语言的输入,侧重知识的吸收;说、

---

[1] 沈银珍.多元文化与当代英语教学[M].杭州:浙江大学出版社,2006:133.

写是语言的输出，侧重知识的表达；翻译既有输入也有输出。学生在交际过程中通过吸收和表达知识信息，不断地提高语言运用的能力。因此，在英语教学中，教师要引导学生通过大量的听、说、读、写、译的实践，提高学生综合运用英语的能力。可以说，在英语教学中，听、说、读、写、译不仅是学习英语的目的还是学习的手段。

（二）必要的语言基础知识的学习有助于英语学习

学习必要的语言基础知识是形成能力的基础，有利于辅助英语学习。虽然我们反对英语课一直围绕语法教学进行，将英语课上成语法课，但是这并不意味着我们就不需要学习语法了。相反，学习必要的语法基础知识是非常有必要的，这是因为语言的基础知识不仅仅是构成语言能力的重要组成部分，还是培养和发展语言技能的重要方面。

需要注意的是，学习必要的语言基础知识也并不意味着把学习语言基础知识作为课堂教学的唯一目的，也就是说，绝对不能把英语课当成是语言知识课来上。因为语言知识学习最终的落脚点就是实际的综合运用，只有在学习基本语言知识的基础上，辅以适当的实践训练，才能真正提高学生的综合运用能力。

（三）语言能力的高低与心理因素和学习策略有关

心理因素不仅关系人的发展，还关系英语的学习。学生只有对英语学习抱着积极的态度，自发主动地参与，才能对英语持有无限的热情与动力，才能学好英语。因此，英语教学一定要注重学生的心理因素。

学习动机是学生学习英语的首要心理因素，而对英语学习的态度、兴趣、情绪则是促使学生产生英语学习动机的核心因素。因此，在英语教学中，教师一定要通过培养学生的学习态度、兴趣、情绪来激发学生的动机。

除了激励学生英语学习的动机，教师还要注重指导学生选择正确的英语学习方法与策略。

三、努力提高学生的认识能力

目前,英语教学正在经历由知识型教学向技能型教学转变的过程,也就是说英语教学不仅是让学生获得语言技能,也需要传授相应的语言知识,当然还需要培养并提高学生的认识能力。下文将探讨改革背景下的大学英语教学提高认识能力的意义与途径。

(一)提高学生认识能力的意义

对大学英语教学改革中提高学生认识能力的意义可以从以下两个关系来理解。

1. 母语与英语的关系

我们的知识大都是通过母语获得的。没有学过英语的人,一般会非常娴熟地、得心应手地使用母语,但他们对母语的认识往往是非常有限的。相反,学习英语的很多人都有过这样的体会与经验:人们在学习英语之前,往往对很多母语词汇"只知其然而不知其所以然",只有当学习了英语之后,他们才能形成对这些母语词语的理性认识。

由此可见,学习英语不仅仅是获得知识的一种手段,也是获得一种新的认识方式和认识能力的途径。自觉对比教学法,就特别强调通过母语和外语的对比来提高学生的整个文化素养,发展他们的智力水平。[①]因此,我们不应该因为语言而教授语言,而应该超越语言来教授语言,将语言的教育价值在深度和广度上进行挖掘和探索,而不应该仅仅将其作为一种语言知识和技能来教授。

2. 语言与思维的关系

文化语言学认为,语言与思维是密切联系的统一整体,作为思维的物质载体的语言是思维得以存在和发展的媒介,语言能力的发展和

---

① 沈银珍. 多元文化与当代英语教学[M]. 杭州:浙江大学出版社,2006:144.

思维能力的发展应当是相互促进、辩证统一的。

　　语言是人类文化的一种表现形式，它不但凝结了全部的人类文化成果，还将各个民族的文化（如思维方式、价值观念、审美情趣等）按照一定的结构形式（如词语的概念、组合、排列等）表现出来。通过对英汉词汇语义的对比我们可以发现，由于英汉两种语言分别产生和发展于不同的社会形态和历史背景之下，它们的词汇系统之间很少出现语义一一对应的现象。英汉词义大部分都是不完全对应的，即介于完全对应与无对应之间。例如，英语中的 brother 既可以表示"哥哥"，也可以表示"弟弟"，而英语中的 cousin 一词囊括了旁系亲属同辈的所有男性和女性。相比之下，尽管汉语中有丰富的关于亲属关系的词汇，但是却无法实现与上述英语词汇的完全对应。

　　以上这种英汉词汇之间存在的差异实际上反映了英汉两个民族在社会背景、历史背景以及思维方式上的差异。中国深受两千年封建社会体制的影响，遵循以家庭为中心的等级制度，崇尚"君臣父子"的尊卑；而西方社会却不然，西方社会步入资本主义社会的时间较长，他们崇尚个体的独立，提倡个人解放，反而对家庭观念缺乏一定的重视，这就致使在表达亲属关系方面的词汇相对较少，反而表现个人独立意识的词汇和表达却相当丰富。例如，在英语国家中，人们认为 privacy（个人的隐私）是神圣不可侵犯的，在汉语中它却没有如此的重要。

　　可见，学习语言不仅是学习词汇与语法，同时也是学习如何进入一种新的文化视野，经历一种新的思想观念的冲击，进而受一种不同环境下民族的思维方式的影响。如果英语教师能够对这一层面有着深刻的认识，那么必然会在教学中不断有目的、有计划、有意识地发展学生的认识能力和思维能力，使学生能够不断形成新的认识机制和感受机制。

（二）提高学生认识能力的途径

　　要想在英语教学中不断提高学生的认识能力，就必须选择合理的教学途径和方法。具体来说，要做到以下两点。

1. 坚持以话语为中心的教学

英语教学经历了词本位教学（翻译法），到句本位教学（听说法），再到话语本位教学（交际法）的发展历程。[①]

从语言与思维的关系来看，词是概念的表达形式，句子是判断的表现形式，话语是智力本质的推理活动的表现形式。语言与思维应该与话语相统一。侧重翻译的本位教学法和侧重听说的句本位教学法都是脱离一定的思维活动的，采用这两种方法的教学会导致学生机械无意识的模仿和重复性的活动，并且无法有效地锻炼学生的智力。在话语本位教学中，话语包含词语与语境之间的衔接连贯等因素，被视为是基本的言语交际单位，更体现语言的整体性及连贯性。

此外，话语分析和篇章语言学的兴起不仅为话语本位教学提供了一定的理论基础，还为其提供了一些具体的分析方法，并且使教学活动更为科学化和系统化。因此，英语教师不仅要掌握这些理论，还要将这些理论与具体的教学实践联系起来。

2. 坚持"文道统一"原则

众所周知，语言与思想是密不可分的，语言教学应当与思想教育活动统一起来，在教学过程中同时兼顾训练与思想教育两方面的内容，这就是所谓的"文道统一"。

传统的英语教学存在一定的弊端，如注重形式、轻视内容，注重技巧、轻视智能。语言是工具，但语言教育的目的是超越工具这一范畴，其宗旨是达到更高层次的教育目标。而坚持"文道统一"是实现这一教育目标的最好手段。具体来说，教师要做到以下几点。

（1）提高自身的素养。在英语教学中存在着一条普遍的规律称为"自理同构律"，也就是说，教师将希望寄托在学生的每一种素质和能

[①] 沈银珍. 多元文化与当代英语教学[M]. 杭州：浙江大学出版社，2006：144.

力上，而教师应在教学之前具备这些素质和能力。可见，要想有效地提高学生的认识能力，教师在备课中进行"智力投资"是首先必备的条件，只有首先经历了情感层次的智力体验，才能将这些体验转嫁到学生身上，让学生身临其境。

（2）在阅读教学中，教师应该对文章的整体层次和结构有一个深入的了解和认识，然后引导学生对其中有价值的、富有文化底蕴的内容进行挖掘和探讨，使学生在语言学习的过程中也能感受到真善美，人格也在不断地升华。这样的教学方式不仅提高了学生的认识能力，还提高了学生的人格修养。

四、充分利用多媒体、网络技术

与传统的大学英语教学相比，多媒体、网络教学给学生的英语学习创造了一个完全自由、自主的学习空间，其本身存在着很多的优势。

（1）计算机软件可以为学生提供地道的发音，生动形象地将知识内容呈现给学生，便于学生的理解和记忆。

（2）多媒体技术将图、文、影、像等教学资料统一地结合起来，让枯燥的文字充满色彩，这样的方式很容易激发学生的学习兴趣。多媒体、网络技术还突破了时空的限制，学生不必再拘泥于课堂学习，可在任何时间、地点进行自由的学习，这在增加学生学习时间的同时，还激发了学生的学习兴趣。

（3）网络技术为学生提供了充足的、自由的空间，让学生通过网络进行学习，同时教师也可以通过网络给学生布置任务、评定任务。这在一定程度上减轻了教师和学生的负担，有助于培养学生的自主学习能力。

因此，教师在教学中要充分利用多媒体、网络技术，最大限度地发挥多媒体、网络技术对英语教学的作用。

五、提升学生的文化素养

语言是文化的载体,是反映民族文化的一面镜子,语言与文化具有密不可分的关系。我们学习英语,不仅仅是学习英语这一门语言,还要学习英语背后所蕴含的丰富文化。

经济、技术、信息的交往和商品、资本、人员的流动使世界各国的文化突破了特定的地域环境和社会语境,融入全球性互动的文化网络之中。多元文化已成为文化的基本格局。在这样的时代背景下,文化素质的培养毫无疑问成为大学英语教学的重要内容。

文化教学能够提升学生的国际理解力和竞争力,帮助他们用全面的眼光和角度来审视和认识本国与他国文化,从而积极有效地推进国家间的交流与合作。同时,文化教学还能帮助学生对本国文化产生更深刻的认识,增强他们的民族自尊心与自豪感,使其在跨文化交际中把我们优秀的文化传统在国外发扬光大,为世界文化的繁荣贡献自己的力量。

六、评估方法多元化

教学目标是否实现要依靠教学评估来检验,因此评估是大学英语教学的一个重要方面。

多年以来,大学英语教学采取单一、机械、落后的评估方式,忽视了英语教师对自己的教学和学生对教师的教学的评估,忽视了学生的自我评估和小组评估,过分夸大了评估的选拔作用而忽视了其反馈功能,不利于发展学生的合作精神,也不利于建立和谐的师生关系。

时代的进步对教学评估方式提出了新的要求,如测试中的客观题减少,主观题增加;终结性评估不再"独霸天下",增加形成性评估权重等。随着人们对教学评估改革意识的增强,依赖于网络而实现的评估方式也逐渐发展起来。这些评估方式大多具有开放性、形成性和多维型的特点。例如,允许学生多次考试,让他们看到自己的进步和成功,尊重每位学生的学习速度、学习阶段和自我感受,让他们为完成学习任务而学习,而不是单纯为了应付考试。

第四节 高职大学英语教学的对策和建议

目前我国高职院校的英语教学一直是传统模式,一些矛盾在近几年日益突出,教学改革势在必行。下文尝试从课程教学分层次、学生发展个性化、课堂教学突出能力目标三方面进行探讨。

一、课程教学分层次

(一)理论依据

"分层次教学"思想源于孔子提出的"因材施教",是在班级授课制下按学生实际学习情况施教的一种重要手段,教育的主体对象是学生,因此,一切教学都应围绕学生的具体水平而展开。目前,我国高等教育教学基本是按学科教学大纲、教材的统一要求进行的。然而,近几年受高校扩招的影响,学生人数急剧增长,英语差异日益显著,两极分化加剧,导致部分学生"吃不饱",部分学生"受不了",尤其是那些基础较差的学生,由于跟不上其他同学,他们往往放弃了英语学习。教育学家赞可夫在《教学与发展》中提出"使包括后进生在内的全体学生都得到一般发展"的原则,因此,要扭转这种局面,使全体学生都能得到发展,必须打破传统课堂教学的一统模式,根据学生的实际水平实施"分层次教学"。"分层次教学"是依据素质教育的要求,面向全体学生,承认学生差异,改变统一的教学模式,因材施教,为培养多规格、多层次的人才打基础而采取的必要措施。

(二)分层次教学的具体实施

1. 分层次教学的流程

新生第一周进行英语水平考试；英语教研室进行成绩评定工作，并向上级部门汇报；教务处根据各系学生的英语水平，以系为单位，将学生按照1∶3∶1的比例分为A层次、B层次和C层次。根据各系具体情况（学生人数、实习安排等）将学生分班，教务处向各系公布学生分班名单，并下达教学任务，主管部门配备师资，安排上课具体事宜。

2. 具体的教学安排

教学安排分为三个阶段。第一阶段：三个层次的班级按照不同的学时上课，A层次总学时为60学时，在第一学期开课，大学英语为必修；B层次总学时为100学时，在第一学期（60学时）和第二学期（40学时）开课，大学英语为必修；C层次总学时为160学时，在第一学期（60学时）、第二学期（40学时）和第三学期（40学时）分别开课，大学英语为必修。英语课程结束后，组织学生参加全国应用能力考试，凡是提前通过者，可以申请免修该课程。第二阶段：英语应用能力提高班。学校开设英语口语、翻译技能、商务函电、文秘英语、四六级等提高班，以满足不同学生英语学习的不同兴趣。每一个选修班为30学时。第三阶段：专业英语的学习。详细课程安排见表1-4。

表1-4 分层教学学时安排

	A层次 （总学时为60学时， 分1个学期授课）	B层次 （总学时为100学时， 分2个学期授课）	C层次 （总学时为160学时， 分3个学期授课）
第1学期	大学英语（必修） （60学时）	大学英语 （必修）（60学时）	大学英语 （必修）（60学时）
第2学期	大学英语（选修） （30学时）	大学英语 （必修）（40学时）	大学英语 （必修）（60学时）
第3学期	大学英语（选修） （30学时）	大学英语 （选修）（30学时）	大学英语 （必修）（40学时）
第4/5学期	开设职业英语		

（三）分层次教学的特点

分层次教学的分层次体现在以下几个方面，其一是学生学习分层：新生入学后的第一个星期内进行英语摸底考试，根据考试成绩，以系为单位，将学生分为A层次、B层次、C层次。A、B、C三个层次的学生比例分别为20%、60%、20%。《大学英语》课程总计120~140课时，分两个学期完成。A、B、C三个层次班级教学不是简单的分班授课，不同层次班级的学生心理、智力、基础等有较大的差异，教师应因材施教，以小组的形式，认真探索教学模式与方法。其二是教学目标分层次：A层次目标为提高目标，A层次班级的学生应达到高等学校英语应用能力考试A级标准，并争取通过四级考试；B层次目标为较高目标，B层次班级的学生应达到高等学校英语应用能力考试B级标准，并争取通过A级考试；C层次目标为基本目标，C层次班级的学生应达到学院考核要求（教改实行后一年之内制定考核标准和要求），并争取通过B级考试。其三是教学内容分层：A、B、C三层次班级大学英语课程总学时相同，修完该课程后学分相同。A、B、C各层次班级采用不同的教材，教材难度应呈阶梯状。C层次班级采用要求相对较低、内容相对简单的教材，或根据教学要求自编教材。在制定授课计划时应体现出三个不同层次的班级授课内容的不同、目的和要求的不同。

通过分层次教学，因材施教，使各个层次的学生都得到提高：A班"跨步走"，B班"稳步走"，C班"大幅跑"。这样既照顾了起点较低的学生，又给基础较好的学生提供较大的发展空间，使不同层次学生的英语水平得到有效发展。

二、学生发展体现个性化

英语的个性化教学主要体现在两个方面。一方面鉴于大学英语学时过多的特点，针对不同层次的学生采取不同的学时授课，为学生个性化发展提供环境，同时取消期末考试，以全国应用能力考试代替期末考试，而从第二学期开始，凡提前通过全国应用能力考试的学生可以申请免修"大学英语"课程。另一方面，作为一门公共课，"大学英语"课程不仅要包括使所有学生英语素质得到普遍提高的知识，更要包含根据不同学生的个性、爱好、特长和基础来选择合适自己的选修课程，最大可能地发展个人的英语潜质，激发学生对英语的兴趣，为以后就业创造更多的机会。因此，除了开设"大学英语"课程，还要开设体现个性和特色的选修课程，例如英语口语、英语视听说、实用翻译技巧、旅游英语、文秘英语，以推动学生的个性化发展，充分激励学生进行自主学习，调动其学习积极性，使学生根据本人兴趣制定个人目标，如通过英语应用能力考试口语考试、英语四六级考试，考取翻译证、英语导游证等。

学校通过个性化教学的设置，能有效提高学生英语综合应用能力和自主学习能力，充分发挥学生的主体作用，突出语言的应用能力培养，促进学生的个性化发展。

三、突出能力目标的课堂教学

高职教育应坚持为社会主义现代化服务。立足于高等职业教育层次，突出职业教育特点，以劳动力市场需求为导向，以提高学生能力为目标。因此，教育工作者应尽快按照高职标准转变教育思想和教育观念，树立正确的质量观，使课程教学符合职业教育的要求。教学体现以能力和职业为导向，已经不是新理念，专业领域内的课程改革现在进行得如火如荼，但是如何体现在大学英语课程的教学改革上，还需要进行深入探讨。

根据有关职业教育课程教学改革的精神，遵循突出能力培养原则，高职大学英语改革要在分层次教学的基础上，进行以能力为导向的教学。所谓以能力为导向的教学模式，就是先确定"大学英语"课程的能力目标，然后设计每一个单元的能力目标，以及每一次授课的具体能力目标，在解决能力目标时，同时解决涉及的知识目标，如词汇、句型、语法、相关文化习俗等。围绕能力目标来制定课程的训练项目、任务等具体内容，将知识点的学习体现在训练项目中，以学生为中心，做到实践、知识和训练有机结合，注重英语的应用能力，例如听、说、译等方面的培养，达到知识和能力的一体化。也可以为整个课程设计一条主线，每一个单元就是具体的一项工作活动，以此来实现基于工作过程的项目化教学，加强英语实践性教学环节的比重，提高以交际能力为核心的语言应用能力，为社会培养具有一定英语语言知识和交际能力的高职毕业生。当然，教学中突出能力目标的模式是多样的，不管是什么方式，只要是能够提高学生能力的，都是可行的。

为了培养学生实际应用英语的能力，应侧重职场环境下语言交际能力的培养，使学生逐步提高用英语交流与沟通的能力。高职英语教学必须根据专业特点和对英语的不同要求，以学生的职业需求和发展为本位，制定不同的教学要求：较高要求、一般要求、基础要求，为学生提供多种学习选择，充分体现分类指导、因材施教的原则。高职英语教学课程内容应把基础英语教学和专业英语教学结合起来。

第二章
高职大学英语知识教学

知识和技能的教学是任何学科都不可缺少的，英语教学也是如此。英语知识教学通常指基础知识教学，包括英语语音、语法、词汇基础知识的教学。根据现代英语教学理念，英语知识教学不能脱离生动、丰富的语言材料。英语知识教学不仅要让学生知道必需的英语知识，更重要的是要让学生能够运用这些知识形成英语语言的运用能力。本章将探究高职大学英语知识教学的相关内容。

第一节　高职大学英语语音教学

一、语音教学的意义及存在的问题

（一）语音教学的意义

从其对词汇学习的影响来看，语音是整个语言系统的基础，如果没有足够的语音基础训练，学生就无法辨析最小的语音单位，无法模仿和朗读单词，更不用说掌握正确的语音语调了。这样学习英语，不但费时费力，而且毫无用处。另外，如果学生没有掌握足够的语音知识，他们就无法顺利进入词汇学习，因为许多单词的拼写规则以及与语法有关的词汇变化规则都与语音规则有着紧密的联系。

从交际本身来看，语音教学也具有重要的意义。人类交际的重要形式就是口头交际，与书面交际相比，口头交际有着方便、直接及反馈快的特点。然而，口头交际的顺利完成通常依赖于许多因素，例如交际双方对所用语言的掌握，对交流内容的了解以及良好的心态和环境等，其中，对语言的掌握最为重要。口头交际是通过口语来完成的，而口语又是以语音为基础的。

要想确保对方准确、轻松地明白自己所表达的意思，必须先保证自己的语音是准确、自然和清晰的。而且，正确的语音也是一个人综合素质的体现，语音流畅，悦耳动人，既有助于人们之间的交往，又能给人留下深刻且良好的印象。

（二）语音教学中存在的问题

1. 教师发音不标准，没能合理使用录音机

教师发音的好坏直接影响着学生的英语语音语调，因为学生的语音学习多是通过模仿老师来完成的，因此教师在授课之前应该进行专门的发音训练。在语音课上教师应适当地使用录音机，因为在语音教学中人机配合会使学生的学习效果更好。

2. 对语音教学重视不够

语音是语言存在的物质基础。语音作为英语教学发展的起点，这第一关一定要打好基础。否则，学生对于单词的学习会产生很大障碍，要么根本不会读，要么发音不准确。单词不会读或读不准，将会直接影响单词的记忆和积累。而词汇量少，又会给阅读带来重重困难。另外，只能联系一些单词的形和义，不能把音和义联系起来，还会给听力带来一定的困难。如果教师用英语讲的课很难听懂，所举的英语例句也无法听清，学生将会逐渐失去学习兴趣。

然而，在实际的英语教学中，不重视语音教学的情况非常普遍。这种不重视主要表现为对发音的"暗病"不认真"治疗"就放过，如短元音发成长元音、浊辅音发成清辅音等。更为严重的是语音基本技

巧"夹生"，学生在读字母和音标时常有瞬间考虑活动，达不到直接反应、眼到口也到的水平。在运用拼读规则读单词和读音标组合时更是如此。总之，语音基本技巧自动化程度不够将成为语音教学乃至整个英语教学的严重"后遗症"，它严重影响了教师的教学进度，影响学生的语言能力和学习能力的发展。

3. 对语音教学的任务和内容把握不够

一些英语教师在语音教学中特别强调字母、音标、单音和拼读等方面，而忽视了语音教学的其他内容和任务。最终导致学生发音尚可，拼读还算熟练，但语流十分不畅，语调不过关，因而朗读水平和口语技能的发展大受影响。因此，语音教学不应只将重点放在单个音素和单词读音上，还应该在音长、重音、句子、语调、意群停顿、节奏等方面下功夫。这些因素对语意的影响有时超过单个音素的准确性。语音教学还应在口语和朗读方面进行一定的训练，为其他技能的掌握打下坚实的基础。从语音教学本身来看，除了知识性的传授以外，还应使学生具有听、辨、模仿等能力，按照读音规则把字母及字母组合与读音建立起联系的能力，单词的音、形、义联系起来迅速反应的能力，迅速拼读音标的能力，朗读文章和诗歌的能力等。

4. 对语音教学的长期性认识不够

语音是英语语言入门阶段的主要教学内容。然而语音教学绝非仅限于入门阶段，而应贯穿整个英语教学的始终。这点常为一些英语教师所忽视，造成学生的语音越来越差。这些都和语音的技巧性分不开。久熟不如常练。既然语音的本质是技巧性的，就需要经常练习。教师除了要指导学生的练习外，还应不断地对自己的发音进行纠音和正调。当然，入门阶段之后的语音教学大部分是结合在语法、词汇、句型、课文教学和听、说、读、写训练之中的，这体现了教学的综合性质和统筹安排。

5. 学生课上练习时间有限

练习时间有限是英语语音教学最为困难的问题，是语音教学研究的现实课题。要想解决这一问题，首先要坚持听音在先，听清、听准、听够，然后再模仿发音或读音。其次，教师要在纠音正调时向学生传授一些语音知识和练习诀窍，如单词成组比较练习，音调、词调、句调结合练习，以及少量而恰当的英汉对比练习等。此外，对学生发声的指导是必不可少的，教师可以使学生单独的练习和纠正成为全体学生练习和防错的典型。

二、语音教学的目标及内容

（一）语音教学的目标

1. 总体目标

关于语音教学的目标，人们有着不同的看法。通常，我们可以将英语语音教学的总体目标总结如下。

（1）稳定性（consistency）。所谓稳定性是指语音的流畅、自然。许多学生为了达到语音语调的准确下了许多功夫，但是这些学生为此牺牲了语言的流畅自然，从而使人听起来很不自然、不舒服。这种不自然的、生硬的说法使听者听起来十分别扭，以至于很难理解。因此，教师在训练学生的语音语调时，应该遵循稳定性原则。

（2）易懂性（comprehensibility）。易懂性是指英美人士容易听懂学生所说的英语。哈默（Harmer，1991）曾指出，在语音教学中，"如同母语一般的准确和流利"的目标并不明智，对于很多学习者来说，"这一目标是不现实的，也是不恰当的。或许更为重要的目标应该是可理解的和有效的语音语调"。可见，哈默更加注重语音学习的实际、切实可行。事实上，由于各种原因，我国学生的英语语音语调很难与本族语者完全一样。另外，语言学习的目的是与他人进行交流，只要学生能够使用英语与别人交流，即使语音语调欠佳也无伤大雅。因此，易懂性也是英语语音教学的重要目标之一。

（3）交际性（communicative efficiency）。所谓交际性，就是要求发音有助于表达所要表达的意思，有利于实现交际的目的。

以上就是英语语音教学的总体目标，这三个方面是相互联系、相辅相成的，忽视任何一个方面都是效果欠佳的英语语音教学。

2. 阶段目标

由于不同国家在语言系统、文化背景、生活环境等各方面存在不同，而且语言学习并不是一蹴而就的，而是一个循序渐进的过程，且这个过程有不同的阶段，因而语音教学的目标也应具有阶段性。

我国的《高等学校英语专业英语教学大纲》（2000）在教学要求上按级划分，每学期为一级。其中，语音单项教学要求的入学要求和第二、四、六、八级的规定见表 2-1。

表 2-1 高等学校英语专业英语各级别语音教学目标

级　　别	目标描述
入学要求	能熟练地运用拼读规则和音标读生词；能比较流利地诵读没有生词、难度相当于高三英语课文的材料，口齿清楚，语音、语调大体正确
二级要求	能自觉地模仿和纠音，正确掌握多音节单词、复合词和句子的常见重音模式；初步掌握朗读和说话的节奏感，并注意轻重变化对意义表达的影响；初步掌握语流中的语音变化规律、连续、辅音爆破和语音同化的技巧以及陈述句、疑问句和祈使句的语调
四级要求	发音正确；较好地掌握朗读和说话的节奏感；掌握语流中的语音变化规律、连续、辅音爆破和语音同化等技巧以及陈述句、疑问句和祈使句的语调；初步掌握语段中语音轻重和新旧信息传递之间的关系
六级要求	发音正确；语调比较自然；语流比较顺畅
八级要求	发音正确；语调自然；语流顺畅

由表 2-1 可知，语音教学的目标并不是固定不变的，而是随着学习阶段和学生学习水平的不断发展而不断变化的。

（二）语音教学的内容

1. 发音知识

发音知识是指关于发音与发音器官间的关系的知识，如口形、唇形、舌位、唇和舌运动的轨迹、肌肉的紧张或松弛状态、气流的通道、口腔、鼻腔、腭、声带的振动、声音的长度等。发音知识是语音学习的基础，适度地向学生传授英语发音知识，有助于建立起学生对英语语音系统的理性认识，能为学生的语音知识学习奠定基础，还有助于促进学生学习语音的效果。

作为语音教学的开端，良好的发音知识将会减少语音学习和教学的难度，对于提高语音知识的学习效果和教学效果有着重要意义。为了避免在英语学习入门阶段损伤学生的学习积极性，教师应该充分考虑学生的特点，在语音教学中，传授给学生一些发音常识。在这些知识的指导下，学生对语音的模仿会变得积极、自觉，具备一些对自己的发音进行及时调节和校正的能力，这比盲目被动的模仿的收效要大。但是，教师应该注意，对学生而言，发音知识并不是越多越好、越深入越好，教师不能把语音课变成语音学课，而是要注意发音知识的适度性，只要学生对某个音的模仿很准确，那么就没有必要画蛇添足，过多地讲授发音知识，以免使学生感到枯燥厌烦，失去对语音学习的兴趣。

2. 单音

单音教学主要包括元音教学和辅音教学。元音教学又包括前元音与后元音、单元音与双元音、短元音与长元音等；辅音可分为清辅音、浊辅音、摩擦音、鼻辅音、爆破音等。

（1）元音。元音可分为单元音和双元音。

单元音有 12 个：/iː/ /ɪ/ /e/ /æ/ /ɜː/ /ə/ /uː/ /ʊ/ /ɔː/ /ɒ/ /ɑː/ /ʌ/。

双元音有 8 个：/eɪ/ /aɪ/ /ɔɪ/ /əʊ/ /aʊ/ /ɪə/ /eə/ /ʊə/。

元音又称母音，是音素的一种，与辅音相对，是在发音过程中由气流通过口腔而不受阻碍发出的音。学习元音的关键在于嘴唇。口型正确，肌肉松紧适度，发音就会标准。说起来容易，要做到这两点是很不容易的，需要大量的模仿和操练。

元音教学，首先要强调舌位，使学生有意识地感知声音所发部位的前、中、后，高、中、低之分，在学习前元音时舌位尤其重要。学习英语语音，人的口腔需要发出 20 个元音，舌位稍有变化就会变成另一个音，可见舌位对元音发音的重要性。

区别长元音和短元音是元音学习的重点。显然，区分这两种音时，长元音要发长音，短元音要发短音。但是，短元音并不是长元音简单的短化音，长短音并非长短之分那么简单，长、短元音的根本区别在于音质，而音质与口腔内舌位的高低有着密切关系。以元音中最难以区分的/iː/和/ɪ/为例，如/ɪ/不是/iː/的短化，它们其实是舌位高低的区别，其高低差别仅为 1 毫米左右。肌肉的紧张程度也是引起长短元音音质变化的重要因素，读长元音时肌肉紧张，读短元音时肌肉放松。在教授元音时，教师要引导学生特别仔细地体会舌位的变化。由于舌头是有弹性、能伸缩的，因此学生要充分利用舌头高、低、伸、缩时在口腔中的不同舌位，发好单元音；另外，舌头是可以移动的，学生还应利用舌头在发音过程中的移动，发好双元音。

元音教学，还要强调唇形，特别是在学习后元音时。以元音/ɑː/和/ʌ/为例，虽然二者发音的舌位不同，但对发音起决定因素的是唇形及舌的肌肉紧张度。

在教授元音时，教师可以利用口形图或者口腔活动模型进行教学，以加强直观效果。教师可以一边指着图或模型，一边发音，也可以利用教具，让学生发音。

（2）辅音。气流在口腔或咽头受到阻碍而形成的音叫作辅音。英语中一共有 28 个辅音，多数辅音是以成对的形式出现的，辅音包括清辅音和浊辅音。在辅音教学中，首先要教授学生基本的辅音音素。

清辅音有 11 个：/p/ /t/ /k/ /f/ /θ/ /s/ /ʃ/ /tʃ/ /tr/ /ts/ /h/。

浊辅音有 17 个：/b/ /d/ /g/ /v/ /e/ /z/ /ʒ/ /dʒ/ /dr/ /dz/ /m/ /n/ /ŋ/ /r/ /w/ /j/。

由于辅音的清、浊对语义的影响较大，因此教师应重点教授清、浊辅音的区分。例如：

/big/big 大，/dʌg/dig 挖

/pig/pig 猪，/dʌk/duck 鸭

在教授辅音时，教师除了要向学生传授基本的辅音音素之外，还应强调声带的振动与否，这是区分清、浊辅音的关键。为了降低学习难度，达到更好的教学效果，可以让学生把手放到喉部，去感受发音时所产生的声带振动，浊音与清音一起练。

此外，辅音除了摩擦音和鼻辅音以外，都不能延续。如果学生在发/t/时将声音拉长了，那么他肯定是在后面加了元音/aː/。辅音是不能单独存在的，因而辅音练习应以音节为基本单位。最令我国学生感到困难的是辅音连缀，这是因为只有在词中才会有辅音连缀，所以解决办法也只能是通过对多词进行读音练习。

辨析是学习辅音的另一个关键内容。辨析既有对清辅音和浊辅音的辨析，也包括对相似音的辨析。清浊辅音的最大区别在于声带，清辅音在发音时声带不振动，而浊辅音发音时声带振动。根据这一区别，学生在学习英语辅音时，可以将手放在声带处感受声带振动与否判断自己清、浊辅音发音是否正确，或者捂住双耳，通过声带直接传到鼓膜的音检验清浊辅音的发音是否正确。

3. 字母和音标

（1）字母教学。篇章是由句子组成的，句子是由单词组成的，单词是由字母组成的，可见字母在英语中的重要性。在字母教学中，教师要注意利用几方面的结合和比较，即字母名称和读音的结合，字母表和元音、辅音分类表的结合，字母发音和拼读的结合，以及英语字母音和汉语拼音字母音的比较等。通过这些结合和比较提高英语语音教学质量的效果。

在字母教学中，教师还可以通过例词、例句帮助学生掌握字母的音、形，可以以快速听写和快速认读字母卡片的练习方式来强化字母

的音形在学生头脑中的联系,加深字母音、形在学生头脑中的印象,还可以组织各种形式的字母音、形联系比赛,以促进学生熟练掌握字母。

(2)音标教学。音标是记录音素的书面符号,它的作用相当于对声音的提示。通过对音标的学习,学生可以一看到音标就联想起某个相应的音,对学生学习和掌握单词、字母有重要意义。

英语中有大量的单词,其中很多单词的拼读不规则,如果学生掌握了音标,那么在遇到新单词时就可以自己在字典上查到音标,独立学习该词的正确发音。音标还可以用来教授语音的其他技巧,如连读、失去爆破、弱读等,通过视觉和听觉加深印象,加快对语音的把握。

在我国这种以汉语为母语的环境中,英语教学缺乏必要的英语语言环境,因此教师应特别注重音标的教学。但是,教师还应意识到,音标的重要性并不是绝对的,而是相对的、有限的,因此教学中不能过分强调,喧宾夺主。

在实际的语音教学中,字母教学和音标教学一般要结合起来。英语字母与音标容易混淆,英语字母及音标与汉语拼音字母及拼音也容易混淆,因此,它们之间的区分和比较非常重要,教师应该注意到这一点。这包括英语字母表、字母的名称、字母的读音、元音字母表、辅音字母表、字母拼读;音标包括元音分类表、辅音分类表、重音、次重音等。

4. 语调

语流方面的语音知识主要有重音,节奏,连读和失爆,语调。相对应的,语流教学主要就包括重音教学、节奏教学、连读教学和语调教学等。

(1)重音教学。重音包括单词重音和句子重音,重音教学的内容主要包括单词音节、开音节、闭音节、单音节、双音节、多音节、重音、句子重音以及重音在句子中的流动等。

事实上,重音和音素一样,都对语义有一定影响。比如:record一词重音在前时是名词,表示"唱片",音标为/ˈrekɔːd/;重音在后时是动词，表示"记录"，音标为/ri'kɔ:d/。如果学生没能掌握重音方面的知识，在读单词时很容易出现音对而重音位置不对的现象，从而产生词不达意的问题。

  在重音位置影响词性、语义的情况下，重音的正确与否比单音还重要。一个多音节的单词不仅有重音，还有次重音，教师应引导学生反复诵读，使他们更好地掌握重轻音的技能。教师在教单词时一定要强调重音，把重音这一属性当作单词读音的一部分，就像汉字的四个声调与汉字不可分割一样。

  在语音课堂上，教师在教授重音知识时，应该循序渐进、逐步深入，不可一蹴而就。教师首先要向学生解释重音的概念，当重音的概念为学生所接受、掌握时，再在适当的时候告诉学生，重音在语流中是可以移动的，所以要重视句子重音。在教授重音时，教师要把句重音教学、节奏教学、句型教学结合起来，在课文教学中讲授技巧，使学生在学习课文时就可以学习到重音的把握技巧。另外，教师还可以让学生听写节奏和重音明晰的句子，标出重音，以加快学生对重音的学习、掌握。

  在我国的英语教学中，教师对重音教学缺乏重视，这就使学生不能很好地掌握重音，从而限制了我国英语语音教学的发展。

  （2）节奏教学。在我国英语教学中，教师常常忽视对节奏的教学。尽管节奏教学不涉及英语单词语音的正确与否，但对英语句子、段落、篇章的语音优美与否起着决定性作用。要达到流畅自然的效果，就要注意英语的节奏。掌握节奏的关键在于掌握重读的规律和断句的要点。

  英语是一种节奏感很强的语言。因此，在学习语音语调时不得不研究一下英语的节奏。所谓"节奏"就是在一个句子中每两个重读音节之间的时间距离大致相等，涉及语流的快慢、高低、长短与停顿。如果两个重读音节之间没有非重读音节，那么，要么前一个重读音节适当拖长，要么这两个音节间有间歇。反之，如果两个重读音节之间有好几个非重读音节，那么，这几个非重读音节就必须"挤在一起"快速地读过去。

任何语言都有自己的节奏，每个节奏单位都是由一定量的音节组成，每个音节的长度和响亮程度也都要受节奏单位中节奏数量的相对重要性的影响。例如，good/gud/在"He is a good boy."和"This boy is really very good."中的元音长度是不一样的。/gud/这个音段可以表示 good 这个单词，也可以作为 goodness 一词中的一个音段。虽然，这种在词典上的标记没有任何明显区别，但是实际上人们听到的 goodness 中的/gud/显然要比 good 的/gud/长，如果在"Thank goodness."（谢天谢地！）中，/gud/的发音可能会更长。

在英语节奏教学中，教师需注意两点。首先，节奏不一定是"轻—重—轻—重"。有时候，特别在英语诗歌中，会出现"重—轻—轻—重—轻—轻"或其他节奏。另外，节奏不但要考虑重音与非重音，还得考虑意群的停顿。意群就是意义的组或群，是靠意义单位来划分的。即意义紧密相连的一些词构成较大的语义单位，叫意群。意群是不可以随意拆开的，如果打乱意群或意义单位的规律，很容易闹出笑话。也就是说，所有语言的意群规律都是一致的。例如，"You have to know that there are sense groups in English."可以读成"You have to know//that there are//sense groups//in English."

虽然我国很多学生都能用英语进行正确的交流，但也存在语音生硬难听、缺乏美感的问题，就是因为没有掌握英语节奏技巧，说话缺乏节奏。为了提高学生英语语言表达的能力，帮助学生使用英语时表达得自然、流畅、地道，教师在英语教学中，特别是在语音教学中要注重节奏的教学，培养学生的节奏感。

（3）连读和失爆教学。英汉语言有很大的差异，在语音方面，英语具有的连读和失爆的语音现象是英语的一个特征。英语是以重音间距来决定一句话的时间的，在一拍的时间内要发许多个音，因此单词与单词就首尾相连，"黏"在一起，词与词之间就产生了连读和失爆现象。在英语的一个词组或一个句子中，如果前面一个词的结尾是辅音，后一个词的开头是元音，辅音和元音就要发生连读。例如，stand up 连读为/ˈstædʌp/。同时，有些音在词组或句子里受前后音的影响，往往也会发生变化，我们称为同化或异化，例如 question 不读/ˈkwesʃn/而读成/ˈkwestʃən/。

英语连读和失爆的教学都十分重要，能否掌握连读和失爆技巧，将直接影响英语表达的流利性和自然性。连读可以使英语词组或句子说得流畅、自然，而要获得这种流利、自然的效果，多听、多练习是非常必要的。因此，在语音教学中，教师应该重视连读与失爆的教学，引导学生注意连读与失爆的作用及其影响，帮助学生掌握连读与失爆的技巧，以便使学生的英语口语更加自然、流利。教师可以在朗读课文的教学中使学生注意这些现象，也可以通过听录音，或者鼓励学生在练习口语时大胆尝试使用连读和失爆。实际上，如果在基础阶段有意识地训练学生的连读和失爆，他们自然就会接受这种现象。

（4）语调教学。英语语调指的是重读词的音频变化。在英语语音教学中，语调教学主要包括单词语调和句子语调，涉及升、降、高、低、平等五个基本语调概念。升调和降调主要用于句末。长句中可能出现语调升降的现象。读平调的词从句首至句末逐步由"高平"降至"低平"，但长句中可能再出现高平。掌握好语调应用的技巧，不仅可以使说英语时的语音更优美，而且能够有效表达说话人的情感、态度和目的。

英语语调的变化是一个很复杂的问题，我们可以从语法、态度和语篇三个方面来总结。

① 语调和语法。在很多教科书中都有对语调模式与语法结构关系的描述，笔者总结如下。

一般疑问句。对某事表示疑问时，多使用升调。

特殊疑问句。多用降调，但是如果对方没有做出反应或者反应不正确，需要我们重复同样的问题时，则要使用升调。

陈述句。陈述某事实时，应该用降调。

祈使句。向对方表示祈求时，一般用降调。

反义疑问句。当期望对方得到确认的回答时，一般用降调；当自己不太肯定时，则用升调。

项目的罗列。先用升调，然后还是升调，最后是降调。

上述关系只是根据语言现象所总结出来的一些基本规律，而不是硬性的规定，一些情况下是要违背这些规律的。但是，对这些知识的掌握，有利于我们正确地使用语音语调。

② 态度与语调。一个人对于某一情形态度的变化也会引起语调的变化。不同的语调往往可以表达各种不同的态度。因此，在实际的话语交际中，我们可以通过语调来理解说话人所表达的意思，避免只从字面意思上进行理解而产生误解。

③ 语篇与语调。语篇与语调也有着密切的关系。例如，讲话者可以通过语调的变化来表达思想或者提供信息，也可以用语调的变化来表示哪些是他认为新的信息，哪些是讲话者与听话者共知的信息。

三、高职大学英语语音教学的原则

高职大学英语语音教学应该遵循以下原则。

（一）提高教师自身的语音素质原则

《英语课程标准》指出：在英语教学的起始阶段，语音教学主要应通过模仿来进行，教师应提供大量的听音、模仿和实践的机会，帮助学生养成习惯。当学生掌握了语音知识，便可以自己复习巩固，学习单词。然而，许多英语教师在教授语音时，语音和语调很不自然，学生模仿之后，无法在真实的语言交际中使用。这是因为一开始学生就养成了错误的语音语调习惯，因此英语教师一定要加强自身语音语调的训练，按照真实的交际形式教学生读英语、说英语。否则学生不仅说不好英语，而且还会影响学生其他方面英语知识的学习，如听力。在英语教学过程中，儿歌、韵律诗、绕口令等都是很好的语音训练材料。

（二）引入国际音标的教学原则

音标就是记录音素的符号，是音素的标写符号。通常来讲，人们一看到音标就可以联想到相应的音。音标相当于对声音的提示。英语中很多单词的拼读不规则，学生在遇到新单词时，可以在字典上查到音标，独立读出该词的正确发音。现在的基础英语教学，尤其是在初级英语教学阶段，许多人认为没有必要让学生学习音标。一些学者认为准确的发音只能从听准确的发音、模仿准确的发音而来。这种观点是有道理的，在英语学习的最起始阶段，如果过分强调音标的教学，容易造成学生学习的负担，不利于学生交际能力与学习兴趣的培养。但是，随着学生英语水平的不断提高和学生接触英语材料的增加，他们势必要遇到音标的问题，如果不及时地引进国际音标的教学，很容易出现下列问题：

（1）依赖心理加强，自我实践能力减弱。

（2）阻碍学生及时运用拼读知识记忆单词。

（3）没有合适的音标体系，学生将用自己的方法，如使用汉语标音，这将对学生掌握正确的语音语调造成极大的阻碍。

（三）语音教学与其他教学相结合原则

语言是语音和意义的结合体，在学习词汇和进行阅读、听力及口语训练时必然离不开语音，因此，语音的教学应该贯穿于英语教学的始终。例如，教师可以将学生学过的能够体现英语单词读音规律的词放在一起进行语音训练，一方面可以使学生体会总结英语拼读的规律，集中训练较为重要的语音项目；另一方面也可以帮助学生复习巩固，记忆单词。在英语阅读教学中，我们可以进行一些朗读训练，帮助学生养成良好的语音语调习惯。语音教学还应与听力教学相结合，因为正确的语音语调离不开模仿。语音教学与口语教学也密切相关。语音教学是口语教学的基础，语音教学的根本目标在于培养学生运用正确的语音语调顺利进行交际活动。

（四）严格要求与适当"宽容"结合原则

语音教学如果能将有分寸的严格要求与适当宽容结合起来，教师和学生都会更加轻松，时间也能更有效地被利用。

严格要求是针对语音教学整个过程而言，也是就学生听音、辨音、模仿发音的态度和表现而言。学生应该认真对待每次的听说练习，做到耳、口、心齐动，并能养成习惯。

适当宽容是针对单个语音项目的一次训练而言，也指语音客观存在的差异性。在语音教学中常常会出现这样的场景：教师不辞辛苦，总是不厌其烦地纠正学生的发音，直到教师认为与自己的发音一模一样为止。仅仅一个单音教师就耗费了如此多的时间和精力。有的教师每教一个音素就对每个人做检验，这样做大大忽视了学生的个体差异，同时语音学习并不是一下子就能完成的，而是需要循序渐进，逐渐完善和发展的。

（五）一贯性原则

语音教学是一项长期的任务，需要根据学生所处的具体语言学习阶段，确定具体的语音教学任务，语音教学应该贯穿于英语学习的各个阶段。许多教师认为语音教学是初级阶段的事，这种错误的观点使他们在教给学生简单的语音知识后就弃之不管了，于是学生失去了许多语音训练的机会，结果是学生虽然在词汇和语法上有了很大的进步，但听说能力仍停滞不前。

四、高职大学英语语音教学的方法

高职大学英语语音教学有下列基本方法。

1. 了解汉英语音结构和操作系统的差异性

英汉两种语言的音系差别非常大，英语属于印欧语系，汉语则属于印藏语系。在语音学习的初期，学生习惯用汉语语音的学习经验学习英语语音，这严重影响了学生的语音学习效果。因此，我们有必要先对英汉语音的差异及产生的因素有一定了解，以便确定语音教学的重点和难点。

从单音来看，汉语普通话中只有 10 个元音（韵母）音素，而英语有 20 个，这就使中国学生对某些发音产生困难，如/iː/，/ɪ/，/æ/，/ʌ/，/ɔ/，/ɔː/，/u/。汉语只有 21 个辅音音素（声母），而英语却有 24 个，学生对/θ/，/ð/，/ʃ/，/tʃ/，/dʒ/等的发音都容易产生障碍。

从音节上看，每一个汉字均是一个独立的音节，即单音节。汉字基本为开音节，只有/n/、/ŋ/结尾的音为辅音，但也属响辅音。所以每个汉字都有自己独立的发音，并有着乐音性质。而英语单词一般是一个音节或多个音节组成，有开闭音节之分，多数为闭音节。中国学生学习英语语音，往往会因母语迁移作用在闭音节词的词尾上加上轻读元音/ə/。

从重音上考虑，汉语是以音节计时的语言，而英语是以重音计时的语言。所以英汉两种语言的节奏存在较大的差异性。汉语中字与字的界限十分分明，而词与词之间的界限却显得模糊，整句话的语流听起来像钢琴奏出来的断奏音。尽管英语中词与词之间的界限是分明的，从整句话的语流来说都是联奏音，词与词之间还存在连读等语流音变现象，像小提琴拉出来的一连串音符。

从语调上看，汉语是一种典型的音调语言，即每一个字都有自己的调。同一个音使用不同的音调发出，其汉字和意义就发生变化，如：ma、mā、má、mǎ、mà（一个轻声，四个声调）分别代表了五个汉字：吗、妈、麻、马、骂。而英语却是语调语言，它的单词没有辨义的固定声调，如单词 English 既可读成升调，又可读成降调，其词汇的拼写不发生变化，两者意义也基本相同。在单句中，英语只在句末最后一个重音节开始变调，形成不同的调型，如降调、升调、降升调、升降调、平调等。而在朗读汉语句子时要根据每一个字的音调不断发生变化。

2. 采用"听—看—模仿—正音—辨音—拼读"的教学模式

对于音段音位，学生首先要"听"原文材料，反复"模仿"；"看"教师发音的口型，对照镜子"看"自己的发音口型是否与教师相同；

教师也要认真"看"学生的口型，如发现错误要及时纠正。教师还要为学生提供一系列相似的发音词语和词组进行"辨音"练习。学生只有听得准、看得清，才能模仿得正确；只有正得好、辨得明、拼得对，才能说得流畅、说得地道。

3. 适时地使用图表

图表可以使一些手型或示范更加直观地展现在学生眼前。如/k, g, ŋ/的舌位图，/t, d, n, s, z, l/的舌位图等。如图2-1所示。

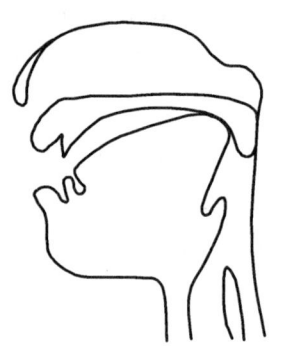 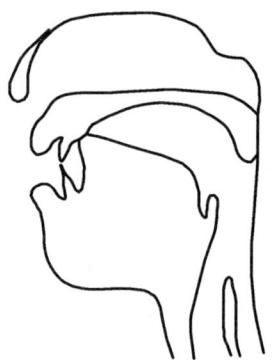

图2-1　/k, g, ŋ, t, d, n, s, z, j/的发音舌位图

4. 通过绕口令学习语音

绕口令是我国传统的语言游戏。它是语言训练的好素材，认真练习绕口令可以使反应敏捷、用气自如、吐字清晰、口齿伶俐，而且绕口令的内容通常都是生动活泼的，很容易引起学生的兴趣。教师可以选择相关的绕口令来配合每一个发音进行单项训练，也可配合多个音素的发音训练。如训练/i:/时，可训练如下绕口令：

Come to tea!

Come to tea with me!

Come to tea with me by the sea!

If you're free, come to tea with me by the sea.

Do you agree, if you're free, to come to tea with me by the sea?

要想区分元音/ɪ，æ，ʌ，ɪə/等，教师可以组织学生训练如下绕口令：
A big black bug bit the back of a big black bear. The big black bear bit back the big black bug.

5. 背范文

在一定程度上，语言是一种习惯性的行为，只要多背就能形成习惯，从而掌握某些语言。需要注意的是，在背诵范文之前要保证模仿得当，发音准确，语流、停顿等到位，在准确的基础上流利地背诵，这样才会使朗读和表达更加流畅自然。当然，学生在优美的散文或诗歌中还能得到美的享受和陶冶。

6. 对话练习

语音学习的目的是更好地交际。因此训练语音应该特别强调会话的重要性和流畅性，避免出现会读却不会说的怪现象。

7. 计算机辅助语音教学

在英语语音课堂上使用一些可视化设备，有利于将抽象的概念和发音变得更加形象、直观，并且能够增强学生的自信心。提高语音听辨能力和对英汉语差异的敏感度，是语音学习一种有效的辅助性学习方式。

第二节 高职大学英语词汇教学

一、词汇教学的定义

有关词汇的定义，中外诸多学者曾做过不同的论述。

美国著名语言学家威尔金斯（Wilkins，1977）认为，学习词汇就是掌握外语单词与实物、概念、过程或品质等客观现实的关系和词与词之间的同义、反义等语义关系。这一观点是从掌握一种语言的词汇体系出发,强调掌握词义的重要性。

里弗斯等(Rivers et. al,1978)认为词汇教学分为四个方面:集中注意力于词的形式,集中注意力于词的意义,通过联系扩大词汇量,轮回复习已经学过的词汇。这一观点是从词汇的教学过程出发,提出词汇教学应该包括的内容。

尽管以上对词汇教学的论述有些不同,但都突出了一点:词汇教学应该形、义兼顾,并突出词义的教学。可见,对词汇的形、义的教学是英语词汇教学的重点,这为我国英语教师进行英语词汇教学提供了参考。

我国学者李玉陈(2006)认为,教师应该结合我国的具体情况,在词汇教学中加上另一项内容,即教给学生学习词汇的方法。他认为,教师在词汇教学中的主要作用在于通过各种展示手段和各个教学环节培养学生独立学习词汇的能力。

二、词汇教学存在的问题

英语词汇教学的问题随着教学的存在而存在,也随着教学的不断深入而得到改善和解决。事实上,英语词汇教学的困难主要表现在词汇的记忆上,而导致问题产生的根本原因在于词汇的运用上。听力与阅读中的词汇复现、说与写中的词汇使用率是英语词汇教与学的关键。就目前我国英语词汇教学的现状来看,英语词汇教学中存在以下几个问题。

(1)教师在初次教授词汇时忽视了语音的准确性,尤其是重音问题,学生很难把握正确的语音发音,有的甚至用中文谐音做标注。由于英语单词语音与拼写有一定的相关度,这样,久而久之,必然会产生听辨和理解上的困难。

(2)教师过分依赖母语,一旦发现学生不能理解,立即说出中文意思,使学生对学习产生惰性。

（3）单词学习脱离情境，词汇记忆全靠死记硬背。在词汇教学中，教师既不提供一定的情境，也很少联系上下文，随后又没有必要的复习或巩固。学生的词汇学习方法呆板、单一，词汇复现率低，最终影响学生词汇能力的发展，使学生词汇的运用水平很低，学生无法将被动词汇转化为积极词汇。

（4）学生无法使用词典等辅助工具进行自主学习，过分依赖教师。

（5）由于缺少与词汇学习相对应的课外阅读材料和口笔头作文训练，学生所学词汇的复现率低，遗忘率高，学习效率低。

三、词汇教学的目标及内容

（一）词汇教学的目标

与其他教学目标相比，词汇教学的目标更加具体和明确，无论是中学还是大学的英语教学大纲都对词汇教学做出过明确的要求。例如，《普通高中英语课程标准》规定，高考考生要掌握 3 500 个英语单词和 400~500 个习惯用语或固定搭配。再如《大学英语课程教学要求》对词汇教学提出了三个级别的要求，即一般要求、较高要求和更高要求，分别为掌握 4 500 个单词和 700 个词组、5 500 个单词和 1 200 个词组、6 500 个单词和 1 700 个词组。而《高职高专教育英语课程教学基本要求（试行）》则规定，高职 A 级认知 3 400 个英语单词（包括入学时要求掌握的 1 600 个词）以及由这些词构成的常用词组，对其中 2000 个左右的单词能正确拼写，英汉互译。学生还应结合专业英语学习，认知 400 个专业英语词汇。高职 B 级要认知 2 500 个英语单词（包括入学时要求掌握的 1 000 个词）以及由这些词构成的常用词组，对其中 1 500 左右的单词能正确拼写，英汉互译。

根据劳费尔（Laufer）的观点，外语学习者如果掌握 5 000 词汇量，其阅读一般报刊图书的正确率是 59%；词汇量如果达到 6 400，则阅读正确率可达 63%；词汇量如果达到 9 000，阅读正确率就可达到 70%以上。可以说，英语词汇量的多少，标志着英语水平的高低以及英语应用能力的强弱。

针对不同的教学对象，不同的教学阶段，应该确立不同的词汇教学目标。然而在众多的词汇中，总是有些使用频率高、实用性较强的词汇，于是就形成了一个最小词汇表。辛格来和雷诺夫（Sinclair & Renotlf）根据伯明翰语库的英语单词使用频率统计，提出了使用频率最高的 200 英语词汇表，这应该是英语词汇教学中最小的词汇表之一（详见表 2-2）。

表 2-2 使用频率最高的 200 个单词表

First 200 word forms in the birmingham Corpus, ranked in order of frequency of occurrence.					
1. the	2. of	3. and	4. to	5. a	6. in
7. that	8. I	9. it	10. was	11. is	12. he
13. for	14. you	15. on	16. with	17. as	18. be
19. had	20. but	21. they	22. at	23. his	24. have
25. not	26. this	27. are	28. or	29. by	30. we
31. she	32. from	33. one	34. all	35. there	36. her
37. were	38. which	39. an	40. so	41. what	42. their
43. if	44. would	45. about	46. no	47. said	48. up
49. when	50. been	51. out	52. them	53. do	54. my
55. more	56. who	57. me	58. like	59. very	60. can
61. has	62. him	63. some	64. into	65. then	66. now
67. think	68. well	69. know	70. time	71. could	72. people
73. its	74. other	75. only	76. it's	77. will	78. than
79. yes	80. just	81. because	82. two	83. over	84. don't
85. get	86. see	87. any	88. much	89. these	90. way
91. how	92. down	93. even	94. first	95. did	96. back
97. got	98. our	99. new	100. go	101. most	102. where
103. after	104. your	105. say	106. man	107. use	108. little

续表

First 200 word forms in the birmingham Corpus, ranked in order of frequency of occurrence.					
109. too	110. many	111. good	112. going	113. through	114. years
115. before	116. own	117. us	118. may	119. those	120. right
121. come	122. work	123. made	124. never	125. things	126. such
127. make	128. still	129. something	130. being	131. also	132. that's
133. should	134. realy	135. here	136. lone	137. I'm	138. old
139. world	140. thing	141. must	142. day	143. children	144. oh
145. off	146. quite	147. same	148. take	149. again	150. life
151. another	152. came	153. course	154. between	155. might	156. thought
157. want	158. says	159. went	160. put	161. last	162. great
163. always	164. away	165. look	166. mean	167. men	168. each
169. three	170. why	171. didn't	172. through	173. fact	174. Mr.
175. once	176. find	177. house	178. rather	179. few	180. both
181. kind	182. while	183. year	184. every	185. under	186. place
187. home	188. does	189. sort	190. perhaps	191. against	192. far
193. left	194. around	195. nothing	196. without	197. end	198. part
199. looked	200. used				
Source：Sinclair. J. Mchand A. Renouf. A Lexical Syllabus for Language Learning [A], in R. Carter and M. McCarthy. Vocabulary and Language Teaching [C]. London: Longman, 1988					

作为一个最小的词汇表，它给英语教师进行英语词汇教学提供了一个核心，给教师的词汇教学提供了一定的帮助。

（二）词汇教学的内容

一般来说，词汇教学主要包括以下四个方面。

1. 词汇意义

由于母语与目的语之间存在较大的差别，从语义角度上看，一些词汇的含义就其内涵、外延而言在两种语言中有着不同之处。词汇教学的首要任务就是让学生知道所学单词的意思。

一个单词的意义往往离不开语境，特别是在课文中，词义是受上下文制约的。在教学中，教师应通过各种手段使学生了解语义和语境之间的关系。

例如：make up 编造；组成；化妆

make a difference 有影响；起（重要）作用

make a face 做鬼脸

make a promise 答应；允诺

make off 逃走；偷走

以上都是由 make 构成的词组，然而和不同的单词搭配，在不同的语境中使用，产生了不同的含义。所以，教师应该有意识地引导学生，不要让学生以为一个单词只有固定的含义，否则一旦发生变化，学生就会感到疑惑不解。

一些语义上有差异的单词对非本族人来讲很迷惑，对这些概念的澄清也是词汇教学的任务之一。如汉语的"战斗"可以用英文 fight，battle，struggle，war，campaign 和 combat 等表示，这些表示同一概念的不同词汇对非本族人来说也是很难理解的，教师在教学过程中要注意同义词、近义词的辨析，及时为学生答疑解惑。

2. 词汇场合

词汇使用场合一般有搭配、习语、短语、语域、风格等，不同的词汇用于不同的场合中。例如，我们常用 hot 形容热，这是书面语中的用法，将其放在口语中，意思就完全不一样了，比如"That is a hot guy."句中的 hot 是形容一个人身材或是长相很吸引人。

3. 词汇信息

词汇信息主要包括词类、词的前缀、后缀、词的发音和拼写等。这些都是词的最基本信息，也是学生应该掌握的最基本的词汇内容。例如，常见的前缀有 de-，dis-，en-等，常用的后缀有-able，-acity，-ing 等。

4. 词汇用法

词汇用法就是各类词的不同用法。如名词的可数和不可数，动词的及物和不及物，及物动词的扩展模式，应接什么样的宾语，不定式还是动名词，能否接从句，能否接复合宾语等。例如，只能接动名词而不能接不定式的词有：allow，permit，consider，suggest 等。

四、高职大学英语词汇教学的原则

大学英语词汇教学应遵循以下几个原则。

（一）直观性原则

在英语教材尤其是基础教育的英语教材中，大部分词汇都是活用词汇。具体地说，是一些常见常用的词汇，或者说都是可与直接观察到的事物相联系的名词、动词、形容同和人称代词。例如，表示事物外在特征的 big，small，tall，short，thin，fat 等；表示周围事物的 window，door 等；表示颜色的 blue，green 等；表示常见动作的 walk，sit，standup 等；表示人称的 I，you，he，she，their，our 等；表示人对事物评价的 good，excellent 等；表示人的感觉的 cold，hot，cool 等。所以，在词汇教学中我们可设计各种各样的语言环境，把枯燥的词汇用直观的形式展现出来。这种直观的教学形式可以带领学生置身具体的环境之中，集中学生的注意力，激发学生的英语学习兴趣和积极性，并有助于学生理解所学词汇的含义，从而促使学生将英语与客观事物联系起来。

在英语词汇教学中，教师可以借助多种手段将词汇教学直观变化。

（1）实物直观，即教师注意利用教室的环境就地取材，或提前准备物品直观呈现大学英语教学法新的语言项目。

（2）形象直观，主要指教师运用模型、图片、卡片、简笔画、电教设备等模拟实物的形象来呈现语言项目。

（3）言语、动作直观，即教师运用听、说、唱、做、演、画等方式，通过生动的语言、良好的表情、形象化的动作吸引学生注意力，使学生较快地理解单词，识记语言项目。

以上直观教具的运用，可以使教师充分调动学生多种感官的参与，使他们在看得见、听得到、摸得着的教学过程中习得英语词汇，发展思维，培养能力，刺激记忆。

（二）情境性原则

传统的词汇教学通常是先教词的读音、拼写，再解释词的构成及其语法范畴，然后罗列词的各种意义和用法，最后进行造句练习。这种将单词的读音、拼写、语法、意义、用法和运用相互孤立的教学很容易使学生感到枯燥无味，不仅不利于学生理解和掌握所学的词汇，而且很容易使他们对英语学习失去兴趣和积极性。在实际的语言交际中，人们表达思想一般都是以句子为单位，而词只是句子的组成部分。因此，词汇的教学不应该是孤立的，而要与句子、语段结合起来，还要设置情境，借助情境来进行词汇教学。只有将词汇教学融入一定的情境中，学生才会更好地理解语言材料中的词义，掌握词的用法。此外，词的许多语音特征、变化规律以及不同意义的展示也只有在句型情境中才能综合地体现出来。在情境中教单词，不但可以帮助学生理解词义，加强记忆，而且有助于学生把所学词在交际中恰当地使用。因此，教师要根据教材内容，想尽办法创设语言环境，使学生置身于一定的语言情境之中，从而使学生能够处在较为真实的情境中进行多种语言练习。常用的创设情境教词汇的方法有以下三个。

（1）情境造句。教师可创设文字情境或动作情境，由教师示范，学生模仿。

（2）情境对话。如：在教单词 excuse 时，教师可先与一位学生做一次示范对话，然后让学生两个一组做 pairwork 来模仿记忆单词。如：

Teacher: Excuse me. May I use your book?

Student: Yes, here you are.

Teacher: Excuse me. Can you help me?

Student: Yes, it's a pleasure.

（3）情境录音。如教授单词 noise（噪声）时，教师可先播放课前所录学生互相讲话声、十字路口的喇叭声、叫卖声等，学生听过录音后，教师向学生提问：

Teacher: What do you hear?

Student: 噪声。（由此引出英文单词 noise）

Teacher: Some students, cars and other things made the great noise, didn't they?

Student: Yes, they did.

（三）循序渐进原则

英语学习是一个循序渐进的过程，同样，英语词汇学习也不是一蹴而就的。英语词汇的总数多达上百万，并且有些简单，有些复杂。因此，词汇教学应该遵循循序渐进的原则，不可毫无层次、毫无系统地教学。教师在讲解词的意义和用法时，应遵循由少到多、由易到难、由浅入深的原则。当所学词汇初次出现时，其范围不可超出所学材料；随着教材中新词义和新用法的出现，逐步扩大范围，加深认识。在词汇学习起始阶段，要由旧到新，即在学习新的意义和用法前复习已学的意义和用法；不能超越学生的英语水平，即不能提前讲授学生尚未接触到的词义和用法。总之，词汇教学要层层递进，循序渐进，不能追求一蹴而就，一下子向学生讲解一个词的所有知识。否则，就会弄巧成拙，不利于学生掌握该词的意义和用法。同时，当学生达到了较好的词汇理解程度，应尽可能地拓宽学生的知识面，使学生了解到一个单词的多种用法，掌握一个单词在不同语境中的不同用法。

（四）集中与分散相结合原则

在英语词汇教学中，将集中教学和分散教学结合起来是十分有效、必要、可行的措施。集中教学，可以使词汇更具系统性，更能发挥学生智力因素作用，学习强度越大，越能锻炼学生的记忆力，从而迅速提高学生非智力因素的修养。但是集中教学法并不适用于任何情况，长期使用也会使学生感到烦躁、厌倦，所以将集中教学和分散教学相结合是最好的办法。集中分散交替互补这种方法在"张思中外语教学法"中表现得最为全面。

集中教学的特点主要有以下几个。

1. 词汇选择

在词汇选择上，集中教学不仅包括教科书后词汇表上的词，而且还有一些常用词。前者能够扫清课内教学的障碍，后者可以为课外阅读创造条件。二者相互结合，不仅有助于学生扩大词汇量，而且可以培养学生养成课外阅读、课外自主学习的习惯。

2. 方法程序

集中教学的方法程序如下。

（1）思想动员。向学生说明集中识词记词的可能性、任务、方法、困难与利弊等，同时也要求学生做单词卡片，每词一卡。

（2）系统介绍记忆与遗忘的规律。介绍记忆成批词的循环记忆法和单个词的分析结构、联想、对比等，介绍减少遗忘的方法。

（3）首先示范 100 词，小结经验，然后再正式开始集中识词。每天一节课教 100 词，每周识 500 词，复习一次，集中学习 1 200 个词。

3. 战略优势

战略优势的特点如下。

（1）突破词汇难关，为其他方面的教学做好铺垫。

（2）在短期内让学生树立学好外语的心理优势，每节课学习 100 词，以后碰到几十个词的材料也就不感到恐惧了。消除学生对外语的恐惧心理。

（3）有效培养学生的记忆能力，学会科学记忆的方法，对将来一生都有用。

集中教学结束后，必须要有分散巩固，以便学生更好地理解、掌握和运用所学单词。所谓分散是指集中成组的词分散于词组、句子、文章中去，进行听、说、读、写训练，化知识为技能，使词汇记忆由暂时过渡到长久。分散，实质上是大量集中知识学习转化为大量集中技能训练。当然，从形式上讲，分散是把词汇教学由集中于词汇课分散到其他课和环节上去。集中教学可以使词汇教学具有系统性，而分散记忆可以减轻学生的记忆负担，两者结合可以提高词汇教学的效果。

（五）文化性原则

语言是文化的载体，词汇结构、词义结构和搭配都与该语言的文化相连。在不同的语言中，词语的意义完全相同的情况很少。即使词语相同，所表示的意义在不同的语言中也会有所不同。例如，green 在英语中表示嫉妒，而汉语中主要是"绿色"的含义，一般表示自然。词汇教学能够引导学生由意义到文化，由文化到思维，可以使学生掌握词义演变的规律，从而全面掌握词汇的意义，进而有效地进行跨文化交际。因此，词汇教学不能只停留在词汇的字面意义，还要引申到文化方面，包括特殊文化背景、一般文化背景和相通文化背景等。

（1）特殊文化背景。例如，Indian（印度人，印第安人），China（中国），china（瓷器），black（黑色的，黑人）等。

（2）一般文化背景。例如，see（看见，明白），letter（字母，信），paper（纸，论文）等。

（3）相通文化背景。例如，fish（鱼，渔），foot（人脚，山脚），head（头，头儿）等。

五、高职大学英语词汇教学的方法

大学英语词汇教学有下列几个基本方法。

（一）情境法

词汇学习最终都要通过交际来实践，然而我国学生处于以汉语为母语的环境之中,缺乏一定的英语情境。因此,教师在英语词汇教学中要努力为学生创设情境,为学生提供使用英语的机会。

利用各种情境,特别是生活中的实际情境教词汇是一个行之有效的方法,既有利于学生理解英语单词,又利于他们掌握单词的用法,使学生学了就能用。一般的单词都可以通过情境展开教学,对一些含义抽象的单词尤为适用。例如:

When foreign guests visited our school yesterday, we gave them a hearty welcome.

When I got into the room of my friend, he said, "Welcome to you."

Our teachers give us education at school. Our parents give us education at home. The Party gives us education. We learn from Comrade Lei Feng. This gives us education, too.

通过以上的情境,学生就容易理解 welcome 和 education 两个单词的含义及用法。

(二)比较法

英语中有许多形、义相近的词,所以学生在学习这些词时容易误解、误用。教师在教学过程中应采用比较法,比较这些词形、词义相近的词,帮助学生正确使用词汇。例如,advice/advise, choose/choice, form/from, hard/hardly, invent/invite, decide/divide 等常被学生混淆,教师应先比较这些词,然后分析常见的错误,以使学生加深对它们差别的认识,避免用错、写错单词。

(三)归类法

尽然英语单词数以万计,但是其中的很多词都是存在规律的。教师应该指导学生找出单词之间的规律,利用规律学习、记忆词汇。所谓归类法,就是利用词汇之间的规律的一种词汇教学方法。当学到一定阶段后,可让学生把学过的单词按名词、动词、形容词等词性进行分类。下面就介绍几种词汇分类的方法。

1. 按同义词或反义词归类

随着学生词汇量的增加，教师可以指导学生将学过的词汇按同义词、反义词进行归类。按同义词归类，可以使学生掌握同一个意思的不同表达方法。例如，say，speak，talk，tell 均表示"说话"。按反义词归类，可以使学生将词义区分清楚，并有利于学生的记忆。例如，thin（薄的）和 thick（厚的），entrance（入口）和 exit（出口）。

2. 按上下义关系归类

通过上下义关系学习单词，有助于学生明确词汇间的意义关系并掌握词义。例如，vehicle 的下义词有：cars，buses，trains，bicycles 等。

3. 按题材归类

日常交际的话题多种多样。按题材归类是指把同一个话题下经常出现的词汇归集在一起。例如，与蔬菜有关的话题有：tomato（番茄），asparagus（芦笋），cucumber（黄瓜），eggplant（茄子），broadbean（蚕豆），pea（豌豆），soybean（黄豆），swordbean（刀豆），stringbean（豇豆）等。

4. 按词的构造归类

按词根、前缀、后缀、合成词归类，找出词与词之间的最本质联系。这种联系不仅使学生对新词记得快、记得牢、记得久，而且能同时复习大量的旧词。例如，classroom，classmate。这种分类方式可以减轻学生的记忆负担，有助于提高学生的记忆效率。

（四）分析法

随着词汇量的增多，如果没有系统地记单词，就会给学生记忆单词、复习单词带来很多困难。因此，教师应采用一定的方法记忆单词。分析法不仅可以使学生自然地理解词义、记忆单词，而且还可以培养学生分析语言现象的能力。分析法涵盖的内容有很多，比如，分析同根词、分析前后缀、分析派生词和合成词、分析词汇的变化模式、分析词义程度。

1. 分析同根词

英语词汇中有很多同根词，并且有些词根相同的单词在词义上存在一定的联系。因此，词汇教学可以通过分析单词的词根来进行。例如，教授完单词 use 后，通过对词根的分析，学生就能推测 useful，useless，user 的意义。

2. 分析前后缀

许多单词都有前缀或后缀，这些词缀都有着固定的含义和词性，因此对单词前后缀的分析，可以帮助学生理解单词、记忆单词。例如，在教授 retell，rewrite 时，学生已掌握了 tell，write 的用法，教师只需向学生解释前缀 re- 的含义，学生便能推测出 retell，rewrite 的意义。

3. 分析派生词和合成词

分析派生词和合成词，不但有助于学生理解词汇的意义，还可以扩大学生的词汇量。例如：学生在学过 wait 与 room 的基础上，就能很自然地推测出 waitingroom 的含义。

4. 分析词汇的变化模式

例如，ABC 模式：wear，wore，worn；ABB 模式：win，won，won；ABA 模式：run，ran，run；AAA 模式：split，split，split。通过分析这些词的模式，可以帮助学生记忆这些词形式的变化。

5. 分析词义程度

教师可以向学生提供一系列单词，请他们按照这些单词的含义排列顺序。一般来说，教师要提供一个起参照作用的单词。例如，教师提供的参照词为 sad，要求学生将下列词汇加以排列：happy，dissatisfied，content，cheerful；或参照词为 freezing，要求学生将下列词汇加以排列：hot，boiling，cold，warm，cool。

（五）练习法

学生只有不断地练习、运用，才能真正地掌握所学单词。以下是两种常用的词汇练习方法。

1. 造句练习法

我国学生在学习汉语时，教师常常要求学生用词造句。这种方法在英语词汇学习中也非常实用。在造句之前，应该先弄清所学词汇的含义，仔细研读教材和词典中的例句，然后通过模拟例句，灵活而有规律地变化部分句子成分，最终造出富有创造性的句子。可见，造句练习是从模仿开始的。学习词汇的最终目的是使用外语进行交际活动。因此，造句练习法是从认识语言到使用语言的必要途径。教师和学生要重视对造句法的使用。

2. 作文练习法

作文是锻炼和测验一个人遣词造句、有章法地表达自己的能力的有效方法。在英语词汇教学中，教师应当积极地运用和贯彻这一方法。写作文不但可以巩固学生对词汇的记忆，熟悉词汇的用法，而且可以锻炼他们的写作能力。教师首先要给出一个作文话题及相关词，要求学生运用这个话题及词进行写作，这样新学的词就得到了很好的运用和巩固。

第三节　高职大学英语语法教学

一、语法教学的目标

《英语课程标准》将英语语法分为二级、五级和八级，并对它们分别进行了描述。语法教学的二级目标描述如下：

（1）知道主要人称代词的区别。

（2）知道名词有单复数形式。

（3）知道动词在不同情况下会有形式上的变化。

（4）了解英语简单句的基本形式和表意功能。

（5）了解表示时间、地点和位置的介词。

语法教学的五级目标描述如下：

（1）在实际运用中体会和领悟语言形式的表意功能。

（2）了解常用语言形式的基本结构和常用表意功能。

（3）理解和掌握描述人和物的表达方式。

（4）理解和掌握描述具体事件和具体行为的发生、发展过程的表达方式。

（5）初步掌握描述时间、地点、方位的表达方式。

（6）理解、掌握比较人、物体及事物的表达方式。

语法教学的八级目标描述如下：

（1）进一步理解、掌握比较人、物体及事物的表达方式。

（2）进一步掌握描述时间、地点、方位的表达方式。

（3）使用适当的语言形式进行描述和表达观点、态度、情感等。

（4）学习、掌握基本语篇知识并根据特定目的有效地组织信息。

《高职高专教育英语课程教学基本要求（试行）》对语法教学的规定比较简单，只要求"掌握基本的英语语法规则，在听、说、读、写、译中能正确运用所学语法知识"。

可见，英语语法教学的目标是由低到高，由易到难，层层推进，大致可分为初级阶段目标和高级阶段目标。初级阶段目标为"知"，高级阶段目标为"能"。在初级阶段目标和高级阶段目标之间存在一个过渡阶段，就是"练"，如图2-2所示。

"知"是语法教学目标的初级阶段。"知"是指掌握英语语法知识，了解其内容，明白其原理，知道其规则。"能"是语法教学目标的高级阶段。"能"是指能够在语言活动中正确运用语法规则，所用语言形态能够准确表达其所要表达的语义，并且符合其相应的语境。"练"是由"知"向"能"过渡的阶段。过渡阶段本身不是目标，而是一个过程，一个实践的过程。

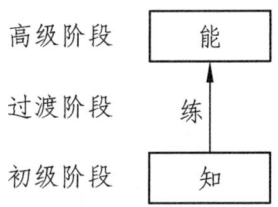

图 2-2　英语语法教学目标的三个阶段

二、语法教学的内容

英语语法大体上可分为词法和句法两类。词法又可分为构词法和词类。构词法主要研究不同的词缀、词的转化、派生、合成等内容。词类可以进一步分为静态词和动态词。静态词包括名词、形容词、代词、副词、数词、冠词、介词、连词、感叹词等。静态词并不是绝对不变，比如，名词就有数、格、性等变化，形容词有比较级和最高级的变化。动态词包括动词以及直接与动词相关的时态、语态、助动词、情态动词、不定式、动名词、分词、虚拟语气等。句法可以大致分为句子成分、句子分类、标点符号三大部分。句子成分主要包括主语、谓语、宾语、定语、状语、表语、同位语、独立成分等；句子的分类，可以按句子的结构分为简单句、复合句和并列句，也可以按句子的目的分为陈述句、疑问句、祈使句、感叹句。

与句子有关的内容还包括主句、从句、省略句等。标点符号也是句法学习的内容之一，此外还有词组的分类、功能、不规则动词等。

语法知识点比较零乱、琐碎，因而教师在教学过程中可以不断地使知识再现，以加深学生的印象。

三、大学英语语法教学的原则

（一）循序渐进性原则

根据认知心理学的观点，人们对事物本质发展规律的认识不是一下就能实现的，它是一个由浅入深、由低到高、从简单到复杂、从旧质到新质的不断变化和反复巩固、完善的过程。

语法教学也应该具有层次性，做到由简单到复杂，由一般到特殊，由表及里，由浅入深，循序渐进，合理安排教学的顺序。处于不同年龄段的儿童其认知发展水平是不同的，学习语法的能力和特征也存在一定的差别，因此，语法教学要考虑学生的年龄特征。此外，在语法教学设计的过程中，应该对处在不同年龄阶段的儿童确立不同的教学要求，确定不同的教学内容，采取不同的教学措施。

在学生掌握了一定的语法知识后，教师就应根据学生的特点进行教学，使语法教学有所跳跃，有所侧重，有所循环。事实上，语法层次和语法项目在纵向和横向上都有许多延伸。因此，语法教学在纵向上，按照由易到难的教学顺序；在横向上，可依据学生对语法项目把握的实际程度决定教学的先后次序，从而提高学生英语的"编码"和"解码"能力。

语法教学要以语法理论知识的教学为先导，使学生具有在社会交际中运用语法理论来指导言语活动的自觉性。对于处在高级学习阶段的大学生来讲，他们已经具备了一定的语法基础，初步掌握了语法的系统，单靠对语法知识的补充和复习对于他们交际能力的提高没有太大帮助。这就要采用新的办法，突出语言的运用，在运用的过程中强化已有的语法知识。

一个语法项目包括很多内容、规定和例外。因此，语法教学要分清主次，不要指望学生一次就把某一现象的所有应用都学会，要循序渐进，多引导学生在学习过程中发现一些特殊用法。

（二）交际性原则

社会语言学认为，语言的功能是交际。交际能力包括语言能力，语言能力是交际能力的基础，没有一定的语言知识，语言运用就无从谈起。真正的语言能力是在交际活动中培养出来的，因此在语法教学中应体现出交际的成分。

只有通过对一门语言的使用才能真正地掌握这门语言。语言是在使用中获得的，不宜将语言的使用和语言的学习割裂开来。语言学习者必须得多练，在不同的情境中反复使用，需要注意的是，如果语法结构不是在真正的交流中使用，或不具有真正意义上的交际意图，学生就无法获得最后的成功。

（三）对比性原则

对比性原则就是在英语语法教学中，要注意英语和汉语之间的对比。中国学生学习英语语法必然会受到母语的影响，而英语语法和汉语语法之间的差别较大，概括地说，英语多长句，汉语多短句；英语重结构，汉语重语义。王力先生曾经说过："就句子的结构而论，西洋语言是法治的，中国语言是人治的。"正因为英语是"法治"的，因而结构上只要没有出现错误，许多意思可以放在一个长句中表达，而汉语则刚好相反，语义是通过字词直接表达，不同的意思往往通过不同的短句表达出来。因此，英语语法教学必须尊重这一事实，注重英汉语法的对比性原则。

（四）系统性原则

语言本来就是一个完整的系统，语法则是这个系统的体现，所以语法教学应遵循系统性原则。

语法教学既要依据教材中的语法系统，又要符合语法发展的规律，语法内容的选择应该符合现代交际的原则，力求贴近学生的实际生活，以满足交际的需要。同时避免那些交际中很少使用的语法。

一个语法项目有着诸多内容，也有很多例外，教师不能一股脑全部教给学生。根据系统论可知，一个严密合理的系统，其整体功能肯定大于部分之和。如果没有对整体的综合感知，也就无法分析部分。而目前大部分英语教材中的语法现象都是分散的，所以教师要善于对学生已经接触过的语法现象进行归纳，由点到面，建立系统，使学生能够从总体上把握语法结构。

（五）情境性原则

生硬地讲解语法规则会使学生感到困惑、茫然，不知如何应用。情境性原则要求教师打破传统的语法教学模式，讲解语法时联系生活中的素材。另外，语法点的设计要尽可能地建立在学生喜闻乐见的情境下，用生动活泼的语言示范语法规则，将时事、新闻、生活等素材作为讲解或教师与学生以及学生与学生开展交互活动的真实材料。

四、大学英语语法教学的方法

（一）注重积累，强化语感

语法是语言的基本规则，语法的积累和良好的语感是正确判断和使用语言的基础。因此在英语教学中，教师要组织学生大声朗读，多听相关的语音资料，以提高学生对英语的敏感度，形成语感。积累知识和强调语感的手段主要有以下几个方面。

1. 不断积累

积累是培养语感、提高学习效率的有效途径。在汉语学习中，教师经常要求学生收集和记录一些名言名句和优美文章，这种方法在英语语法学习中同样适用。因此，在语法教学中，教师要培养学生记笔记的习惯，要求学生在课余时间收集一些名言名句和精彩的短文，并要求他们经常阅读或背诵。经过长期的阅读和背诵，学生形成了一定的语感，自然而然地就会用了。

语感是在大量听、说、读、写的实践训练和交际活动中日益培养起来的，良好的阅读习惯一旦养成，英语交际能力也就会有很大的提高。

英语语法可以通过教师的教授而习得，但是语感却是很难传授的，需要学生自己去感受、积累和学习。良好的语感对于学生完成听力、口语、阅读、写作等任务起着极大的促进作用。

2. 大声朗读

大声朗读是培养语感的有效方法。有些学生一开始就养成了不好的学习习惯，还有些学生语音不标准常被学生笑话，所以他们不太愿意进行大声朗读的训练。基于此，教师应该在每堂课前要求学生大声地读十分钟的单词或课文，久而久之，学生就养成了朗读的习惯，语感也就逐渐增强。

3. 经常背诵

学生养成了朗读的习惯后，教师还应该要求学生背诵。坚持背诵，学生的语感才会有显著的提高，并且坚持背诵的学生的理解能力、口头表达能力以及书面表达能力都会比其他学生好得多。但是，每个学生的水平都是不相同的，因此教师不能统一规定，应针对不同学生规定不同的标准，做到因材施教。背诵的具体标准如下：

（1）对于一些学习成绩不好、学习较为吃力的学生，只需背诵一些重点的词组和单词即可。

（2）对于处于中等层次的学生，需要背诵课文的句子、段落以及一些重点的习惯表达部分。

（3）对于学习成绩较好的学生，要求背诵每一单元的阅读课文、重点对话以及复习重点。

（二）多进行对比，善于总结

英语和汉语属于两个完全不同的语系，因此两种语言之间存在着诸多的差异。我们是在中文的环境中生长和学习的，中文是我们的母语，对我们的英语学习必然会产生一定的影响，其中有正迁移，也有负迁移，因此在教学中，教师应对这两种语言进行对比，以加深学生的理解。通过对比可以发现，英语和汉语存在很大的差异，如英语的名词有单复数变化，而汉语就没有；英语中动词有时态变化，而汉语却没有；英语中的定语通常后置，而汉语中定语往往前置；状语在英语和汉语中所处的位置也不相同。

鉴于英汉两种语言的各种差异，教师应引导学生进行对比，对英语和汉语在语言结构、句子特点等方面有一个深刻的认识。同时，在对比的基础上还要善于总结归纳，这对于准确把握两者的异同有积极的作用。

（三）了解语法规则，促进巩固

英语中有大量的语法规则，这些规则存在着一定的规律性，但也有许多不规则的现象。这些不规则的地方就是学生最容易出错的地方，因此，对于一些不规则语法现象，学生要熟悉和牢记，并能在实际语境中不断运用。教师在教学中也要有意识地引导学生进行这方面的训练，以便学生更好地掌握语法。

1. 不规则名词

名词的不规则变化就是名词在变成复数时的例外情况。例如：

单数	复数
diagnosis	diagnoses
criterion	criteria
man	men
phenomenon	phenomena
woman	women

这些不规则名词的变化需要学生进行特殊的记忆。

2. 不规则动词

不规则动词主要是指变化为过去时或过去分词时有特殊变化形式

的动词。例如：

动词原形	过去时	过去分词
buy	bought	bought
come	came	come
do	did	done
go	went	gone
read	read	read
write	wrote	written

一般的教材后面都附有一张不规则的动词表，教师可以要求学生背诵。由于英语中的不规则动词有很多，而且都属于常用动词，因此在初学阶段要记住所有动词的不规则变化是很难的，在运用的时候也很容易出错。此时，在熟记不规则动词时，可采用朗读的方法，先记住这些动词不规则形式的读音，然后按照原形动词、过去时、过去分词的顺序——进行熟读，接着练习它们的拼写，该方法对于快速掌握不规则动词的读音和拼写十分有利。另外，不规则动词也有一定的规律可循。例如：

动词原形	过去时	过去分词
sing	sang	sung
sink	sank	sunk
spin	span	spun

变化规则为-in，-an，-un。

（四）列出虚拟句式，明确其语法功能

语法学习的最根本目的是交际，根据英语语法学家斯万（Swan）在 *Practical English Usage* 一书中对虚拟句式在语法功能上的总结性描述，在具体的教学过程中，应将虚拟式的语法功能同语言的交际能力联系在一起进行讲解。例如，在表示不可能实现的愿望或假设的情境时，可为学生提供如下句型：

(1) wish+subject+unreal past。

(2) If only+subject+unreal past。

(3) As if(=as though)+subject+unreal past。

(4) subjunctive in conditional sentence。

这些句式是语法中常见的句式,也是教学的重点和难点,因此教师要先对这些虚拟句式进行归类,以使学生对上述句型的语法功能有一个正确的理解,进而再辨别它们之间的差异。

(五)采用适当的教学模式

语法教学与模式有着密切关系,因为英语语法知识和技能是一种结构体系,其学习和能力的生产过程是以模式演进的。所以,英语语法教学模式的选择、提炼及应用都是优化英语语法教学的有效途径。常用的英语语法教学模式主要有演绎教学模式、归纳教学模式和情境教学模式三种。

1. 演绎教学模式

这种教学模式比较适合成人的学习。在演绎教学模式中,教师首先要展示语法规则,然后对其进行举例说明,进而由学生将所展示的语法规则运用到新的语言环境中。但是,在使用这种教学模式时,语法规则的讲解一定要清楚准确,以使学生准确地理解。需要注意的是,该模式很容易使学生产生很强的依赖性,而且通过该模式学到的语言知识也很容易遗忘。演绎教学模式注重的是规则记忆,而不是语言使用,因此重在教师的讲,学生的参与较少,而且处于一种被动的学习状态。因此,此模式只适合于语法教学的初级阶段。

2. 归纳教学模式

归纳教学模式就是教师利用归纳法教授英语语法的程式。在这种教学模式中,学生首先接触到的是含有语法规则的真实语句或语篇情境,然后以上下文提供的信息归纳出使用规则。该语法教学模式对于增加学生的语言接触面,提高学生的语言能力十分有利。通过归纳总结语言使用规律，可以使学生对语法的应用有一个深刻的理解。该教学模式比较注重语言的运用，通常对教师有较高的要求，有利于激发学生的参与性。例如，在进行现在进行时教学时，教师首先会给学生展示大量典型的句子，然后由学生自己归纳总结出进行时态的结构特点。

3. 情境教学模式

情境是指在时间上存在于某一点的，并表现多重刺激模式、事件、对象、个人和情感等构成的一个复合整体。情境和语境是英语教与学存在和发展的前提，语言不能脱离语境和情境而存在。融入情境的语法教学有利于激活语法课堂教学，提高语言教学的效率。

（六）多加运用

学习语法的重点不是看懂，而是运用。英语语法教学常常出现这种情况：学生在课上听懂了，但是到真正运用的时候就无从下手。因此，语法学习要在理解语法知识的基础上，多加运用。运用语法项目的方式主要有以下几个。

1. 找"主人"

找"主人"是一个游戏活动，主要用于名词性物主代词和形容词性物主代词的教学，适合练习阶段使用。其操作步骤如下：

（1）将学生手中的物品收集起来放在讲台上。

（2）请学生到讲台前将物品分发下去。为保证活动的顺利进行，教师首先应将游戏规则讲给学生，并做示范。例如：

T: Now, look. What's this?

S: A pencil.

T: Yes, this is a pencil. But whose is it? Tom, is it yours?

Bob: No, it is not mine. I think it is Lucy's.

T: Is it yours, Lucy?

Lucy: Yes, it is mine.

T: Here you are.

Lucy: Thank you, Mrs. Chen.

（3）学生轮流到前面来拿东西，使每个物品都能找到自己的主人。每次每个学生只能拿一件东西，以保证有足够多的学生得到问的机会。在活动中，教师要激励学生积极配合，对学生的回答给予肯定和鼓励。

2. 虚拟情境

每个学生都会喜欢"设想自己的未来"。在语法的课堂教学中，教师可以利用学生的这一心理来设计"虚拟未来"的活动，以训练虚拟语气的用法。该活动可采用小组形式，也可采用全班活动形式。下文以小组活动为例：

（1）将学生进行分组，4~6人一组。

（2）拟定话题，如：If I were you, …/If I were a manager…等。

（3）让学生在小组内部交换自己对这种虚拟未来的假设，并对学生的畅想进行归纳总结。

（4）让各小组学生面向全班学生介绍自己小组同学畅想的"虚拟情境"。

3. 爱好选择

该活动是一种个性化练习，要求学生根据自己的真实情况做出喜恶的选择。例如：

Which do you prefer, writing letters or telephoning?

Which do you prefer, traveling by bus or by plane?

Which do you prefer, eating at home or dining out?

Which do you prefer, living in the center of the city or living in the suburb?

该活动还可以用于比较级和最高级的教学中。其活动方式可采用两人或小组形式，也可采用全班活动形式。

类似的活动还有许多种，在此不做过多介绍。在课堂上运用这些活动，能为学生的语法运用提供很好的机会，能切实提高学生的语法运用能力。

第三章

高职大学英语技能教学

听、说、读、写、译是英语教学的五个核心技能。其中，听力和阅读是语言输入的重要技能，口语和写作则是语言输出的重要技能，翻译则是一项综合性技能。这五项技能的提升直接关系到学生英语综合水平的提升，因而一直都是英语教学的重点。当然，不同阶段的英语教学对五项技能的要求和侧重点也有所差别，本章就主要介绍大学阶段的英语技能教学。

第一节　高职大学英语听力教学

在整个英语学习过程中，听既是一种学习英语的途径，也是一项需要独立训练的语言技能。从某种程度来讲，听力的好坏直接影响到英语能力的全面提高。近年来，随着大学英语教学改革的推广，听力教学受到越来越多的关注和重视。本节就主要介绍大学英语听力教学。

一、高职大学英语听力教学概述

（一）高职大学英语听力教学的目标

《高职高专教育英语课程教学基本要求（试行）》将听力教学的目

标划分为两个层次，详见表 3-1。

表 3-1　高职大学英语听力能力的分级目标

能力要求	具体描述
A 级	能听懂日常和涉外业务活动中使用的结构简单、发音清楚、语速较慢（每分钟 120 词左右）的英语对话和不太复杂的陈述，理解基本正确
B 级	能听懂涉及日常交际的结构简单、发音清楚、语速较慢（每分钟 110 词左右）的英语简短对话和陈述，理解基本正确

听力教学活动的开展是以促进听力理解和技能运用能力的提高为目标的。由表 3-1 的目标要求可以看出，听力教学要注重达到技能训练与信息获取的双重目的。因此，教师在听力教学中不仅要训练学生的听力能力，还要督促学生掌握听力材料中出现的语言知识点。

（二）高职大学英语听力教学的内容

听力教学的内容概括起来包括四个方面，即语音训练、听力技巧、听力理解和逻辑推理训练。

1. 语音训练

学习一门语言，首先要学习它的语音，掌握单词的正确发音。语音知识的缺乏会直接导致听不懂听力材料。语音训练包括对听音、意群、重读等的训练，训练应该按照词—句—文的顺序。学生在语音训练中存在很多问题，主要包括以下几种：

（1）很少注意英语的读音规则，如轻、浊辅音后加 -ed 以后区别的发音。

（2）同音词或发音相似词的辨析。如 chip—cheap, ship—sheep, bed—bad, pin—pen, sit—seat, heer—shear, house—horse。

（3）对语流（connected speech）上出现吞音、连续、弱化等情况的掌握不佳。

（4）难以区分美式发音和英式发音。近年来，美音教材逐渐增多并呈流行趋势，学生缺乏对语音规则的学习和技能训练，因此在真正的语言环境中，很难快速、正确地反应，从而影响了听力的理解。

基于此，教师在日常学习中要加强学生的语音训练，从而提高学生的语音辨别能力，为提高听力理解打下坚实的基础。

2. 听力技巧

听力技巧的训练包括三个方面：选择注意力、记笔记和词义猜测。

（1）选择注意力。选择注意力指的是在听的过程中能将注意力集中于听力材料的总体或重要部分，避免在听的过程中受到来自信息源或其他各种信息的干扰，影响对所要获取信息的提取。

注意力的选择与听的目的有关，也就是说，为什么听决定了听时的注意力。如果听的目的是获取有关事件发生地点的信息，听者就能够有意识地把注意力集中到与地点有关的信息上；如果听的目的是了解事件发生的原因，听者就会把注意力集中到原因表达方式上，或把注意力集中到事故前后的相关事件上，并且会关注一些与此相关的词汇或短语，如 for，cause，lead to，bring about，because of，on account of，as a result of 等。

（2）记笔记。记笔记是听力训练过程中要掌握的一种重要技能。日常生活中我们也需要记忆一些东西，比如打电话时我们需要记录对方所说信息，如果见面还要记住一些更多的细节，如见面的时间、地点；听课或报告时也需要做适当的笔记。因此，在听力训练过程中，我们为了避免遗忘也要适当记录一些所听内容。

（3）词义猜测。词义猜测是听力教学中必须要培养的一种能力。我们常常会遇到这样的情况，当听的过程中出现了一个不熟悉的单词，我们往往就会纠结于此，耽误下面的听力内容。这是听力的一大忌讳，可谓是因小失大。因此，遇到不熟悉的单词，一定不能慌，要静下心继续听下面的内容，并且结合上下文来推测词义。根据上下文信息判断说话者所表达的含义是信息理解的基础，根据上下文的信息我们可以判断说话者在讲什么，将要说什么。

3. 听力理解

听力教学的目的是要训练学生对句子和语篇的理解能力，使学生的理解步步加深，由"字面"到"隐含"再到"应用"。一般来说，理解包括两个方面的内容：大意理解和细节理解。

（1）大意理解。听力理解中的核心技能要求之一就是对文章大意的理解。大意理解主要要求听者能够综合所听信息判断其主题、话题、中心大意等。长期以来，学生在听力训练的过程中还只是停留在关注某一个或几个具体信息上，加之听力对短时记忆能力的要求，学生很容易出现"只见树木不见森林"的现象。因此，大意理解是听力教学中必须训练的技能。但是，由于听力材料的自身限制，并不是所有的听力都可以设计大意理解活动。

（2）细节理解。细节理解的表现形式有很多，信息的判断、信息的提取、信息的再现等都属于细节理解范围。在平时的听力教学中，对这一技能的训练主要通过反复精听来实现。例如，要尽量准确无误地听出文章中出现的重要的数字、年代、各种事实细节等，这就需要反复精听。科学系统的精听训练对学生来说非常重要，通过一段时间的精听训练，对于文章中的每一个语言点，学生都可以轻松捕捉和分辨。

4. 逻辑推理训练

在听力教学中，训练学生的逻辑推理能力是十分必要的，因为语法和逻辑知识是正确理解和判断的必要条件。例如，当听到/hiːz red ðə buk/时，运用正确的逻辑推理我们可以得出"He's read the book."这句话，而不会理解为"He is red the book."。

在听力训练过程中，学生要对信息有一定的预测能力，当能预知将要听到的信息范围时，头脑中该范围的知识储备就会被"激活"，那么听力理解的效果就会更好。比如，一段听力材料中，关于主人公Mike一共有四句话的描述。

（1）Mike was in the bus on his way to school.

（2）He was worried about controlling the math class.

（3）The teacher should not have asked him to do it.

（4）It was not a proper part of the janitor's job.

在听这四句话的过程中，我们的判断一直在被推翻。当听到第一个句子时，on his way to school 会让我们想当然地认为他是一名学生；但当听到第二句话 controlling the math class 时，我们又会猜测他应该是教师；第三个句子 the teacher should not 又推翻了前面的判断，使我们又回到了最初的推断，即他是一名学生；最后一句话的出现让我们知道 Mike 原来是学校的勤杂工。

由此可知，在听听力材料时，判断是随时可能发生改变的，因此我们要根据材料运用逻辑推理能力来建立或改变自己的推测。

二、高职大学英语听力教学的原则

（一）真实性原则

语言学习的最终目的就是交际。因此，在听力训练过程中，只有使用真实的语料和情境，才能为学生以后的实际交际打下良好的基础。听力材料的选择对学生听力能力的训练起着关键性的作用。在选择听力材料时要注意以下两个问题。

1. 材料多样

听力教学是枯燥的训练，为了保持和提高学生的学习热情和积极性，听力材料的选择首先要具有多样性。不同场合的语言具有不同的风格与特点。在英语教学中，教师应该充分考虑学生的实际情况，在听力材料的选择方面，要尽可能考虑到不同的情形，使学生熟悉与适应不同的语言特点，这样才能使学生将所学知识更好地运用到日常的交际活动中去。

2. 难度适中

一般来讲，听力材料太简单，不利于提高学生的听力水平；而材料过难,又会造成学生心理紧张,影响听力水平的发挥。笼统来说,听力材料的难度要略高于学生的现有水平,这样对学生来说具有一定的挑战性,学生也更乐于接受。

(二)多样化原则

在听力训练过程中,教师应根据不同的训练目的,采用不同的训练手段。训练手段的多样化不仅能让训练变得有针对性,还能让学生对训练一直保持兴趣,否则千篇一律的训练方式会让学生感到乏味。在课堂上,学生听教师和其他同学讲英语是培养其听力能力的重要途径。教师可根据由慢到快、由易到难、由简到繁的原则坚持用英语组织课堂教学、讲解课文,并鼓励学生大胆讲英语,以创造浓厚的课堂氛围。

另外,教师应根据不同的教学目标选择不同的听力材料,并采用不同的训练模式,比如教学目标是让学生区分练习各种语音,那么可以让学生听几组发音相似的词汇或含有相同读音词汇的句子,让学生边听边体会;或者教学目标是归纳总结听力材料的文章大意或主题思想,就可以允许学生运用汉语来总结概括。

总之,教师要尽可能地为学生创造听英语的机会和条件,不断改变和改进训练方式,让学生愿意主动配合教师的训练,使学生的听力得到逐步提高。

(三)循序渐进原则

学习不可能一蹴而就,而是需要经过一个循序渐进的过程,英语听力学习也不例外。因此,教师在进行英语听力教学时应遵循循序渐进的原则,在听力教学中做到由慢到快、由易到难、由简到繁。

循序渐进的原则主要体现在听力材料的选择上。教师应该根据学生的学习阶段选择听力材料,听力材料的难度由易到难,逐步加强并兼顾多样性以及真实性。比如,教授初学者时应选择吐字清晰、连读、弱读现象少,并且语速适中的材料。听力内容也要贴近生活,应选择社会热点话题、新闻、故事以及日常生活会话等，以激发学生听的欲望和兴趣，让学生在听的过程中有所得，有所知。随着教学的进展，教师可以在各个方面提高听力材料的难度，以满足学生的求知欲。

（四）听、说、读、写有机结合原则

英语教学中的听、说、读、写四项基本活动，既相互独立，又相互依存。而且更多情况下是几项活动互相结合，同时进行。以听力训练为例，虽然是训练学生的听力，但是一般还会采用会话、听写、听后复述等方式，这样做不仅可以集中听的注意力，带动其他技能的发展，而且可以创造真实的语言环境，有利于培养实际的交际能力，从而收到事半功倍之效。听、说、读、写四种能力是相辅相成、休戚与共的，任何一种能力的提高都能带动其他能力的提高。反之，任一种能力的缺乏都会影响其他能力的掌握和提高。

（五）综合训练原则

综合训练原则是指在听力训练的过程中不能单纯依靠某种训练手段，要尝试将几种训练方式结合起来，让训练变得更加高效。

1. 分散训练和集中训练相结合

分散训练主要是指分散于语音、词汇、句型、语法，课文教学中以各种单位和各种方式进行听的活动，特别是配合课文教学的听。它主要通过语言教学，让学生在不知不觉中接受听力的专项训练。在日常教学中，教师教授例句、文章应尽可能以口头形式完成。这种潜移默化的影响对学生听力能力的提高有很大的帮助。由于听的活动需要注意力高度集中，时间一长就容易使学生疲劳，所以分散训练是一种有效的办法。

但作为专门技能训练，听力训练只分散进行是不够的，还需要集中训练。集中训练指在分散训练的基础上，每周专门抽出1~2课时进行大量的、有指导的强化训练，对学生在听力中遇到的具体问题进行

具体的帮助、指导。集中进行听的训练，时间才能得到保证，教师也才能集中精力，根据不同学生的不同困难，进行有针对性的帮助和指导。只有坚持分散训练和集中训练相结合，才能真正让听力训练变得有效果。

2. 分析性听和综合性听相结合

分析性的听主要有两个层面的含义，一是指在听的活动中有明显的语言分析，二是指把听的材料分析为各个语言层次，让学生分步听，进行听力基本功训练。简言之，分析性的听注重细节内容的理解，可以是词、词组、句子、句组，可以一个单位反复地听，听时做动作、表演、填图，或完成听的内容所要求的其他任务等。因此，需要学生在听时逐字逐句地分析细听，对例如题中要求回答的事件发生时间、地点、年份、数字等此类细节要特别注意并做简单记录。

综合性的听是指对听力材料进行粗线条的整体理解，这种原则可以解决听力题中对材料主旨的理解、对整体思想的分析等方面的问题。因此，综合听时，学生应以语篇为单位，注重整体内容的把握。由于综合性听的难度大，为了使学生保持和提高听的兴趣，可以先听难度低于所学课的材料，学生习惯后再逐步提高难度。

分析性的听也可意味着细节性的听，而综合性的听则意味着深层含义的听，分析性的听是综合性的听的基础。在听力训练中，由于听力题既涉及材料的通篇理解，又不能忽视细节问题，因此听力教学要将两者有机结合，要求学生把综合性听与分析性听结合起来，以培养学生听的能力。

（六）理解和反应相结合原则

英语是一种交际工具，需要交际双方的互动，也就是说，听者需要理解说者的意思并对其话语做出反应，听、说双方的相互理解与反应，促成交际活动的继续。只有听懂了，才能做出正确的反应。教师在听力教学中，可以通过观察学生对所听材料的反应来判断学生理解得正确与否。检查学生反应情况的形式是多种多样的，有口头的，如对问题的简单回答；也有书面的，如选择题。多样化的检查反应的方法对学生的反应技能提出了多样化的要求。比如回答口头问题时，不仅要听懂所提的问题，还涉及学生说的能力。而回答选择题可以检测、锻炼学生的理解力、判断力。由此可见，听懂和反应的有效结合，不仅可以测试学生的理解和反应能力，还可以锻炼学生的理解和反应能力等。

（七）符合交际需要原则

英语教学的最终目的是交际，听力训练也不例外。听力学习的最终目的是听懂地道的英语。而在国内学习外语不可能终日浸在一个全英语的环境中，因此教师在平时的教学中应坚持用英语授课，尽量使用正常的语速，力求发音准确无误。只有这样学生才能学到地道的发音，为听力能力的提高打下良好基础。

此外，听录音也是培养听的能力的有效方法，因而教师要充分利用各种电教设备，让学生多听地道的英语，在选择上要尝试不同年龄、不同性别、不同身份的人在不同场合的对话。在课前或课间偶尔也可以让学生听一些地道的英文歌曲，从而提高学生学习英语的兴趣。

三、高职大学英语听力教学的方法

（一）任务型教学法

任务型教学法起源于 20 世纪 80 年代，并广为应用语言学领域所认可和接受。任务教学法通常以完成任务为教学目标，并以任务作为组织教学的单位。所有的教学活动都围绕任务进行，教学活动随着全部教学任务的完成宣告结束。

实践证明，将任务教学法应用于英语听力教学中能够充分发挥学生自身的认知能力，使学生在参与、体验、互动、合作中增进理解、发展语言。

任务教学法在听力课堂教学中的运用主要分为以下几个步骤。

1. 听前任务

听前任务是为了帮助学生激活已有的与听力材料有关的背景知识。除此以外，教师还要根据听力材料的内容适当地给学生补充背景知识，包括内容背景知识和形式背景知识。其中，前者是指对不同国家、社会与文化的了解，而后者则指对文章文体、类型、结构等语言知识的了解。

听前任务的设定能够帮助学生回忆已有知识，通过激活背景知识降低学生的理解难度，使学生将旧的知识和新的知识加以结合，增进理解，在完成任务的过程中获得成就感和听力学习的信心。

2. 听时任务

听时任务是听力实践的阶段，主要训练学生适应语音、语速、语调，熟悉文章大意、捕捉文章细节和主要信息，保证听的有效性。此阶段，教师可以通过采用丰富多彩的教学活动，如边听边记录，根据听力信息对相关内容排序，根据听力信息表演相关动作或绘出图片、填空等，培养学生学会使用听力技巧和策略，训练学生的信息理解和听力技能运用能力，以更好地理解和记忆材料内容。

3. 听后任务

听后任务包括两个方面。（1）检查学生任务的完成情况，分析学生的错误答案及其产生的原因和解决办法。（2）在理解输入的基础上，培养学生提取信息的能力，并及时布置语言输出的任务，使学生通过运用语言将听到的语言知识转化为语言能力，加速学生语言的内化过程，促进语言的输出。学生在语言输出的过程中，教师应对学生多加鼓励，激发学生听和说的积极性，活跃课堂气氛，真正做到师生互动、生生互动，在互动交流中获得听解能力以及综合语言能力的提升。

(二)互动教学法

互动教学法主要包括两个方面的互动,一是学生与所听材料内容进行交流的双向活动;二是学生与教师之间的交流互动。听力的互动体现在说话人通过问答等方式和听话人进行交流互动,并根据听话人的反应对所讲内容及时进行解释说明或调整。换言之,即说话人与听话人进行语言意义的谈判,目的是确保听话人真正明白说话人的意思。

实现学生与听力材料之间的交流互动,教师是关键。教师要在学生和录音材料之间架起交流的桥梁。学生听录音时,教师可将听力材料进行分割,分为若干部分。每当听完一部分后,教师可采用提问的方式与学生进行交流互动,以便及时了解和掌握学生对所听内容的理解情况。

学生与教师之间的交流互动既要求学生在教师的组织下按照教学计划的要求进行系统的语言学习,也要求教师按学生的要求进行有针对性的教学。

(三)体裁教学法

体裁教学法的理论基础是将体裁概念和体裁分析的方法运用于课堂教学,围绕语篇的图示结构开展教学活动。其目的在于利用体裁分析结果帮助学生了解不同体裁的语篇特点、结构以及交际目的,从而使学生认识到语篇不仅仅是一个语篇结构,更是一种具有社会意义、交际功能的结构,从而加深对各种体裁的了解和认识,并将体裁知识运用到英语学习当中。

一直以来,听力都是国内英语教学中影响学生英语水平提升的一个重要因素。而如何有效提高学生的听力水平就成了英语教师最为关心的问题之一。近年来,越来越多的教师和学者开始关注体裁教学法,并将其应用到英语听力教学中。事实证明,体裁教学法对英语听力教学有着重要意义。

(1)听力教学中运用体裁教学法能够使学生通过对材料体裁(包括语境、结构、文化背景和语言特点)的分析,掌握相对稳定、可借鉴的语言模式，从而让学生借助听到的内容全面理解文章，有效地提高学生的听解程度。

（2）听力教学中运用体裁教学法还有助于培养学生的发散性思维、创造性思维，学生一旦熟练掌握了某种体裁的语言结构、特点和惯用表达以后，便能自如地运用这种体裁，进而能更好地理解该体裁的各种语篇。

第二节 高职大学英语口语教学

口语是人类交流信息和表达思想的重要方式之一。随着社会的发展和国际交往的日益密切，运用英语进行口头交流的机会也越来越多。然而，英语口语教学一直是我国外语教学的难点，很多大学生学习了很久的英语却还是不能与外国人顺畅交流。因此，本节就主要针对大学英语口语教学进行详细的介绍，包括入学英语口语教学的目标、内容、原则和方法。

一、高职大学英语口语教学概述

（一）高职大学英语口语教学的目标

《高职高专教育英语课程教学基本要求（试行）》将口语教学的目标分成了两个层次，如表3-2所示。

表3-2 高职大学英语口语能力的分级目标

能力要求	具体描述
A级	能用英语进行一般的课堂交际，并能在日常和涉外业务活动中进行简单的交流
B级	掌握一般的课堂用语，并能在日常涉外活动中进行简单的交流

（二）高职大学英语口语教学的内容

口语教学的目标是培养学生的口头交际能力，因此口语教学的内容也要围绕这个目标展开，主要包括语音训练、词汇和语法、会话技巧、文化知识四个部分。

1. 语音训练

语音训练的目标就是掌握正确的语音和语调，包括重读、弱读、连读、音节、意群、停顿等。错误的发音或不同的语调会使对方理解困难，甚至产生误解。因此，一些语调、节奏和发音技巧也是需要掌握的。

（1）语调。语调是指语音的"旋律"，也就是声调高低的变化。语调在一定程度上是由重音控制的，因为在声调高低的比较中，重要的变化只出现在重读音节上。英语语调分为上调（↑）和下降调（↓）。

① 升调多用于各种问句，即一切表示怀疑的语句，如可用 Yes 和 No 回答的疑问句；还有重复别人的话时。例如：

Are you ready?↑
A: This is a typewriter.↓
B: Typewriter.↑

② 一般来讲，降调用于肯定的句子、命令以及不能用 Yes 和 No 来回答的问句；此外还有感叹句和附加问句。例如：

I went to the cinema last week.↓
Take me to the post office.↓
Where are you going?↓
How beautiful this necklace is!↓
She is a popular singer, isn't she?↓

③ 选择疑问句时，前者用升调，后者用降调；罗列事物时，前面的用升调，最后一种用降调。例如：

Are you Chinese↑or Japanese?↓
I like apple↑, orange↑and water melon.↓

④ 同一个句子中的升调或降调表达不同的意思。例如：

A: This movie is meaningless.

B1: It↘is.（非常肯定）

B2: It↗is.（可以是漫不经心的附和，也可以是不耐烦）

B3: It↘↗is?（稍带责备口吻，意思是"你怎么会这样认为？"）

（2）节奏。英语的节奏规律是靠重读音节与轻读音节的组合加重复来体现的。英语口语中的节奏基本体现在各个重读音节之间，其时距大体相同。各个重音与它跟随的若干轻读音节（用"·"表示）构成一个节奏群，有时一个节奏群是一个空拍（用"∧"表示）开始的（空拍在英语中也叫 silent stress）。节奏群用"/"来表示。我们用大致相同的时间来朗读每个节奏群。因此，为了真正取得节奏效果，碰到轻音少的节奏时，可以念慢些，轻音较多的节奏群则必须念快一些。例如：

daylight·/flashlight·

One/two/three/four,/let's·/go.

Peter's·younger·sister·/left the·bag at·home.

This is·the·/furni·ture·.

两个重音之间的轻读音节越多，在每个轻读音节上花的时间便越少。有时一个节奏群是以空拍开始，后面紧跟着几个轻音节，这样的节奏群常见于句首或句子中需要停顿的地方。例如：

He ∧ is·a·/student.

/Yes/Peter/·, he/was·at·/home.

2. 词汇和语法

词汇和语法对口语的重要性不言而喻，首先，没有足够的词汇量，就不能准确地表达自己的思想，其次，没有正确的语法知识，就不能合理地组织语言，或者表达语无伦次，让听者不知所云或产生误解。因此，口语教学里一定要涉及词汇和语法教学的内容，只有这样才能更好地实现口语教学的目标。

3. 会话技巧

口语教学的最终目的是交际，在语言交际过程中如何做到有效沟通，少不了一些技巧的运用，具体来说，主要包括以下四个方面。

（1）语气积极乐观。西方人为了使对方感到乐观、积极，很少用消极语气（即句子里不含 no 或 not）。例如：

—Can you help me?

—I will do what ever I can.

如果说"I'm sorry I can't help you."就比较消极。

（2）使用委婉语。西方人谈吐重视斯文雅致，喜欢说别人爱听的话，尽量避免忠言逆耳。有时为了表现得文明、高雅，一些"婉转悦耳"的字眼也相继出现了。比如，"丑"不说 ugly，而称之为 homely；"胖"不说 fat，而说成 heavy-set；"家庭主妇"不说 housewife，而说成 homemaker 等。

（3）先扬后抑。美国人对别人的建议或忠告，多半不会马上答复。即使不想采纳，通常也会客气地赞美一下，然后才会说正题。在婉拒别人的邀请时也同样使用这种方式。例如：

You have a wonderful idea, but have you thought of it another way?

你的主意很棒，不过你是否想到用另外一种方式来考虑呢？

Thank you for asking, but I have to do something else tonight.

谢谢你的邀请，但我今晚要办其他的事情。

（4）以冷静、幽默的方式解窘。西方人遇到窘境下不了台时，也能泰然处之，甚至以自责或自贬的方式一笑了之。例如，当自己笨手笨脚做不好一件事时，会说："Gracious, I seem to be having a hard time."（天哪！我似乎困难重重！）

4. 文化知识

在口语交际中，文化知识也是必不可少的。交际的得体性决定了学生必须掌握一定的文化知识，包括普通的文化规则和不同文化之间的交际规则。这就是说，学生除了要具有良好的语言能力外，还要具备一定的文化知识，以使自己的语言与所处的语言环境、文化氛围相符合。文化对语言的影响和制约主要表现在两个方面，一是对词语的意义结构的影响，二是对话语的组织结构的影响。

二、高职大学英语口语教学的原则

为了更好地完成口语教学目标，口语教学必须遵循一定的原则，以达到最佳的教学效果。从具体的实践来看，在教学过程中应遵循以下原则。

（一）注重策略传授原则

为了使所学得到更好的应用，教师应该向学生传授口语的策略，从而帮助他们扩大自己的知识面，增强学习和运用英语的信心。比如，教学生使用最小反应用语。最小反应用语是在谈话过程中当别人讲话时使用的表示理解、赞成、疑问及其他反应的习惯性表达，如"That's fine.""Really?""Right?"等。学会使用这些固定的表达可以使学生把注意力集中到谈话的内容上，而不用专门拿出时间计划自己的反应。让学生掌握这类最小反应用语可以帮助英语水平不高或者对自己的口语能力缺乏自信的学生在听别人讲话时有话可说，而不是一味地沉默，这样可以激发他们参与交际的积极性。既让学生避免了交谈时的尴尬，也让学生尝到一点成功的喜悦，对提高学生的学习兴趣和积极性都很有帮助。

（二）循序渐进原则

英语口语教学中的循序渐进原则，就是指在口语训练时要由浅入深，由易到难，由机械模仿到自由运用，循序渐进地展开。因为学习任何事物都不可能一蹴而就，都要有一个过程。比如在口语教学中，有的学生发音不标准，教师要注意不同地区的语音特点和学生发音的实际困难，加以引导，要鼓励学生大胆开口，对语音、语调和语法的正确性有一定的要求，但切忌一步登天，要逐步提高。另外，需要注意的是，开始设定目标时不能太低也不能太高，太低会让学生失去兴趣，觉得没有挑战性；太高又会使学生在开口时产生畏难情绪，因此一定要掌握好度，循序渐进地开展口语训练。

（三）多样化原则

在实际的教学过程中，多样化原则应该体现在以下两个方面。

（1）教师要运用多样化的教学手段。口语课应该是轻松愉快的，教师根据学校的实际情况，尽可能地充分利用现有的教学设备，如录音机、多媒体，让学生通过图片、音频以及视频等，提高自己的口语水平。

（2）教师运用多样化的教学方法。教师可以根据每堂课不同的教学目标，运用不同的教学方法，设计不同的活动训练学生的口语，比如唱英语歌曲、情景对话、故事接龙、看图说话等。

教师在学生能够开口说的基础上，要继续提高要求，着重训练其说话的流利性，并在语言的规范性、语音语调的正确性上有更高的要求，为以后的实战打下良好的基础。

（四）内外兼顾原则

历来我们的教学活动更注重课堂的教学，而对课外活动不够重视。殊不知，课外活动是课堂教学的继续和延伸，与课堂教学息息相关。因此，教师不仅要注重课堂教学，还应该注重课外活动，为学生提供条件，指导学生在不同场合运用所学语言材料进行正确、恰当、流利的口语操练，比如组织英语角、英语演讲比赛、英文唱歌比赛等，让学生通过这些课外活动复习、巩固与提高所学的知识，培养学生说口语的兴趣，巩固和提高学生的口语能力。

（五）贴近学生生活原则

在给学生布置口语任务时，任务一定要贴近学生的学习和生活。

只有这样，才能增强学生开口的动机。要做到这一点，教师需要做好以下三个方面的工作。

（1）充分考虑学生交际的愿望和目的。

（2）设计有趣的主题或话题。

（3）把学生感兴趣的话题渗透到口语教学内容中。

（六）兼顾准确性和流利性原则

教育界关于学生口语是准确性重要还是流利性重要的争论已经存在很长时间了。而教师在开展口语教学和训练的过程中，既要开展以训练学生语言准确性为中心的活动，也要开展有利于培养学生语言流利性的活动。在技能的获得阶段，要优先考虑语言的准确性。对于高级水平的学习者来说，应该要求他们能够以正常的速度自然地讲英语，同时要保证语言的准确性。作为一个真正的口语熟练者，既要求能够讲得自然、有创造性，也要求能够说得流利和准确。这是一个长期的过程，教师和学生都不能急于求成，要认真对待过程中取得的进步。

（七）科学纠错原则

纠错是一个很敏感的话题，处理是否得当直接影响着教学的效果和学生的学习积极性。我们既不提倡有错必纠，也不提倡采取宽容的态度，而是主张采用科学的纠错方法，以确保学生口语水平的有效提高。

在口语练习中，学生会不可避免地出现各种各样的错误，有的教师会匆忙打断学生的思维和交流去给他们纠错，这种方法并不可取，因其不仅会打乱学生的思路，还会打击学生的信心，使其产生恐惧心理，进而因害怕出错而丧失说的勇气。一般是在学生谈话之后，教师给予及时的纠正，然而即便是这样，也要讲究策略，对不同学生犯的不同错误进行区别对待，根据不同场合及不同性质的错误分别进行处理。在操练语言的场合，可多纠错，但在运用语言交际时，则要少纠错；对学得较好、自信心较强的学生当众纠错会对其产生激励作用，然而对于学习困难较大、自信心较弱的学生，要尽量避免当众纠错，防止加重其自卑感。因此，在口语教学中，纠错的最佳方法是先表扬，后纠正，并注意保护学生的自信心及给他们自我纠正的机会。

三、高职大学英语口语教学的方法

（一）一般模式

一般模式通常包括背景铺垫—布置任务—执行任务—检查结果四个阶段。下面将具体阐述各个阶段的任务和意义。

（1）背景铺垫阶段也是引导阶段，是学生听的过程。本阶段的目的是为学生将要执行的任务创造情境、提供背景信息。这一阶段可以采取不同的形式，可以让学生阅读资料，也可以让学生观看实物与画面等。资料的选择也没有统一的要求，可以是教师朗读文章或讲述故事，也可以是听录音资料或看影像资料。

（2）布置任务阶段。此阶段主要包括教师给学生布置任务，为学生的"说"确立目标，制订方案，组织活动。

（3）执行任务，即学生说的阶段。此阶段是整个口语教学的重点。在学生说的过程中，教师不要过多干预，尽可能地保持沉默，把时间全部交给学生。这一阶段重要的是过程，而不是结果。教师不要过度关注学生说对了几句话，而要鼓励学生多说。

（4）教师检查任务的完成情况，主要是对学生的口语活动进行及时的总结，指出活动的不足，提出必要的建议等。

（二）展示法

展示法的操作和实施必须注意两个问题：展示的方式和展示的原则。

1. 展示的方式

按照不同的划分方式，就会有不同的展示方式。

（1）按照对材料的使用，展示可分演绎展示和归纳展示。

（2）按照展示主体的不同，展示可分为教师展示和学生展示。

（3）按照展示所用的材料的不同，展示则可分为多媒体辅助展示和无辅助展示。

2. 展示的原则

无论采用何种展示方式，要想保证展示的效果就要遵循以下三个原则。

（1）简易原则。简易原则是指展示的内容应简单明了，不要将原本简单的事物复杂化，增加学生理解和掌握的难度。在多媒体技术高度发达的时代，使用多媒体技术已成为教师教学的主要手段，然而展示的过程中应注意，不要为了使用多媒体而使用多媒体。

（2）经济原则。经济原则是指教师的展示应尽可能以最少的时间、最少的精力、最低的财力投入来取得最佳的展示效果。例如，教师在向学生展示材料时如果没有配套的视频材料，若教师打算自己制作flash等动态影像或者请人制作则会耗费大量的时间、精力、财力，这样就不符合经济原则。

（3）效果原则。效果原则是指展示方式的选择应以能够保证达到最佳展示效果为标准。若多媒体设备展示的效果优于无辅助展示，且学校又具有配套设备，则教师最好使用多媒体展示，以提升展示的效果，这就是从效果原则出发。

（三）任务教学法

任务教学法是以学生为中心，以小组合作学习为主要形式，以学生完成任务为目标，因此对调动学生的积极性，增强学生的合作竞争意识，提高学生的口语水平具有极大的促进作用。任务教学法在英语口语教学中的操作可分为以下四个步骤。

1. 呈现任务

本阶段的主要任务是帮助学生做语言和知识上的准备工作。呈现任务时，教师可结合学生的实际生活和学习经验，创设与学生学习或生活相关的情景，引发学生的好奇心，激发学生的兴趣。另外，教师还要为学生提供与话题有关的环境及思维的方向，增加新旧知识的连接度，在巩固旧知识的同时，自然学习新知识。本阶段要遵循先输入、后输出的原则。

2. 实施任务

这个阶段在整个教学过程中最为重要。学生在接到任务以后可以采取多种方式实施任务，如小组自由组合的方式、结对子的方式，也可由教师设计多个小任务构成任务链等。小组自由组合或结对子的方式能够为每个学生的口语表达提供练习机会，还能够培养学生合作互助的意识，增进学习的效果。本阶段中，教师的主要任务是监督和指导学生的活动，保证活动顺利有效地开展。

3. 汇报任务

学生完成任务以后，教师可要求各小组派代表或者小组内部推选代表向全班汇报任务成果。在学生汇报的过程中，教师不要轻易打断学生的表达，在需要帮助的时候适当给予指导，尽量让学生的汇报自然、流畅、准确。

4. 评价任务

在各小组汇报完任务以后，教师和同学们一起评价任务，分别指出各个小组的优点和不足。评价学生的活动情况时应尽量持肯定态度，多鼓励、表扬，使学生体会到成就感，从而建立信心。当然，教师也应及时指出和纠正学生表达中出现的较严重、影响交际的错误，正确引导学生。

（四）文化导入法

语言是文化的重要组成部分，是反映人类社会文化生活、承载文化信息的工具。然而因历史、文化、社会背景、思维方式、观念、信仰等差异，针对同一交际场景，不同文化背景的人会有不同的认识和体验，从而产生社会文化差异。因此，在英语口语教学中应加强文化的导入，培养学生的跨文化交际能力。

在口语教学中，教师要从词语文化和话语文化两个方面进行文化导入，从而让学生更好地理解文化对语言的影响。教师在教学中可根据每堂课的教学目标，结合教材向学生介绍一些与之有关的文化背景知识，扩充学生的文化知识信息。此外，还可以结合多媒体进行导入。这主要是因为多媒体可以为学生创设真实的情景，使学生产生身临其境的感受。

（五）3P教学法

3P教学法，即 Presentation（介绍）、Practice（练习）、Production（运用）。概括来讲，3P口语教学法是由教师先介绍某个新知识点或技能，然后让学生就这些知识点及技能进行练习，以便熟练掌握所学习的知识点或技能，最后运用所学的知识点或技能进行口语表达。3P模式重点放在某一种语言形式上，每一阶段都有清晰的教学目标。

1. 介绍阶段

本阶段主要通过举例、解释、示范、角色扮演及图片、影片等方式，介绍语法、结构、功能、交际技巧等内容，达到两个目的，即确立形式、意义和功能；导入话题、激活背景知识为训练做准备。

2. 练习阶段

在此阶段，教师通过对话、找伙伴、看图说话、图画排序等控制性和半控制性活动，给学生提供大量的练习机会，鼓励学生尽可能运用新知识进行反复操练，以不断提高语言运用的准确性。

3. 运用阶段

在这一阶段，主要开展交际性、创造性活动。教师为学生提供机会，让学生将新学到的知识融入已有的知识之中进行综合使用，以使学生自由地运用语言进行交际。这一阶段的实施，可以有效地增强学生的成就感，激发学生对口语的浓厚兴趣。

（六）灵活练习法

1. 机械练习

机械练习是一种最简单的说的练习，是不用学生多加思考就能进行的练习。其作用是促使学生记忆所学的句子，包括句子的语音、语调和句式。

（1）仿说。仿说的目的是促使学生掌握地道的发音，使学生语调流利自然，帮助学生学说话。当学生遇到困难时，教师要根据学生的情况，提供问题的解决方法和解决要点。其主要练习方式包括以下几种。

① 听录音，看示意图画，跟从录音仿说。

② 听录音，跟着教师演示，跟从录音仿说。

③ 听教师示范说，看着并指着示意图，跟从教师仿说。

④ 听教师示范说，跟着教师演示，跟从教师仿说。

⑤ 听教师示范说，指着或举起相应的图画，跟从教师仿说。

⑥ 听录音，然后独立演示动作，并跟从录音仿说。

⑦ 听教师示范说，然后独立演示动作，并跟从教师仿说。

⑧ 听录音，并跟从仿说。

⑨ 听三遍录音：第一遍静听，第二遍跟从录音小声说，第三遍重听一次录音，以检查自己的发音。

⑩ 听教师示范说，并跟从仿说。

（2）检查说的效果。检查学生说的效果主要包括以下两种形式。

① 看着示意图能够独立说出相应的句子。

② 看教师演示动作，然后独立说出相应的句子。

2. 复用练习

复用练习是一种围绕课文、教师讲授过的材料或情景所进行的练习。它是一种非常有意义的练习。学生需要开动脑筋才能在课文中或学过的材料里找到答案，有时候还需要学生对课文中的词句做适当的变动。

（1）反应练习。教师可利用实物、动作等进行演示，说出句子，然后要求学生根据句子做出相应的反应。例如：

T: I am going to the door.（指自己）

S: You are going to the door.（指教师）

（2）变换说法。由教师提出一个问题，学生根据问题做出不同的回答。例如：

T: What is a book store?

A: A book store is a store where we buy books.

T: Say it in some other way, B.

B: A book store is a store in which there are many new books.

T: Still another way, C.

C: A book store is a store that sells books.

（3）句组练习。句组练习就是利用一组句子来练习单词或句型。常见的句组练习形式有以下几种。

① 排列式示意组。这种练习方式要配合实物、手势、图画等进行。例如：This is studio. This is multimedia. This is a scanner. This is a amplifier.（学习单词）

② 演进式句组。该练习是一种利用动作教动词现在进行时很好的方法。例如：

I am opening the door.

I am closing the door.

I am going to my seat.

③ 问答式示意组。这种练习方式的要点是一问一答。其优点是在问答中重复又富有变化，生动形象，不仅便于记忆，而且对于提高学生的兴趣很有帮助。该练习可由教师根据教学的需要进行自创，可在师生之间进行。例如：

What is this?

It is a dictionary.

Is that a dictionary?

No, it isn't. It is e-book.（巩固单词，学习句型）

④ 动词时态演进组。例如：

I will put the book on the desk.

I am putting the book on the desk.

I put it there.

（4）变换句子形式。变换句子形式的练习有很多种，如延伸句子、简化/压缩句子、合并句子等。

① 延伸句子。延伸句子的方法主要有两种：添加定语（从句）和添加状语（从句）。例如：

The boy is very clever.

The little boy is very clever.（添加定语）

John speaks English.

John speaks English fluently.（添加状语）

② 简化/压缩句子。简化/压缩句子的方法主要有两种：词组简化为单词和复合句压缩为简单句。例如：

He is a man of honor.

→He is an honorable man.（词组简化为单词）

The little girl who is twelve years old speaks English very well.

→The little girl of twelve speaks English very well.（复合句压缩为简单句）

③ 合并句子。合并句子的方法有两种：将简单句合并为并列复合句和将简单句合并为主从复合句。例如：

He is twelve. His brother is eight.

→He is twelve and his brother is eight.（将简单句合并为并列复合句）

She told me yesterday. She liked swimming.

→She told me yesterday that she liked swimming.（将简单句合并为主从复合句）

（5）看图练习。

① 看图问答。教师可依据画面采用问答的形式进行练习。

② 看图说话。教师将选择的画面展示给学生看，学生根据看到的画面开始联想并进行描述。这种方法能有效培养学生的表达能力和英语思维。

（6）根据课文进行练习。

① 教师概括出课文中某段或篇章的大意，要求学生认真思考，然后组织安排语言叙述某段或整篇文章的主旨大意。

② 根据课文内容进行问答。以 All These Things Are to Be Answered For 为例：

T: Who was Alexandre Manette?

A: He was a French doctor.

T: Another answer.

B: He was a prisoner in the Bastille.

T: Still another answer.

C: He was a very good and kind doctor.

T: Who wrote "All These Things Are to Be Answered For"?

D: Dr. Manette wrote it.

T: Say it in some other way.

E: Dr. Manette wrote "All These Things Are to Be Answered For".

T: What did he tell us in his account?

F: He told us the story of the great wrong done to him.

③ 学生根据教师安排的题目，整理课文中的词或词组，将之联成一段话。以 All These Things Are to Be Answered For 为例，教师可让学生挑选出描写贵族和农奴斗争的单词和词组。例如：

Noblemen: to do wrongs to their tenants, force one to, to take away the daughters of their tenants, to strike one with a whip, to draw one's sword upon, to thrust one's sword at

Tenants: to fight back, to be wounded, a sword-thrust wound was fatal, gather one's strength, with teeth set and hands clenched, to be answered for

④ 仿照进行课文口头作文或有控制地进行口头作文。根据学生的水平可逐渐增加口头作文的难度，如增加长度、提高质量等。如教师可根据上文整理出来的单词和词组让学生口头叙述一篇农民和地主之间斗争的作文。例如：

Fight Between Peasants and Landlords

Landlords and peasants were fighting all the time. Landlords did terrible wrongs to peasants. They forced them to work for them without pay. They took away the beautiful daughters of their peasants. They struck their peasants with whips. They drew their swords and even thrust their swords at them.

Of course peasants fought back. They were often wounded. They received sword-thrusts. Their wounds were fatal. The wounded peasants gathered their strength. With their teeth set and hands clenched, they looked at the landlords and shouted, "All these things are to be answered for!"

3. 活用练习

活用练习是更进一步的练习，是更高层次的练习，同复用练习一样，活用练习不能照搬课文中的句子，需要学生开动脑筋，认真思考，重新组织新的语言。但也与复用练习有所不同，相比较而言，活用练习给学生的自由更多，空间更大，学生可以独立进行思考。活用练习的目的就是让学生根据课文的内容和语言来描述自己的生活，表达自己的情感和思想。常见的活用练习形式有以下两种。

（1）利用课文中的语言来描述自己的生活。这种练习方式是让学生先了解课文，掌握课文中的词和句子，然后根据课文中的词或句子来描述自己的生活。如学过了关于学习课程的课文后，可以让学生叙述自己不同课程学习的情况；学过了关于新闻报道的课文后，可以让学生采用新闻报道的形式来描述学习和生活中发生的一些事情。学生描述时可使用课文中的句子，但叙事的情景要真实。

（2）提出发挥性问题，据此学生发表自己的见解。这种练习方式指的是教师根据课文中的人物或故事情节提出发挥性或议论性问题，然后要求学生据此述说自己的见解或看法。需要学生表达的看法在课文中并没有现成的答案，需要学生自己思考然后作答。仍以 These Things Are to Be Answered For 为例，教师可以提出如下问题：

How could the noblemen do such terrible wrongs to the tenants without being punished?

What do you think of Dr. Manette after you have read the story?

第三节　高职大学英语阅读教学

阅读是语言学习的基本技能之一，由于通过阅读能获得信息和乐趣，所以阅读也是巩固和扩大目的语知识的重要途径。英语阅读教学一直是英语语言教学中一个重要的组成部分，其目标是培养学生的综合运用能力，提高学生的自主学习能力，增强学生的综合文化素养，使学生能够适应我国经济发展以及国际交流的需要。

一、高职大学英语阅读教学概述

（一）高职大学英语阅读教学的目标

《高职高专教育英语课程教学基本要求（试行）》将大学阅读目标分成两个层次，具体要求如表 3-3 所示。

表3-3 高职大学英语阅读能力的分级目标

能力要求	具体描述
A级	能阅读中等难度的一般题材的简短英文资料，理解正确。在阅读生词不超过总词数3%的英文资料时，阅读速度不低于每分钟70词。能读懂通用的简短实用文字材料，如信函、技术说明书、合同等，理解正确
B级	能阅读中等难度的一般题材的简短英文资料，理解正确。在阅读生词不超过总词数3%的英文资料时，阅读速度不低于每分钟50词。能读懂通用的简短实用文字材料，如信函、产品说明等，理解基本正确

在具体的教学过程中，教师应参照相应的教学目标，把握教学宗旨，调整教学内容，并在此基础上进行一定的拓展和延伸。

（二）高职大学英语阅读教学的内容

英语阅读教学通常包含以下几个方面的内容。

（1）辨认单词。

（2）猜测陌生词语。

（3）理解句子之间的关系。

（4）理解句子及言语的交际意义。

（5）辨认语篇指示词语。

（6）通过衔接词理解文字各部分之间的意义关系。

（7）从文章细节中理解主题。

（8）将信息图表化。

（9）确定文章语篇的主要观点或主要信息。

（10）总结文章的主要信息。

（11）培养基本的推理技巧。

（12）培养跳读技巧。

二、高职大学英语阅读教学的原则

（一）激发兴趣原则

无论是何种学习，抓住学生的学习兴趣才能得到最好的效果。因为兴趣是最好的老师，它可以激发一个人对事物的热情，可以调动一个人的积极性。学生对阅读是否有浓厚的兴趣是教学成败的关键，因为学生对阅读产生了兴趣，便会积极主动地投入到阅读的学习当中。所以，教师要注意教学内容的适当变换和教学形式以及手段的多样化，尽量避免教学活动的枯燥乏味，使阅读教学经常保持新鲜感，使学生学会阅读，乐于阅读，变被动阅读为主动阅读。

（二）因材施教原则

每个学生都有着属于自己的个性，学生与学生之间又存在着差异，学生的个体差异直接影响学生的阅读进程。因此，教师应注意满足不同水平学生的特殊需要，力争使每个学生都能相应地发展阅读技能。对于一些阅读成绩不佳、甚至自暴自弃的学生，教师可以先给他们简单的阅读材料，并逐步增加难度，让他们看到自己的点滴进步，还要经常表扬、鼓励他们，帮助他们重新建立起学习的信心。而对于一些基础好的学生，课堂上的阅读常常满足不了他们的阅读欲望，教师应向他们布置一些富有挑战性的阅读任务，以满足其阅读欲望，比如介绍和推荐一些通俗的世界名著等读物。

总之，教师要认真分析学生情况，结合每个学生的特点，在教学中有意识地对不同的学生提出不同的要求，采取不同的方法，真正做到因人而异、因材施教。

（三）速度调节原则

阅读速度和理解能力因人而异。既有阅读速度快、理解能力强的学生，也有阅读速度慢、理解能力差的学生。换句话说，阅读速度的快慢不一定等于理解能力的好坏。

在训练阶段，教师应加强一般阅读技能和语言基础知识的训练，适当控制学生的阅读速度。教师应根据教学的进程设置不同的阅读速度，在最初进行阅读教学时，可以适当放缓阅读速度，侧重对材料进行有效的理解。

当学生词汇量变大，语义、句法知识增加，语感增强和阅读技能提高以后，阅读速度自然会随之加快。这个阶段教师就可以进行相应的限时训练，加强训练的强度，进而完成阅读教学的目标。

速度调节原则的出发点就是要求教师在阅读教学过程中做到张弛有度，根据不同阶段的教学目标做相应的调整。教师切忌一味地追求提高速度，而忽略了学生的理解程度。

（四）层层设问原则

层层设问原则，顾名思义就是教师在阅读教学中提出的问题应该具有层次性，一环扣一环，按照一定的梯度，逐步揭示文章的主题。例如，教师在讲解 Thomas Edison 这篇课文时，可以提出如下问题：

Who was Thomas Edison?

When Thomas Edison was five years old, he sat on some eggs one day, didn't he? Why?

Why did Edison's teacher send him away from school?

How do you think about Thomas Edison? Why?

What can we learn from the text?

通过对上面五个问题的观察我们发现，这五个问题由浅入深、层次分明，学生在回答问题的过程中逐步建立自信、开动脑筋、积极思考、解决问题，并在不知不觉中提高了自己的分析理解能力。

（五）循序渐进原则

学生阅读水平的提高也不是一朝一夕的事情，阅读教学目标的完成也不可能一蹴而就，它是一个循序渐进的过程，需要一个合理的总体设计和长远规划。

在材料选择、任务确定、阅读方法以及阅读教学的反馈等诸方面，教师都要提前做出全面、细致的考虑，并鼓励学生寻找适合自己的阅读方法，积极引导学生采用适合自己的阅读方法，扎扎实实地学习，最终完成阅读任务，提高阅读水平。

（六）真实性原则

概括来讲，阅读教学的真实性包括以下两方面的含义。

1. 阅读材料的真实性

选择真实材料，即选取由本族语者编写的材料。同时，阅读材料的选择要考虑学生在日常生活中的交际需要，从现实生活中选择文体多样、适合学生的语言水平、为学生所喜闻乐见的阅读材料。

2. 阅读目的的真实性

阅读活动都具有一定的目的，但不论是出于何种目的，都要以真实性为基础。人们阅读可能是为了获取信息或者验证自己已有的知识，可能是为了批评作者的思想或者写作的风格，也可能单纯地为了消遣或者打发时间。阅读目的不同也就需要不同的阅读方法。例如，题目中涉及文中人物的钱能否支付一部手机，那么在阅读中我们就要关注有关价格的信息。

三、高职大学英语阅读教学的方法

本部分将阅读教学拆解为三个阶段（阅读前、阅读中和阅读后）来具体介绍它们的教学方法。

（一）阅读前的方法

阅读前的活动主要包括引出主题、提出问题、交代任务等，其目的在于使学生在尽可能短的时间内了解文章的相关信息，激活学生的背景知识，充分调动学生的阅读兴趣，使学生尽快进入文章角色，为进一步的阅读奠定基础。以下是几种阅读前的具体活动。

1. 激活背景知识

阅读教学中，使学生了解与文章有关的社会文化背景知识很重要，这不仅可以激发学生阅读文章的兴趣，还可以发散学生的思维。阅读中有效运用背景知识有助于学生对文章的理解，弥补语言知识上的不足，更有助于学生了解英汉两种语言的差异，熟悉英汉语言的表达方式，所有这些背景知识都能帮助学生加深对英语材料的理解。

2. 清除词汇障碍

对于学生而言，词汇量不足可以说是造成其阅读困难最重要的因素。因此，教师在阅读训练前有必要采用各种形式如对话、故事、图片等对学生进行词汇灌输，清除学生的词汇障碍，从而更好地帮助学生进行阅读。

此外，教师还可以在课前指导学生进行预习，并布置一些适当的预习题，这样不仅可以使学生明确预习的目标，做到有的放矢，还可以培养学生学习的积极性，同时能为课堂教学的顺利进行做好准备，加快课堂的进度，变相增加了课堂容量。

3. 预测情节

阅读情节的预测对于阅读的顺利完成十分有利。因此，教师可以在课前让学生根据题目或一些关键词，大胆地想象，预测故事的情节，从而激发学生的好奇心，引发学生阅读的积极性。让学生带着对文章情节的预测，通过阅读来验证自己的猜测，这样的活动不仅利于巩固学生已有的知识，还利于学生逻辑推理能力的培养，而且能够很好地帮助学生准确把握文章的主旨。

（二）阅读中的方法

1. 略读

略读是一种选择性阅读，用尽可能快的速度大致地粗读全文，获取文章主题大意的快速阅读方法。阅读时只需选读首尾段、每段的首尾句、段落的主题句,抓住阐述主题的主要事实或文章的中心思想即可。在采用这种方法进行阅读时,学生可有意识地略过一些词语、句子,甚至段落,对于一些细节或例子则不需要关注。

略读需要一定的技巧,比如许多文章的第一段都是对全文主要内容的概述,而最后一段多是结论;段落的首句往往是主题句,而末句常常是结论句。掌握这些技巧有利于掌握文章的结构和主旨,更快地找到自己需要的信息。

2. 扫读

扫读是从上至下迅速搜索所需内容,而不需要仔细阅读整篇文章。这种寻找文章中特定信息或特定词组的方法,能有效提高阅读的速度和效率。在扫读的过程中,学生可以忽略那些与题目无关的信息,积极寻找那些与题目要求相关的信息。

3. 寻找主题句

理解文章的关键是确定文章的主题思想,而要想确定主题思想,首先要确定主题句。主题句往往是文章大意的概括,句子结构较为简单。主题句的位置非常灵活,既可以位于段落的开头、结尾,也可以同时位于段落的开头和结尾,还能位于段落中间,甚至隐含在段落之间。例如:

A port is a place where ships stay when they are not sailing. Ships usually load or unload at a port. So a spaceport is a place where spaceships stay when they are not flying. It has special buildings where the spaceships are kept. It also has supplies needed for space travel.

可以看出,段落的首句(港口是船不航行时停留的地方)并非主题句,而是为主题句的出现做准备的,它引出了主题句:"So a spaceport is a place where spaceships stay when they are not flying."(宇航港是宇宙飞船不飞行时停留的地方。)接着又进一步阐述了这一主题。

4. 信息转换

阅读教学中常采用信息转换的方式来辅助教学，从而加深印象。常见的转化方式有表格、图画、加小标题、流程图、条形统计图、地图、树形图等。采用这种方式可将文中的形式信息转化为可见信息，对文章的理解十分有利。例如：

阅读下文，并在阅读中完成文后的表格。

At 5: 13 on the morning of April 18th, 1906, the city of San Francisco was shaken by a terrible earthquake. A great part of the city was destroyed and a large number of buildings were burnt. The number of people who lost homes reached as many as 250, 000. About 700 people died in the earthquake and the fires.

Another earthquake shook San Francisco on October 17th 1989. It was America's second strongest earthquake and about 100 people were killed. It happened in the evening as people were traveling home. A wide and busy road which was built like a bridge over another road fell onto the one below. Many people were killed in their cars, but a few lucky ones were no hurt.

Luckily the 1989 earthquake did not happen in the centre of town but about 50 kilometres away. In one part of the town a great many buildings were destroyed. These buildings were over 50 years old, so they were not strong enough. There were a lot of fires all over the city. The electricity was cut off for several days too.

	Time	Date	Location	No. of people	Damage
Earthquake in 1906					
Earthquake in 1989					

上述题目要求学生在阅读过程中完成表格，然后要求学生依据表格的提问，将正确的信息填入表中，在填表的过程中，将形式信息转化为了可见信息。

5. 推理判断

有时候阅读所需信息并不能直接从文章的字面意思上得出，此时就需要推理判断。推理判断要求学生以理解全文为基础，从文章提供的各个信息出发，对文章逐层进行分析，最后准确推断出文章的中心思想。

推理判断又可分为直接推理判断和间接推理判断。直接推理判断是学生在理解原文表层意思的同时，依据所提供的信息合理地推断文章的结论。而间接推理判断则较为复杂、含蓄。这种推理方式通常要求学生挖掘文章的深层内涵去推测和揣摩作者的态度以及文章的主题等。

（三）阅读后的方法

阅读后的阶段也是阅读教学中一个很重要的环节。它是对所学知识的巩固和运用阶段，旨在练习、巩固和拓展学生在阅读过程中所学的语言知识，为培养和提高说和写的能力打下基础。在这一阶段的教学中，教师应设计一些与课文内容相关的活动，充分发挥学生的主观能动性。常见的活动包括以下几种。

1. 复述

复述是一种具有挑战性的口语练习。复述的前提是学生对阅读材料已经有了一个大致的了解，并消除了生词障碍。在这一过程中，教师可以让学生根据图片和关键词来复述阅读材料的大致内容。

2. 转述

转述主要是针对对话性质的语篇。教师可以引导学生使用第三人称将对话性的语篇转述为描述性的语篇，要引导学生注意时态和人称要随之产生相应的变化。

3. 填空

教师给学生提供文章概要，但要将一些关键信息留出空白让学生填写，并鼓励学生在填写时尽量不要使用原文的词或短语，要尽可能地替换成不同的词和短语。

4. 仿写和续写

根据课文内容,教师可以安排学生写文章摘要或者仿照对话写新的对话。如果课文是叙述性的文章,教师可以安排学生续写文章,以扩大学生的想象力,培养学生的发散思维。

第四节　高职大学英语写作教学

写作是学生表达思想感情的一种方式,是高度复杂的思维过程。英语写作与英语学习相伴而生,与英语教学相随而长。在英语学习中,写作实践是最容易诱发英语学习成就动机的,而写作教学是学生写作能力得以提高的基础,本节就针对大学英语写作教学进行重点介绍。

一、高职大学英语写作教学概述

(一)高职大学英语写作教学的目标

《高职高专教育英语课程教学基本要求(试行)》对英语写作教学的目标给出了相应的说明,见表3-4。

表3-4　高职大学写作能力的分级目标

能力要求	具体描述
A级	能就一般性题材,在30分钟内写出80~100词的命题作文;能填写和模拟套写简短的英语应用文,如填写表格与单证,套写简历、通知、信函等,词句基本正确,无重大语法错误,格式恰当,表达清楚
B级	能运用所学词汇和语法写出简单的短文;能用英语填写表格,套写便函、简历等,词句基本正确,无重大语法错误,格式基本恰当,表达清楚

（二）高职大学英语写作教学的内容

高职大学英语写作教学的内容主要包括以下几个方面。

1. 结构

（1）谋篇布局。谋篇布局是写作的必要前提，写作者可以根据写作目的选择适当的扩展模式。一般来讲，篇章结构是：引段—支撑段—结论段。段落结构是：主题句—扩展句—结论句。当然，不同题材、体裁的文章有着不同的布局方式。表 3-5 就是从段落结构中的各部分内容来对议论文和说明文进行的比较。

表 3-5　议论文和说明文的谋篇布局

	主题句	扩展句	结论句
议论文	主要用于陈述读者认为正确的观点	以说明的顺序扩展细节阐述原因	重点用来总结或重述论点
说明文	主要用来介绍主题	以时间、重要性等顺序扩展细节说明主题	重述主题、描述细节

（2）完整统一。完整统一要求语篇中的各个部分都与语篇的中心思想有关联，而且各个部分之间也互相有联系。要使一个语篇的表达具有统一性，最主要的是要弄清楚想讲什么，然后将相关信息组织起来，无关的内容一律删除。

（3）和谐连贯。在写作过程中，不仅思路要有逻辑性，段落中句子的顺序也要具有逻辑性。句子与句子想要有机地联系在一起，内容需要一环紧扣一环，流畅地展开，使段落成为一个和谐连贯的整体。运用正确的起连接作用的过渡词或词组，可以把句子与句子有机地联系起来，使行文更加流畅，并能引导读者跟着作者的思路去思考问题。英语写作中常见的过渡语包括：表示时间或步骤（after, often, next afterwards, before, finally, first, last, now, second, still, then, when 等）、表示并列（and, also, or, likewise 等）、表示转折（but, however, nevertheless, while, yet 等）、表示让步（although, in spite of, despite 等）、表示比较（similarly, equally important, in the same way

等)、表示举例或解释(for example, for instance, such as, in other words, that is, in fact 等)、表示相反（on the contrary, conversely 等)、表示进一步关系（furthermore, moreover, what is more, besides, in addition 等)、表示因果（accordingly, as a result, consequently, as, since, so, thus, because, for, for this reason 等)、表示结果或总结（therefore, as a result, and so, finally, to sum up, in conclusion, in short, in a word 等）的过渡语等。但要指出的是，过渡语不可不用，也不可滥用，过渡语的使用需要确保结构流畅、简洁，避免冗长、累赘的描述。

2. 句式和选词

除了一般句式外，学生还需掌握其他句式的使用，如强调、倒装、省略等。这些句式复杂多变，因而需要学生多加练习。教师可在句式写作教学中采用示范和讨论的方式，增强学生对句式的认知，帮助学生掌握正确的表达方式。

词汇的选择通常与个人的喜好有关，它是个人风格的体现。但由于选词也是作者与读者之间的交流方式之一，所以选词还要考虑语域的因素，比如正式用词与非正式用词的选择、褒义词与贬义词的选择等，此外还应考虑角色及读者对象的因素。

3. 拼写和符号

拼写和符号属于英语基础知识范畴，它主要考查学生单词的拼写和标点符号的运用正确与否。尽管拼写和符号都是细节方面的问题，但仍不可被英语写作教学所忽视。构思再出色的文章，如果拼写和符号错误较多，就不能称之为一篇好文章。

二、高职大学英语写作教学的原则

（一）以学生为主体的原则

在写作教学的过程中遵循以学生为主体的原则，就是要以学生为中心开展教学活动，充分尊重学生的主体性。但需注意的是，主体参与不等于独立写作，不等于对学生放任自流，而是指学生在写作过程中应该能够全程参与写作提纲的拟订、资料的收集、信息的处理、谋篇布局、初稿的修改与完善等过程。

要使学生成为学习的主体，就要激发学生写作的兴趣，调动学生的积极性，其中小组讨论就是激发学生兴趣、调动学生积极性的一种有效方式。

（二）层进原则

层进原则要求学生应首先从单词、句子的写作抓起，为系统科学的英语写作打下良好基础，并逐步向语篇过渡。词是英语写作的最小单位，并按照一定的规则排列形成句子，人们借助句子相互传递信息、交流思想。当句子按照逻辑相关性的系统排列时，就形成了语篇。

卜玉坤（1996）曾经就英语写作教学提出了"大学英语写作分阶段教学的具体方案"，大致分为以下十个阶段：写简单句；写复合句；段落的组成及要点；段落的发展方法；文章的文体类别；文章的结构；写作步骤；写作的书面技术细节与修辞手段；范文分析和题型仿写；独立撰写实践。

（三）真实性原则

真实性原则要求写作不能脱离学生的实际，要让学生有话想说，并言之有物，言之有理。这就要求，写作应具有真实性，学生为了真实的目的，面对真实的读者，采用符合实际需求的方式去写。

目前国内写作教学的实际现状是，教师和学生普遍只拿写作当作一种练习，为写而写，因而缺乏真实性，不能激发学生的写作兴趣。如果能使学生为真正的读者而写，为真正的目的而写，将写作与学生需求联系起来，则可大大激发学生的写作兴趣。例如，留言条、求职信、个人简历等实用性文体的撰写等，这些与现实生活和未来生活、工作有关的写作能激发学生参与的积极性。

(四)文化对比原则

文化对比原则要求教师和学生应深入了解母语和英语的区别,为写作提供帮助。很多中国学生具备了相当程度的中文写作能力,但在英语写作中并不具备完善的用英语解码和编码的能力,由此导致中文写作能力自动、机械地迁移到英语写作过程中,产生中式英语。只有在英汉对比下,学生才能掌握英汉语言的文化差异,将写作语言变得更加地道,符合英语思维。

(五)综合性原则

英语的听、说、读、写是不可分割的一个整体,综合性原则就是要求英语写作教学要与听力、口语和阅读相结合。写作可以作为听、说和阅读的后续活动,可以作为对听、说和读材料的应用。尤其是在基础教育阶段,在没有专门的写作课程时,与听、说、阅读相结合是写作教学经常采用的教学方式。一堂生动有效的写作课实际上应是听、说、读、写的综合运用。

(六)多样性原则

多样性原则一是指英语教学中的训练形式应多样化。写作教学可以尝试让学生进行缩写、仿写、扩写、改写、情境作文等练习,每种训练方式都有自身的优势,通过多种多样的训练方式可以让学生逐步掌握写作的技巧。

多样性原则还指运用多种多样的表达方式。丰富的表达手段不仅可以有效弥补学生在语言知识上的不足,还可以提高学生灵活运用语言的能力。因此,在写作教学的过程中,教师要鼓励学生采用不同的表达方式,以便写出更加出色的文章。

(七)交际性原则

写作也是一种有效的交际手段,因此写作教学也应体现交际性原则。交际性原则要求写作教学活动满足学生的即时需求,以提高学生的实际交际能力；写作活动必须给学生交际的机会，并且使学生从写作交际中获得乐趣；在写前活动和修改活动中尽可能采用小组活动和同伴活动，增加学生之间的交流，通过小组讨论等交流活动获得大量素材，从而为文章增添内容，锻炼学生的思维。

三、高职大学英语写作教学的方法

（一）选题构思方法

构思贯穿于文章写作的始末，是写作的基础。选题构思常用的手段有自由写作式、五官启发式和思绪成串式等，下文分别进行介绍。

1. 自由写作式

自由写作式构思方式是指在拿到题目以后，在大脑中开始进行思考，任凭思绪扩展，然后将头脑中的各类观点记录下来。记录完毕之后，再返回阅读所记录的内容，从中挑选有用的信息，将无用的信息删除。通过这种方式，思路不会受到任何限制，最终也就完全打开了。

2. 五官启发式

五官启发式主要是从看到的、听到的、闻到的、尝到的、触摸到的几个方面去思考，搜索与题目相关的一些材料，当然不一定要面面俱到。这种构思方式常常用在描写文中。例如：

视觉：He has a round smiling face. He walks slowly for he enjoys talking while walking. He likes to swing his pen in his hand when he has nothing to do with his hands in class. He often makes faces when he's happy. He does his homework quickly and often helps others and me with math problems. He likes to play ping pong with me.

听觉：He whistles a tune when he is alone. He can talk on and on about computer games. Whenever he understands something, he is always saying, "Oh, I know, I know."

嗅觉：I could smell his feet and sweat in summer. This shows he enjoys sports very much in a way.

触觉：when we play ping pong, I can feel his toughness and strength. And he is quite good at it.

3．思绪成串式

思绪成串式是指将主题写在纸中间的一个圆圈里，想到与主题相关的关键词就写下来，画个圈。这样，很多与主题相关的想法自然而然地就被引了出来，思路在此过程中也逐步打开了。这种方式是开拓思路的一种有效方法。

（二）文章开篇方法

一篇文章通常包括三个部分，即开头、中间和结尾。一篇文章的开头部分是最先被读者看到的，因此开头写得精彩，就会给人留下深刻的印象，在考试中就容易取得高分。文章开篇的方法有许多种，下文将介绍几种常见的方法。

1．开门见山

开门见山指在文章的开始就提出看法，突出文章的主题。这种方法又称事实陈述法或现象陈述法。例如：

As food is to the body, so is learning to the mind. Our bodies grow and muscles develop with the intake of adequate nutritious food. Likewise, we should keep learning day by day to maintain our keen mental power and expand our intellectual capacity. Constant learning supplies us with inexhaustible fuel for driving us to sharpen our power of reasoning, analysis, and judgment. Learning incessantly is the surest way to keep pace with the times in the information age, and reliable warrant of success in times of uncertainty.

本文以 As...is to..., so is...to...的经典句型引出主题，行文流畅，首尾呼应。

2. 下定义

下定义这种方法是为了帮助读者理解，给出必要的解释说明。在科普文章中，下定义法是必不可少的一种写作手法。例如：

Automation refers to the introduction of electronic control and automation operation of productive machinery. It reduces the human factors, mental and physical, in production, and is designed to make possible the manufacture of more goods with fewer workers. The development of automation in American industry has been called the "Second Industrial Revolution".

上面这段文字介绍了 automation 和 Second Industrial Revolution 两个概念，分别由 refers to 和 been called 引出。

3. 描写导入

描写导入就是通过描写背景逐步导入正文。描写的内容主要有人物描写、物体描写、场景描写等。下面就是一篇以人物面部描写导入的例子。

My aunt has a face full of character. The hair on top of her head is silver gray and falls gently over her wrinkled forehead. Her eyebrows are also gray. Under these are her marvelous eyes. They are blue and shine as brightly as they did on the day she was born. Her cheeks are wrinkled, but they are also rosy. Her nose is a bit crooked. Under her nose is her mouth, which always seems to have sweet smile on it. Her chin is also wrinkled and has a prominent scar in the middle. All in all, her face is one which has always brought me great comfort.

4. 以故事引入

以故事引入就是文章开头以故事引入，这种方法能有效地激发读者的阅读兴趣。例如：

Most of us may have such experiences: when you go to some place far away from the city where you live and think you know nobody there, you are surprised to find that you run into one of your old classmates on the street, perhaps both of you would cry out: "What a small world!"

5. 提问式导入

这种开篇方式也是为了吸引读者的注意力,以提问的方式统领全篇。例如:

"Is money all powerful?" If someone asks me such a question, my answer is always the same: No. Money is by no means all powerful.

(三) 段落展开方法

1. 按时间展开

这种方法就是按事件发生的顺序来写,常用于记叙一件事情。例如:

A friend in need is a friend in deed.

After lunch, while the other girls were sunbathing, Pat and I returned to the water. Soon cramps spread from my stomach to my legs. Immobilized by pain and fear, I yelled for help. My friend thought I was joking: so she ignored me. However, Sister Theresa came to my rescue when she noticed my plight. She pulled me out of the water and administered resuscitation. When regaining consciousness, I realized how close I had come to death. My experience with near death reminds me everyday how close we all are to death in our daily lives.

在上述文章中,作者用了 after lunch; while; soon; when 等时间连接语记叙了一件午饭后的事情。

2. 按空间展开

这种段落展开方式常用于描述一个地方或景物,按照一定的空间方位顺序来描写。例如：

One of the most interesting places to visit in Singapore is the bird park. It's located in the industrial area of Singapore, called Jurong. The bird park is about twelve kilometers from the center of the city, and it's easy to get by bus or taxi.

It's one of the largest bird parks in the world. The birds are kept in large cages, and there are hundreds of beautiful birds from many different parts of the world, including penguins, parrots, eagles, and ostriches. There's a large lake in the park, with a restaurant beside it. There's also a very large cage. You can walk into it to get a closer look at the birds.

3. 按过程展开

按过程展开就是按照事情发展的经过、顺序进行逐项说明。一般是按照事物发生的先后顺序来进行的。例如：

To build a campfire, you should follow several steps. First collect a good supply of wood, both small branches and larger logs. Second, twist newspaper into small knots. Third, make a pile on the ground of several paper knots. Fourth, cover this pile with a few small branches. Fifth, place larger logs over the branches from the different directions. Finally, strike a match and ignite the paper at the bottom of the campfire, lighting it in several places.If you do so, you will be rewarded with a roaring blaze.

（四）文章衔接方法

好文章不仅内容完整，结构也要连贯，结构的紧凑连贯是决定文章好坏的一个重要因素。结构上的紧凑连贯要求文章的各个部分应该围绕主题句有机地结合起来，段落结构应该条理清晰，层次分明，衔接自然。结构的连贯性有利于读者跟上文章的思路，了解文章的大意。

运用一些衔接手段，可以使文章更加连贯。这些衔接手段包括以下几种：

（1）保持名词和代词中人称和数量的一致；保持动词时态的一致。

（2）使用过渡词语。使用过渡词语能很好地承上启下，把句子有机地连接起来，使文章段落内部环环相扣，从而推动段落中心意思顺利地向前发展。

（2）使用平行结构。使用平行结构的句子可以使段落大意得到充分的发挥。

（3）使用代词。使用代词来代替上文提到过的人或事，从而使句子互相照应，互相衔接。

（4）重复关键词语。重复关键词语可以使句子之间紧密衔接，从而使段落一浪高一浪地向前发展。

（五）文章结尾方法

1. 总结式

总结式结尾就是在文章结尾处对全文进行总结，以揭示主题。例如：

A cartoon combines art and humor. When it is skillfully done, a simple line drawing and a few words can make people laugh. Their troubles seem less important, and they enjoy life more fully.

2. 建议式

建议式的结尾是针对文中讨论的现象或问题，提出解决问题的途径、方法或呼吁人们采取相应的行动。例如：

College athletics plays such a vital role that it deserves close attention and persistent effort. It is suggested that physical training should be regarded as a required course wedged into college curricula, however crowded it maybe, and that a fair share of college budget should be, devoted to athletic programs. We sincerely hope that this suggestion will be a commitment that all colleges and universities will take up.

Stereotypes such as the helpless homemaker, harried executive and dotty grandparents are insulting enough to begin with. Placed in magazine ads or television commercials, they become even more insulting. Now these unfortunate characters are not just being laughed at; they are being turned into hucksters to sell products to an unsuspecting public. Consumers should boycott companies whose advertisement continues to use such stereotypes.

3. 重申主题式

重申主题式这种结尾方式主要是强调文章的中心思想。例如：

Let's say it again, it all begins with the instrument, your voice. If its sound and quality is flawed and needs improvement, that's where you start, that's what everyone hears whether in casual conversation or in making a major speech to a large audience. Pure vowel sounds, articulation, proper breathing, expressive speaking patterns, a pleasing vocal range, naturalness, all these will make you get twice the result with half the effort.

4. 展望式

展望式这种方法主要表达对将来的展望和期待，有助于增强文章的感染力。例如：

I am sure that Chinese will become one of the most important languages in the world in the next century. As China will open further to the outside world the language is sure to be spread world widely.

（六）文章修改方法

完成了初稿也只是完成了写作的一部分，并不代表写作的结束。写完初稿后，还要仔细阅读并进行修改，把多余的删除，补上缺少的，改正错的。一般来讲，文章的修改通常从以下三个方面入手。

1. 主题方面

对于主题方面的问题，最重要的就是要看表现的主题是否完整统一，然后看文章内容是否与标题相符，文章是否合乎逻辑，主题句是否清楚，语气是否一致，时态是否恰当等。发现相关的问题时，应及时修改。

2. 段落方面

段落方面的检查主要是看段落材料是否充分，段落组织是否合理，段落之间是否连贯，过渡词的使用是否恰当。

3. 语法方面

学生作文中最常见的问题就是语法问题，因而在这一方面要尤为重视。为了避免出现语法方面的问题，学生在完成一篇作文后要通读一遍，在阅读过程中要重点检查有无病句，句子表达是否合乎语法，拼写是否正确，标点符号运用是否正确，等等。

第五节 高职大学英语翻译教学

一、高职大学英语翻译教学概述

（一）高职大学英语翻译教学的目标

1. 大纲规定目标

根据《高职高专教育英语课程教学基本要求（试行）》的教学要求，英语翻译教学目标主要涉及以下两个方面。

A 级：能借助词典将中等难度的一般题材的文字材料和对外交往中的一般业务文字材料译成汉语。理解正确，译文达意，格式恰当。在翻译生词不超过总词数 5%的实用文字材料时，笔译速度每小时 250 个英语词。

B级：能借助词典将中等偏下难度的一般题材的文字材料译成汉语。理解正确，译文达意。

2. 具体教学目标

（1）培养学生语言分析与运用的能力。翻译的工作对象是语言，工作目的是符合预期目的和交流任务的语际意义对应转换，这就要求译者首先要倾注全力在语言分析上下足工夫，其中包括语义分析、语法结构分析和语段分析；在结构和成分分析的基础上正确把握语言的内容与形式，能做到操控自如。可以说，翻译教学一切计划、措施、课目设置和教学环节及进程安排，都应当不失培养能力的宗旨，而且首先是语言分析和操控能力。

（2）培养学生的双语思维能力。我国学生一直生长在汉语的环境中，因此习惯用汉语的思维来思考问题，但翻译要求人们同时用英语和汉语的思维来考虑问题，因此英语翻译教学要培养学生双语转换思维的能力，这也就成了翻译教学的重要目标之一。此外，要想顺利进行翻译，还离不开一定的翻译技巧和方法，英语翻译教学的另一重要目标就是使学生掌握尽量多的翻译技巧和方法。

（3）培养学生的文化辨析和表现能力。语言与文化相连，尤其是意义与文化密切相关。语义分析不能脱离文化参照。很多情况下，语义辨析涉及文化诠释，已经超出了单纯的语义辨析范围，文化参照成了决定语义的根本依据。而且语言的文化色彩遍及词语层、短语层、句子层及语段层；语音、文字、文体、风格等各个功能层也都有必须析出文化意义的问题。这一切有赖于译者的辨析能力。

（4）提高学生的双语表达能力。除了要培养学生的翻译技能外，提高学生的双语理解和表达的能力也是十分重要的。因为翻译涉及的是双语交际的活动，交际活动中使用的语言，其含义有时是字典中提供的含义所不能涵盖的，因此这就需要在翻译前后进行充分的准备，也就使得不断丰富学生的百科知识，增强学生的理解和表达能力成了英语翻译教学的目标。

（5）培养学生的审美判断和表现能力。伴随语言文化分析的是审美判断。其实，翻译中的审美判断不限于文艺文体，任何文体都有一个用词、用句是否适当、得体、有效的考量，这就是审美。高层次的审美任务更为复杂，更有待于系统的能力培养。审美判断能力源于审美经验，绝非生而有之，关键在于培养。

（二）高职大学英语翻译教学的内容

（1）翻译基础理论。学习翻译基础理论能够帮助学生从宏观上把握和决定组织译文的思路。组织译文的思路正确了，即使有一些小的错误，学生再改动起来也比较方便。如果思路不正确，整个译文就要推翻，重新组织。

（2）翻译技巧。翻译技巧就是为了保持译文的通顺，在内容大致不变的前提下，对原文的表现方式和表现角度进行改写的方法。常用的翻译技巧有调整语序、转换词性、正译与反译、增补与省略、主动与被动、句子语用功能的再现等。

（3）英汉语言对比。英汉语言对比不仅要在语言层面的语义、词法、句法、文体篇章上进行比较，掌握其异同，还要对文化层面、思维层面进行英汉对比，以便在传译过程中完整、准确、恰当地传达出原文的信息。

（4）翻译实践。翻译实践就是讲授如何更好地翻译，特别是如何在翻译理论的指导下进行翻译。因此，如何科学、合理地构筑翻译学的理论体系，并尽快将其运用到翻译教学中，也是翻译学研究的重要课题之一。

二、高职大学英语翻译教学的原则

（一）以学生为中心原则

对于翻译学习者而言，学习翻译就是如何通过学习这一过程成为翻译工作者的过程。从这个角度来说，学习者学习翻译是通过从实践中积累经验建构自己的专业知识的过程,教师在其中发挥的是指导与协调的作用。因此,翻译教学必须充分考虑学习者的主观能动性、创造性和互动性,充分协调学习者、翻译教学和市场需求之间的关系,力求培养出学活、用活知识结构,并能顺应、满足社会需求的高素质的翻译人才。这就要求翻译教学不仅要提倡学生在课堂上扮演主角,而且还要鼓励学生通过实践最终发现探求知识的规律和奥秘。这对教师的教学提出了更高的要求,具体来说,以学生为中心原则需要做到以下几点。

1. 转变教师角色

在翻译教学中,教师要以学生的需要为翻译教学的方向,训练学生建立口笔译需要的知识系统和双语思维能力,授之予"渔",而不是授之予"鱼"。教师不是学生获取知识的唯一源泉,教师的作用是帮助学生学会学习,学会解决学习过程中遇到的问题。教师是一个协调者,而不是知识的唯一传授者,这也是时代发展对翻译教学提出的要求——培养高质量的有能力的翻译工作者。

2. 培养学生的创造性与发散思维

翻译活动具有一切实践活动所具有的创造性,因此对于统一文本,特别是文学文体的语篇,不应要求学生的理解和翻译与教师的或参考译文一模一样。要善于鼓励学生追求自己的风格,不要"千人一面,千人一腔",从而限制他们的思维。

3. 培养学生的团结协作精神

信息时代的发展和翻译活动的复杂性等因素使得翻译活动有时不能由一个人单独完成,而越来越成为相互合作的事业。因此,培训学生的团结协作精神很重要。在翻译教学中,教师可以选用一些长文章,分成几个部分,让一组的学生每人做一部分,但最后出来的完整文本在术语、专有名词、风格体例方面应该看起来是协调一致的。在这个过程中,学生们就不能自顾自地进行翻译,必须和组里的其他成员协商和讨论，以达到翻译要求。这样做有利于培养学生的团结协作精神、协调能力和共同解决问题的能力。

4. 灵活安排教学活动

（1）有效利用生活环境。随着国际交往的不断深入，在许多大城市和风景名胜区都有外语（主要是英汉）的公示语、景点介绍等。让学生在这些地方去体会英汉语的不同表达，对培养他们的英汉对比能力很有帮助。此外，有不少公示语和景点介绍存在很多问题，教师可以适时地让学生进行纠错练习。

（2）课内外相互配合。翻译是一项实践活动，翻译教学的任何阶段都不可忽视实践环节，翻译课程安排应以实践活动为主。但是，如果没有正确的理论指导，实践活动也就不能有效地进行。为了解决课堂时间有限和学生不太愿意太多地听老师讲解的问题，教师可以让学生自己阅读理论。开列阅读书单是一个很好的办法，例如教师可以开出翻译简史、翻译理论与技巧、中英语言与文化对比等方面书籍的书单，让学生在一定的时间内自学，课堂抽查或做读书报告等，使他们学会用普遍的原理来解决实际问题，在老师的指导下，再将实际问题与理论融会贯通。

（3）利用网络和媒体。网络和报纸、电视、收音机等媒体可以为学生提供丰富多彩且即时的源语文本材料和目标语平行文本材料，教师可以通过让学生在网络和媒体上寻找平行文本的方法，培养其解决翻译过程中遇到的表达问题的能力。同时，也可以让学生通过博客或邮件将自己的翻译练习进行"发表"，发给老师和其他同学，老师和其他同学可以提出反馈意见，以增强师生互动和生生互动，营造更好的学习氛围。

（4）开设讲座。学校和教师可以请有实践经验的翻译专家"现身说法"，传授经验。课外开设专家讲座，一是可以让学生有学习的榜样；二是学生可以学习好的工作方法和经验；三是学生可以借此了解翻译的前沿信息和实际情况，向做一个合格的译者的方向努力。

（二）循序渐进原则

翻译活动应当本着由浅入深、循序渐进的规律开展，所选的语篇练习应该是先易后难。从题材来看，应该从学生最了解的入手；从篇章的内容来看，应该是从学生最熟悉的开始；从原文语言本身来看，应该是从浅显一点的渐渐到难一些的。这样由浅入深，学生们学习起来才会有信心，并逐渐培养起对翻译的兴趣与热爱。例如，从语言的角度讲，外语专业高年级的学生已完成语言基础学习任务，按理说语言运用能力是比较强的，但是刚开始学翻译的时候，对源语的理解和对译语的表达往往会显得捉襟见肘。如果一开始语言太难，必然会成为他们理解和传译的障碍，也会影响他们继续学下去的兴趣。

（三）精讲多练原则

精讲多练原则具有两个方面的含义，即精讲和多练。首先，翻译教学是一项技能教学，如果技能教学只是流于先灌输后练习，在教学中就很难取得好的效果，学生会觉得枯燥无味。技能的传授应该与学生的练习紧密结合起来，并且要在练习的基础上进行总结、提炼。在练习之前，教师可以针对练习材料的内容举例简单介绍一些相关技巧，再让学生做练习。此外，学生做过的练习经教师批改之后，教师一定要对练习进行讲评。这种讲评不是点评式的，而是在系统分析原文的基础上，整理出里面的知识点，针对学生练习中出现的问题进行总结，上升到理论。这样，技能才能真正为学生所掌握，技能训练才落到了实处。教师的讲评绝对不是简单地将参考译文发给学生，而要去启发和引导学生思考与总结。教师在选择练习材料的时候，要有所考虑和侧重。选材的过程是一个艰辛的过程，这需要教师有从事翻译的实际经验，能从纷繁复杂的材料中挑选出适合学生练习的材料，并且要能凸显几个问题。

其次，翻译技能的提高是在实践中一点点实现的，这就要求学生必须进行一定量的练习，并在练习中去感受，去思考，去想办法解决问题。只有通过不断的实践、思考和总结，再实践、再思考和再总结，学生分析问题和解决问题的能力才会不断提高，翻译能力和水平也才会不断提高。因此，对学生翻译过程的关注，帮助、启发、训练和鼓励他们解决理解、表达和审校过程中遇到的具体问题就是翻译教学的重点。这样培养出来的学生才会有学习能力和创造能力，为他们今后进入社会、走上工作岗位、独立解决翻译实际中的问题打下良好的基础。

（四）翻译速度与质量相结合原则

翻译教学的目的是培养学生的翻译能力，这种能力不仅包括技巧的掌握、译文质量的保证，还包括较快的翻译速度。因为在实际翻译活动中，常常会有催稿很急的情况发生，如果学生的翻译速度太慢，可能完不成翻译任务。因此，在翻译教学过程中，培养学生提高翻译速度是一个不可忽视的任务。

具体来说，教师在边讲边练的过程中，可以经常做课堂限时练习，比如英译汉练习的量可以先从每小时 200 个左右英文单词开始，以后逐渐增加到每小时 250~300 个英文单词甚至更多；英译汉可以从每小时 150 个汉字开始练，让学生在有限的时间内学会有效地安排时间，逐渐提高翻译的速度。除了课堂限时练习之外，课后练习也可以让学生自己尽量在规定的时间内完成练习任务。这样，久而久之，经过不断训练，笔译的速度便会逐渐提高，速度意识也会逐渐加强。

（五）培养翻译能力与翻译批评能力相结合原则

教师在培养学生翻译能力的同时，还要注意提高学生的翻译批评能力。批评能力是指要对别人的译作进行客观的评价，既要点评优点，也要批评缺点，还可以对错误的地方进行修正。这样做有利于学生学习他人的长处，并反思自己的错误，避免以后再犯。学生既然能够对别人的译作进行翻译批评，也就能对自己译作的优劣心知肚明了。

（六）注重实践原则

如前所述，实践性是翻译教学的一个重要特征。因此，在条件允许的情况下，学校和教师应该为学生提供机会，让学生到社会上，例如到翻译公司参与实际的翻译，体验一下实际的翻译过程。这一方面会为学生的学习增添动力，促进他们学习积极性的提高；另一方面还可以为学生走入社会、适应社会做一些认识上的准备，有利于他们毕业后更快地融入社会。总之，翻译教学绝不仅仅是技能培养课，它是一个融知识、技能、学习能力、人格塑造为一体的周密体系，这个体系绝不是封闭的，而是实践性很强的课程体系。

（七）注重文化原则

外语学习其本身就是一种跨文化交际活动，翻译学习更是如此，它要求学生必须了解不同语言国家的政治体制、经济模式、思维习惯、生活方式、风土人情、表达习惯等。所以，在翻译教学中，教师要时刻谨记这一原则，并将学生置于跨文化交际的语境之下，重点培养学生的跨文化信息转换能力，使学生切实感受到只顾语言的对应，不考虑不同国家之间的文化差异是难以达到交际目的的。

三、高职大学英语翻译教学的方法

（一）语境法

语境也就是言语环境，包括言语的宏观环境和微观环境。宏观语境是话题、场合、对象等，它使意义固定化、确切化。微观语境是词的含义搭配和语义组合，它使意义定位在特定的义项上。在翻译过程中，既要考虑宏观语境，又要考虑微观语境，两者相互结合才能确定话语意思。在翻译的过程中，译者除了利用自己的语言知识获取句子本身的意义之外，还必须根据原文语境中提供的各种信息进行思辨、推理，找出原作者的意图，以形成自己对原文意义的认知心理图示，在此基础上确定相应的译文形式，准确表达原义。

可见，翻译中的理解和表达都是在具体的语境中进行的，语义的确定、选词造句、篇章结构以及语体形式均离不开语境。因此，语境构成了正确翻译的基础，可以说语境在翻译中起着至关重要的作用。教师在指导学生翻译实践时，要求学生在充分理解原文的同时，还应该紧扣语境，并且对译文反复琢磨，使得译语表达能够密切联系语境，准确传神达意。

（二）图式法

图式简单来说就是人的头脑中关于外部世界信息的组织形式，是人们赖以认识和理解周围事物的基础。人在同世界的交往过程中认识周围的人、物体、各种事件和各种情景，就在大脑中形成了不同的模式。这样的认知模式是围绕不同的事物和情景形成的有序的知识系统。而图式就是这些知识的片段，它以相对独立的形式保存在人的大脑记忆中，对言语的理解其实就是激活大脑中相应的知识片段的过程。如果面对的新信息在我们大脑中没有现存的相类似的图式，就会对理解产生负面影响。

在具体的翻译过程中，教师可以给学生提供一些需要激活图式才能正确理解的语言材料，然后根据这些材料进行翻译。应用图式策略时，有时学生所拥有的认知图式并不一定都是对事物的正确反映，或者都已经完善，相反翻译中常常出现图式应用错误的情况，尤其是文字表达比较含蓄的时候。因此，在教学中教师既要帮助学生记忆语言形式及其功能，又要帮助他们调动相关图式，正确运用技巧弥补在字面上没有表达的意义，还要帮助他们修正或充实对事物的认知图式。

（三）推理法

推理是从已知的或假设的事实中引出结论，它经常参与许多其他的认知活动，是一种独立的思维活动。推理是文本结构的内在特征，不是译者凭借想象所做出的随意行为。译者在翻译时采用推理策略可以增加信息,把握事物之间的联系,促进言语的理解。当人们在看到要翻译的文本时,往往会根据已有的知识经验做出一系列推理,这些推理为译者提供了额外的信息,把文本中的所有内容都联系起来,使译者能充分理解每一个句子。因此,在大学英语翻译教学中,教师要有意识地给学生介绍一些常用的推理技巧,如根据逻辑指示词进行推理、从作者的暗示及上下文线索进行推理、从文本的整体结构进行推理、利用文本中的解释和定义对某些词句进行推理等。此外,这些推理理解技巧一定要和正确地识别语言结构内容紧密结合起来,否则这种推理就成了脱离文本的主观猜测。

(四)猜词法

概念能力是指在理解原文过程中对语言文字的零星信息升华为概念的能力,是原文材料的感知输入转化为最佳理解的全部过程。学生的概念能力在翻译中起重要作用。一个学生在词汇贫乏时,对词句、段落形不成概念或对关键词在原文中的含义不甚理解的情况下,得不到文字信息的反馈,就会陷入对内容的胡乱猜测。所以教师在翻译教学中要适当运用猜词策略。

翻译中的猜词方法包含以下几种:

(1)利用信号词猜测生词词义。所谓信号词,就是在上下文中起着纽带作用的词语。这些词语对猜测生词词义有时能起很大的作用。

(2)根据词的构成猜测生词词义。这是比较常用的一种方法,它要求学生掌握一定的构词法知识,特别是词根、前缀、后缀的意义。

(3)根据意义上的联系猜测词义。句子的词语或上下文之间在意义上常常有一定的联系,根据这种联系可以猜测词义。

(4)结合实例猜测生词词义。有时,在下文中给出的例子会对上文中提到的事物加以解释,此时可以结合例子中常用词猜测所要证明的生词词义。反之,也可以猜测例子中的生词含义。

(5)通过换用词语推测生词词义。在文本中常会出现使用不同的词语表达同一种意思以及难易词语交换使用的现象,据此可猜测生词词义。

（五）技巧法

教师在翻译教学中不仅要采取有效的教学方法，还要在翻译技巧上给予学生相应的指导。下文将主要讨论在翻译过程中常用的一些技巧。

1. 直译法

直译就是在符合译文语言规范的基础上，在不引起错误联想和误解的情况下，直接进行翻译的一种方法。这一方法不仅能保持原文的形似，还原原文的内容，还能很好地展现原文的形象和地方色彩。例如：

Work banishes those three great evils: boredom, vice, and poverty.

工作撵跑三个魔鬼：无聊、堕落和贫穷。

Failure is the mother of success.

失败是成功之母。

Don't lock the stable door after the horse has been stolen.

不要等到马被盗后，才去锁马厩的门。

If you wish to succeed, you should use persistence as your good friend, experience as your reference, prudence as your brother and hope as your sentry.

如果你希望成功，当以恒心为良友、以经验为参谋、以谨慎为兄弟、以希望为哨兵。

But I hated Sakamoto, and I had a feeling he'd surely lead us both to our ancestors.

但是我恨坂本，并预感到他肯定会领着咱们去见祖先。

2. 意译法

意译法是相对于直译法而言的，它是指根据原文的大意来翻译，不做逐字逐句的翻译。意译主要在原语与译语体现巨大文化差异的情况下得以应用。从跨文化语言交际和文化交流的角度来看，意译强调的是译语文化体系和原语文化体系的相对独立性。意译要求译文能正确表达原文的内容，但可以不拘泥于原文的形式。具体来说，在以下两种情况下可以使用意译法。

（1）英汉两种语言中有些表达形式虽然相似，但意义不同，如果直译容易造成误解，宜采用意译法。例如：

A: You came first! You've won the prize!

B: Really? Or are you just pulling my leg?

A: 你是第一个到的，你得奖了！

B: 真的吗？你不是在捉弄我吧？

Our pianist had fallen ill, and then, at the eleventh hour, when we thought we'd have to cancel the performance, Jill offered to replace him.

我们的钢琴演奏者病倒了，在最后关头，当我们以为不得不取消表演时，吉尔表示愿意代替他演出。

（2）当原文表达具有鲜明的民族和地方色彩，其具体形象或含义无法为译入语读者所理解时，可以采用意译，如习语、成语及典故的翻译。例如：

I can't get a job because I haven't got anywhere to live, but I can't afford a place to live until I get a job—it's a catch—22 situation.

我没有住所就找不到工作，但是没有工作就没钱租房子，这真是左右为难。

Once a year, when it comes time for tax returns, Americans find out how much of their income goes to Uncle Sam.

一年一度，所得税结账时，美国人民就会知道他们的收入中有多少是贡献给国家的。

When Charlie Chaplin married Oona O'Neil in 1943, he was 54 and she was 18. The May-December marriage so infuriated the father of the bride, famous play wright Eugene O'Neil, that he disinherited her.

卓别林与乌娜·奥尼尔在1943年结婚。那时他54岁，她18岁。新娘的父亲，即名剧作家尤金·奥尼尔，对这段年龄悬殊的婚姻大为震怒，从此跟女儿决裂，不认她了。

3. 分译法

分译法是指为了使译文的行文合乎译入语的表达习惯而将原文中个别的词、词组或句子分解开来单独译出。分译法有三种情况：词的分译、短语的分译以及句子的分译。

（1）词的分译。词的分译是指原文中的某个词中集合了两个或两个以上的语义成分，由于在译入语中找不到一个对应的词来完整地表达其全部内涵，从而将其词义进行分解，再按译入语的表达习惯分别译出。例如：

The maidservant inspected the dressing-table for dust with her hand.
女仆用手抹抹梳妆台，看看有没有灰尘。

Her wealth enables her to do everything.
她有钱，什么事都能干。

Some young people relentlessly tear at the flowers they see.
有些年轻人看见花就摘，一点也不爱惜。

And in their further disputes she always returned to this point."Get me a situation—we hate each other, and I am ready to go."
从此以后他们每吵一次架，她就会回到老话题，说道："给我找个事情，反正你恨我，我也嫌你，我愿意离开。"

（2）短语的分译。短语的分译分为短语词义的分译和短语结构的分译。其中，短语结构的分译又包括名词短语的分译、分词短语的分译和介词短语的分译。例如：

She arrived in London at a ripe moment internationally.
她来到伦敦，就国际形势来说，时机正合适。

He could not venture to approach her, or to communicate with her in writing, for his sense of peril in which her life was passed was only to be equaled by his fear of increasing it.
他不敢贸然接近她，也不敢贸然和她通信，因为他一方面深知她的处境十分危险，一方面又生怕这样做会增加她的危险。

He wrote three books in the first two years, a record never touched before.

他头两年写了三本书,打破了以往的纪录。

Our power increased with our number.

我们人数增加了,力量也随之增强。

(3)句子的分译。句子的分译多指长句的分译,即把一个由多个成分盘根错节地组合而成的长句分译成若干个较短的句子,使表达尽量符合译入语的行文习惯和译入语读者的审美情趣。有时,如果将英语长句原封不动地照翻过来,会违背汉语的行文规范,使译文显得冗长乏味,有时甚至令人感到费解,不知所云。此时,往往需要进行分译。例如:

The real challenge is how to create systems with many components that can work together and change, merging the physical world with the digital world.

我们所面临的真正挑战是如何建立这样一个系统,它们虽由很多成分组成,但可互相兼容,交换使用,从而把物质世界与数字世界融为一体。

Her failure to observe the safety regulations resulted in an accident to the machinery.

因为她没有遵守安全规则,机器出了故障。

He used to tell a story about an elderly woman who was looking very sad. He inquired the cause of her melancholy and she said that she had just parted from her two daughters.

他过去常常说起一位老太太的故事。他见她愁容满面,就问起她闷闷不乐的原因。她说那是因为她刚同两个女儿分开。

What can easily be seen in her poems are her imagery and originality, power and range.

她的诗作形象生动,独具一格,而且气势磅礴,题材广泛。这些是显而易见的。

4. 反译法

由于英汉两种语言表达否定意义时在形式上存在差异，因此翻译时就有必要采用反译法。所谓反译，就是指将原文的肯定形式译成否定形式或者把否定形式译成肯定形式，反译的目的是在保持原文内容不变的情况下，使译文的表述尽量符合译入语读者的思维习惯。反译法包括两个方向的互相转变：一是正话反说，即把肯定形式译成否定形式；二是反话正说，即把否定形式译成肯定形式。

（1）正话反说。由于英汉两种语言和思维方式之间的差异，英语中由肯定形式表达的句子在汉语中找不到与之对应的表达形式，因此翻译时有时要转换成否定形式，才符合汉语的表达习惯，反之亦然。例如：

I was more annoyed rather than worried.
我与其说是着急，不如说是恼火。

The value of loss is so small that we can overlook it.
损耗值很小，我们可以忽略不计。

We had no sooner got home than it began to rain.
我们刚到家就开始下雨了。

（2）反话正说。英语中有些否定形式，翻译成汉语时也找不到与之对应的表达形式，只有在把它转换成肯定形式后才符合汉语的思维习惯。例如：

Sunlight is no less necessary than fresh air to a healthy condition of body.
阳光和新鲜空气一样对身体的健康是必要的。

You will never fail to be moved by the romance of the love story.
你一定会被那浪漫的爱情故事所感动。

5. 释义法

释义是指舍弃原文中的具体形象，直接解释出原文的意思。当原文中的某个词语在译入语中无法找到与之相对应的词语，而运用其他译法又无法准确翻译时，便可考虑放弃原文的表面形式而尝试释义法。

　　运用释义法是为了使译文在风格上保持前后一致，避免机械翻译该词在译文中所产生的格格不入感和突兀感。采用释义法进行翻译时，尤其要注意两点：一是释义要准确，要有根有据，不能胡乱解释；二是应保持译文行文简洁，不能把译文搞得拖沓臃肿。例如：

　　Clearly a tug of war over key policies continues between the pragmatic and ideological camps.

　　不言而喻，注重务实的和强调意识形态的两大营垒还会在重大政策上争吵不休。

　　上述句子中的 tug of war 本意为"拔河"，此处指"双方势均力敌，争吵不休"，如果采用直译"拔河"显然不妥，因此采用释义法。

　　Our son must go to school. He must break out of the pot that holds us in.

　　我们的儿子一定得上学，一定要出人头地。

　　上例中的 break out of the pot that holds us in 重意不重形，译为"出人头地"比译为"打破这个把我们关在里面的罐子"意思来得明白简洁。

　　She scolded her maid and was as cross as two sticks.

　　她骂自己的女仆，而且脾气非常不好。

　　上例的 as cross as two sticks 如果直译为"像两根棍子一样暴躁"，会让人不知所云，因此必须采用释义法。

　　A red light for scofflaws.

　　玩忽法令之风不可长！

　　上例中的 red light 本意是红灯，指停车信号、危险信号。本句意在表明美国社会中蔑视法令的现象已经到了触目惊心的地步，必须采取措施加以制止。因此，译成"玩忽法令之风不可长"言简意赅，令人一目了然。

　　This man is the black sheep of the family.

　　这个人是家庭中的害群之马。

　　Early Reagan was a mirror image of early Carter.

　　里根上台时在做法上跟执政初期的卡特毫无二致。

上两例中的 black sheep 和 mirror image 若译成"黑羊"和"镜子形象",会让中国读者不知所云,所以采用了释义法。

6. 套译法

严格来说,套译也可视为意译的一种。英汉两种语言用不同的形式表达相同或相近的含义时,可以按照译入语的表达习惯进行套用或套译,以便于译文读者接受。例如:

Where there's smoke there's fire.
无风不起浪。
One boy is a boy, two boys half a boy, three boys no boy.
一个和尚挑水吃,两个和尚抬水吃,三个和尚没水吃。
Want me to marry a person of his sort? Till pigs can fly.
想让我嫁给他那号人?除非太阳打西边出来。

此外,不同的文化背景下,人们可能用不同的动物形象来表达相同或相近的比喻意义。这时也可以使用套译法。例如:

gild/paint the lily 画蛇添足

love me, love my dog 爱屋及乌

let the cat out of the bag 露出马脚

as close as an oyster 守口如瓶

又如,在西方国家,狮子被认为是动物之首,代表权力、尊严和高贵;而在中国,老虎则是动物之王。在中国,"牛"是一种强壮而普遍使用的动物,也是农民田间工作的好帮手;而在英国,"马"则扮演着相同或相似的角色。需要指出的是,套译法的使用范围非常有限,只有当我们对不同国家的习语都非常了解的时候才能够灵活自如地加以运用。

7. 英汉同义法

在古老文明的汉语文化中,有一些在意义上、形象上、表意形式上与英语谚语相同或基本相同的汉语谚语。这是因为,各民族之间通

过文化交流,一些外来语被汉语吸收和消化,使之成为汉语语言的一部分。还可能由于人们在社会生活、劳动实践中对同一事物或现象所产生的相同感受和理解,反映到谚语中便出现了英汉谚语中的"巧合"现象。此时就可以采用英汉同义这种方法进行翻译。英汉同义法要求译者不仅能准确地理解原文的意思,还要有较深厚的文学功底,掌握一定数量的中、英文谚语,并能熟练地运用这些谚语。例如:

burn one's boats 破釜沉舟

add fuel to the flames/pour oil on the flames 火上浇油

go through fire and water 赴汤蹈火

great minds think alike 英雄所见略同

strike while the iron is hot 趁热打铁

综上所述,在日常的翻译教学中,教师只有不断寻找更好的英语翻译教学策略与技巧,并对学生进行有步骤、有计划的引导,才能使他们迅速吸收和掌握知识及方法,提高翻译水平。

8. 综合法

所谓综合法,其实是直译和意译的结合,即兼用直译和意译。实际上,直译和意译总是同时出现在译文中,其目的是更好地表达原文的思想和风格。例如:

John was upsetting the other children, so I showed him the door.

约翰一直在扰乱别的孩子,我就把他撵了出去。

这是在一个句子中同时兼顾直译法和意译法处理的译例。前一部分为直译,后一部分为意译。如果将后者 so I showed her the door 直译为"我把他带到门口"或"我把门指引给他",都不能准确表达原意。

第四章
高职大学英语文化教学

　　语言是文化的载体，是文化的主要表现形式，也是文化的组成部分，对文化起着重要作用。同时，语言又受到文化的影响，反映文化。语言教学必须包含文化教学，学习语言的过程就是了解和掌握该语言的文化知识的过程。就英语学习而言，学习英语的过程就是对英语国家文化知识了解和掌握的过程。对英语国家文化知识掌握程度的高低直接影响着一个人的英语使用能力。因此，我们在大学英语教学中要注重文化教学，特别是要重视培养学生的交际文化素质，才能使我国的英语人才能够在各种跨文化交际场合进行有效、得体的交际沟通，满足当前社会发展的需要。本章将介绍大学英语文化教学的相关知识。

第一节　高职大学英语文化教学简述

　　语言与文化的关系密不可分。因此，教师在英语教学中不仅要向学生传授语言基础知识、语言技能，还必须重视文化教学，使学生了解和掌握相关英语文化知识。只有这样，学生才有可能真正学会一种语言。本节将对大学英语文化教学的定义、内涵、理论基础等进行介绍，并对文化教学的必要性以及我国大学英语文化教学的现状进行分析。

一、文化教学的定义

（一）文化的定义

语言的本质差异就是文化差异，要了解和掌握两种文化之间的差异，首先要从文化谈起。因此，首先探讨文化的定义。

关于文化的定义，人们有诸多不同的观点，可谓众说纷纭，莫衷一是。到目前为止，关于文化的定义已经有 200 多种，但我们不能因此而对文化定义问题"绕道而行"。要研究文化教育，要进行有效的文化教学，就有必要对文化定义进行梳理和分析。我们不妨从众多定义中抽取一些有代表性的观点来认识"文化"一词的定义。

在西方，"文化"一词最初源于拉丁文 cultura，是动词 colere 的分词形式，其意义是"垦殖、耕种、居住、崇拜、保护"。在英语中，"文化"（culture）曾经被用来指"犁"（ploughs），不过这往往是指一个过程，而并非一个工具。最初，这一个过程是指农耕，即耕地，后来被引用为培养人的技能、品质。后来，这个单词进一步转义，由活动转喻为物体，从过程转喻为资源、产品、模式。直到 18 世纪，"文化"这一概念在西方思想史上才首次获得重要转义，被解释为"心灵的普遍状态和习惯""整个社会里知识发展的普遍状态""各种艺术的普遍状态"。

目前，学术界一致认为，英国人类学家爱德华·泰勒（Edward Burnett Tylor）是第一个在文化定义上具有重要影响的人。1871 年，他在《原始文化》一书中提出，文化就其广泛的民族学意义来讲，是一个复合整体，包括了知识、信仰、艺术、道德、法律、习俗以及作为一个社会成员的人所习得的其他一切能力和习惯。这一定义不仅列举了文化的重要内容，而且把文化看作一个多层面的整体，对文化研究具有十分重要的影响。

泰勒对文化的定义是经典性的，成为文化定义的起源。不过，后人对这个定义褒贬不一，并不断提出新的观点。下文将介绍一些后来学者所提出的文化定义。

美国社会学家伊恩·罗伯逊（Ian Robertson）认为，"对于社会学家而言，文化包括大家享有的全部人类社会产品。这些产品可以分为基本的两大类：物质的和非物质的。物质文化包括一切由人类创造出来的并赋予它意义的人工制品或物体——轮子、衣服、学校、工厂、书籍、宇宙飞船、图腾柱。非物质文化则由比较抽象的创造物组成——语言、思想、信仰、风俗、神话、技能、家庭模式、政治态度。"

从事交际研究的萨姆瓦（Larry A. Samovar）等人（1997）认为，文化是指经过若干个世纪个人与集团的努力，被大多数人所继承的知识、经验、信念、价值观、态度、意义、阶级、宗教、时间观念、角色分工、空间的运用、世界观、物质财富等的总体。文化表现在居住于特定社会的人们的日常行为中；表现在作为交际形态的行为方式中；还表现在所使用的语言当中。在这个定义中，包括了"时间观念""空间的运用""行为方式"等交际中的重要内容。

美国学者恩伯夫妇（C. Ember & M. Ember）认为，"文化可以定义为被一个集团所普遍享有的，通过学习得来的观念、价值观和行为。"

莫兰（Moran，2004）提出了文化产品、文化实践、文化观念、文化个体、文化社群五个文化要素。其中，文化产品属于文化物理层面的内容，是由文化社群以及文化个体创造或采纳的文化实体；文化实践指文化社群中文化个体之间的交际行为，包括语言交际和非语言交际以及与社群和产品使用有关的所有行为；文化观念反映人们的认识、信念、价值和态度，左右人们的文化交际行为和文化产品的创造；文化个体的所有文化实践行为都是在一定的文化社群中发生的；文化社群包括社会环境和群体，从广义的民族文化、语言、宗教到具体的社会团体、家庭等。在提出五个文化要素的基础上，莫兰将文化定义为：文化是人类群体不断演进的生活方式，包含一套共有的生活实践体系，这一体系与一系列共有的文化产品相关，以一套共有的世界观念为基础，并置于特定的社会情境之中。

"文化"一词最初在古汉语中出现时，它还没有获得今天我们对其所赋予的含义。在汉语中，"文化"一词最初见于汉代的《说苑·指武》。

该文中说道:"文化不改,然后加诛。"这里的"文化"与"武功"相对,有文治教化的意义,表达的是一种治理社会的方法和主张。

钱穆先生说文化即是人类生活之大整体,汇集起人类生活之全体即是文化。

张岱年和方克立认为凡是超越本能的、人类有意识地作用于自然界和社会的一切活动及其结果,都属于文化;或者说,"自然的人化"即是文化。张岱年和程宜山给文化下了这样一个定义:"文化是人类在处理人与世界关系中所采取的精神活动实践活动的方式及其所创造出来的物质和精神成果的总和,是活动方式与活动成果的辩证统一。"

综合以上中外学者对文化所下的众多定义,我们可以将它们分为以下两大类。

(1)指人类创造活动的一切,即物质生产活动和精神生产活动所创造的一切成果,那就是广义的文化。从这个意义上讲,文化实质上是一种"人化",是人类改造自然和社会而逐步实现自身价值观念的过程,代表的是人类独有的不同于动物的生活方式。

(2)指精神创造活动及其结果,那就是狭义的文化。比如,美国《哥伦比亚百科全书》这样定义"文化":在社会中习得的一整套价值观、信念和行为规则,它们规定了一定社团中可接受的行为范围。

我国权威辞书《辞海》在对"文化"一词释义时,综合了以上两种说法,即:就广义而言,文化是指人类社会历史实践过程中所创造的物质财富以及精神财富的总和。就狭义来说,文化是指社会的意识形态以及与之相适应的制度以及组织机构。

(二)文化教学的内涵

外语教学中的文化教学是指在外语教学中将语言教学与该国的国情、文化知识及语言所包含的文化背景知识融为一体的教学形式与方法。文化教学不仅指与人们交际或与外语教学有关的文化知识的传授,而且包括研究两种语言文化的相同之处和差异之处,培养学生对文化差异较高层次的敏感性,并将其用于实际的跨文化交际中,从而实现交际能力的提高。

我国的《高职高专英语课程标准》明确提出：要拓宽学生的文化视野，发展学生的跨文化交际意识和基本的跨文化交际能力。可见，文化意识得到了国家教育部门的高度重视，不但被列入英语教学的内容标准和目标要求，而且在目标描述和内容标准中详细描述了文化意识的具体内容。

文化意识是指学习者对目标语文化的社会规约、价值观、信念等的知晓。根据人们对文化的知晓程度，文化意识可以分为四个层次：在第一层次，学习者对于明显的文化特征虽然有所了解，但认为它奇特不可理解。在第二个层次，通过文化冲突，学习者了解到与自己文化明显不同的某些有意义、微妙的文化特征，但是，仍然不理解。在第三个层次，学习者通过理性的分析，了解那些微妙、有意义的文化特征，并从认知的角度认为可以理解。在第四个层次，学习者通过深入体验所学语言的文化，学会设身处地地从目标语文化的视角看问题，达到视其所视、感其所感的理解。

根据文化意识所划分的四个层次，文化教学应该包括以下两个层面。

（1）文化知识。文化知识是指学习者需要了解的有关语言文化的知识。包括衣食住行、风俗习惯、生活方式、行为规范等知识，具体如教材或其他学习资源中出现的人物、历史、地理、文学、风俗、艺术等知识。文化涉及的内容很广，因此文化知识也纷繁复杂。学生的文化知识，简单来说，就是对某种文化现象的知晓。

（2）文化理解。20世纪90年代，外语教学界在提出了文化知识传授的基础上，对外语教学提出了进一步的要求，即文化理解。文化理解是指学生对中外文化及其差异的理解过程或理解能力（陈琳等，2003），它主要指以下两个方面的问题。

一是对具体的、个别的文化知识或文化现象进行理解，了解文化知识或文化现象的背景、渊源、文化含义、宗教含义等，并了解该文化知识或现象所反映或所代表的道德观、价值观、人生观等。

二是把文化看成是一种客观存在。文化没有好坏之分，但是在每一种文化中精华与糟粕并存。我们没有必要去对文化评头论足，但是可以并且有必要有选择地传授文化知识。一方面，我们要采取一种客观的、宽容的态度对待异国文化，避免拒绝任何异国文化的狭隘的民族主义态度，避免用我们自己的文化、道德、价值观作为标准去衡量、评判异国文化；另一方面，在学习异国文化的同时，还要坚持自己的优秀文化传统，避免盲目地追随、模仿异国文化，还要比较两种文化的异同，使自己在跨文化交际中能恰当地、得体地进行交际。

通过以上两方面文化理解的问题可以得知，在文化教学的过程中，一方面，教师要引导学生正确地理解外国文化现象、文化知识，即既把外国文化视为与本国文化相平等的主体，又要承认两者之间的差异，同时要认识到对文化的理解没有绝对的答案，学生可以有不同的理解。另一方面，教师要让学生认识到，本国的文化知识是理解外国文化的基础，如果学生对本国文化缺乏认识，就很难在英语文化教学中做到文化理解。有的人认为，只有正确理解外国文化，才能理解外语并恰当地、得体地使用外语，因而学习外语与本国文化没有关系。实际上，在文化教学中，能否正确理解外语并恰当、得体地使用外语，在很大程度上取决于对本国文化与外国文化的差异的了解程度。因为了解本国文化不但能够帮助我们更加深刻地理解外国文化，提高对外国文化的鉴赏能力，而且可以使我们更准确、深刻地认识两者的异同，最终达到提高对外国文化的敏感度的目的。

综上所述，文化理解是指在文化学习的过程中理解其内涵，然后转化成自己的行为举止，建立起文化意识。所以，掌握文化知识仅仅是学习文化的开始。文化教学应该以提高学习者的交际能力为目标，从掌握文化知识开始，培养文化意识，最终达到文化理解。

二、文化教学的理论基础

（一）建构主义学习理论

20世纪90年代，建构主义学习理论开始在西方逐渐流行。皮亚杰

（Piaget）关于儿童的认知发展理论，即活动内化论，首先对建构主义学习理论的出现产生影响。在皮亚杰看来，知识既不是客观的，也不是主观的，而是个体在与环境发生交互作用的过程中逐渐建构的结果。换句话说，皮亚杰认为学习是一种自我建构。与皮亚杰不同，维果斯基（Vygotsky）认为学习是一种社会建构。他强调学习者所处的社会文化历史背景在认知过程中的作用，重视活动和社会交往在人的心理机能发展中的地位。建构主义学习理论包括了皮亚杰的自我建构理论和维果斯基的社会建构理论。

建构主义者莫雷（Murray）根据以上理论提出，学习过程是在教师或其他人的帮助下，通过独特的信息加工活动，建构自己的意义过程。学习者在建构新的理解时，是以自己已有的经验为基础，通过与外界的相互作用来完成的。

（二）文化输入理论

美国语言学家克拉申（Krashen）所提出的语言输入假说是语言习得理论的核心部分，也是文化教学的理论基础。克拉申认为，只有当学习者接触到可接触的语言输入时，即获得略高于其现有的语言水平的语言输入时，并且他能够把注意力集中到对意义的理解或者对信息的理解而不是对形式的理解时，他才能够习得语言。这就是克拉申所提出的 i+1 公式。在 i+1 公式中，i 代表习得者的水平，而 1 代表略高于习得者现有水平的语言材料。

文化因素是语言教学中不可缺少的一部分。将文化因素导入外语教学中，不但可以使语言学习者熟悉目的语的文化，同时可以缩小学习者对目的语文化所持有的社会心理距离，而且可以使语言学习者对目的语文化产生一种亲和力、认同感。文化输入理论表明，学生对目的语文化的态度对其语言学习效果有着重要影响，而学生对目的语态度的形成受到目的语文化的影响。由此可见，文化输入能够帮助学生更有效地学习语言。

三、文化教学的重要性

（一）文化教学是语言教学的一部分

文化教学是英语教学的重要内容之一。传统的英语教学包括四个方面的基本内容，即语音、语法、词汇、修辞。这也是英语语言的四大要素，同时也是我国英语教学的中心任务。但是，仅仅掌握以上四个方面的内容只是掌握了语言的部分内容，并非掌握了语言的全部内容。这是因为语言与文化紧密相连，密不可分。

任何语言都是某种文化的反映，语言作为文化的载体，是文化的一部分，是文化的传播工具，有着丰富的文化内涵。英语也不例外。学生如果仅仅学会英语的语音、语法、词汇、修辞，却对英语语言所承载的文化缺乏了解，就很难完全理解、正确使用英语。因为语言是文化的产物，又是文化的一种表现形式，语言的使用一定得遵循文化的规则。换句话说，文化决定思维，文化决定语言的表达方式。

综上所述，语言与文化是密不可分的，两者相互影响、相互作用。语言渗透于文化的各个层面，是文化不可分割的一部分，因此语言的学习不可能脱离文化而单独进行，外语教学从某种程度上讲就是文化教学。

（二）文化教学是实现跨文化交际的关键

英语教学的最终目的是发展学生的英语交际能力。近年来，随着我国与世界各国之间的关系日益密切，英语的作用也日渐突出，社会对英语人才的需要也变得十分迫切。在这种形势下，教师在英语教学中，不仅要向学生传授语音、词汇、语法等基础语言知识，培养学生的听、说、读、写、译能力，还要向学生传授英语的背景文化知识，包括历史、地理、风俗习惯等，特别是要引导学生了解中英文化的差异，最终培养学生的跨文化交际能力。

(三) 文化教学是素质教育的重要组成部分

在不同的时代，社会对外语人才的要求会有所不同，因此不同时代的外语教学要求也会有所不同。21世纪，英语教学的趋势是培养学生的综合素质。从某种意义上来说，学习一种新的语言，就是掌握一种新的交际技能，也是了解一种新的民族文化。学生通过对中西方文化的对比、分析，不仅能够比较客观、全面地认识英语文化的要素，而且能以新的洞察力重新审视、认识本民族文化，进而在国际交往中做到知己知彼。只有这样，学生才能具备较强的国际理解力和国际竞争力，才能在经济建设中起到桥梁沟通作用，积极有效地推进我国与世界各国之间的交流与合作，促进我国的社会发展。

此外，教师在英语教学中进行文化教学时，还应注意平衡地介绍中外文化。既要介绍西方文化中优秀的文化，也不能忽视自己民族文化中的精粹，而且通过学习国外文化，应该对自己民族的文化有更深刻的认识。这样，学生将来不仅能适应国外的文化环境，更能把本民族中的优秀文化传统介绍到国外，促进国际文化交流，为世界文化的繁荣发展做出贡献。

(四) 文化教学是促进国际交流和合作的需要

外语教学的根本目的是与不同文化背景的人进行交流，促进、加强中国与其他国家的对话与合作。在全球经济一体化的今天，文化领域的相互交融也不容忽视。因此，提高学生的外语交际能力，既是中国国民经济发展的迫切需求，也是中国教育改革的一项紧迫任务。所以，我们需要认识到，外语教学是跨文化教学的一环，应该把语言、文化、社会视为一个密不可分的整体，并在教学大纲、教材、课堂教学、语言测试、课外活动中全面反映出来。

四、我国高职大学英语文化教学的现状分析

近年来，随着我国与世界各国之间的联系越来越密切，跨文化交

流变得越来越重要，英语教学领域也越来越重视文化教学。然而，我国高职大学英语文化教学仍然存在种种不容乐观的现象。

（一）教师的文化教学意识淡薄

现代英语教学以培养跨文化交际能力为目的，这对英语教师的素质提出了很高的要求。教师是英语文化教学能否落实到位的关键因素。有效的文化教学要求教师不仅要有深厚的语言功底，还要学贯中西。但是，我国传统的英语教学显然忽视了教师对文化教学的重要影响。虽然目前我国的大多数英语教师都是毕业于英语专业，但由于种种原因，文化功底普遍比较薄弱，文化教学意识也比较淡薄。其中原因主要包括以下两个方面。

（1）我国大多数教师本身所受的教育就是传统的英语教育，即单纯的"骨架"知识教育，因此导致教师的教学观念存在偏误。在英语教学中，大多数教师只重视语言形式的正确性，很少涉及如何得体地运用语言形式，对英语文化知识的介绍更是少之又少。有些教师虽然也介绍一些英语文化知识，但只是随心所欲地介绍一些，点到即止，缺乏系统性和条理性；有些老师担心文化教学会加重学生的负担，因此不愿把紧张而宝贵的时间花在文化教学上，放弃了文化教学；有些教师认为只要学生记住单词、句型、语法等语言知识就够了，没必要教授英语文化知识；有些教师认为学生学习英语就是学习英语语言系统成分的正确用法，学生在此基础上自然会掌握实际应用语言的能力，因而忽视了语言的得体性和社会环境等重要因素在交际中所起的作用，忽视了英语文化教学。

（2）我国的大多数英语教师作为非母语学习者，缺少英语学习的大环境，已经掌握的跨文化知识零散琐碎。另外，很多教师教学任务繁重，没有很多的时间和精力进行教学研究。因此，教师本身拥有的文化知识有限，没有意识到英语文化知识对英语学习的重要性，自然也不会在英语教学中重视英语文化教学。

（二）学生的学习主动性不足

在我国传统的英语教学中，由于长期传统教学模式的影响，很多学生过分依赖英语教师，缺乏学习的自主性、目的性。教师教什么，学生就学什么；教师不教的，学生就不学。可见，在传统的实际教学活动中，以教师为主导，学生为主体的教学模式没有得以充分体现；学生在课堂教学活动中缺乏主动性，习惯于教师的灌输式教学，极少主动翻阅相关文化知识书籍。

可见，学生受传统教学方式的影响而不善于、不积极或不方便获取相关文化的知识，是造成我国英语文化教学效果差强人意的一个重要原因。因此，要有效进行英语文化教学，学习西方文化，首先要改善我们的英语课堂气氛，提高英语课堂的文化教学效果。有关调查显示，大多数学生认为观看原版电影以及同外国人直接进行交流是学习西方文化最好的办法。但大多数中国学生不具备同外国人直接进行交流的条件，因而电影欣赏便成为学生接触西方文化及输入西方文化的主要渠道。

（三）受到教材内容的限制

教材是英语教学的依据，因此我国的英语教学对英语文化教学的忽视，与英语教材不无关系。目前，我国所使用的教材中说明性、科技性较强的文章所占比重较大，大多为"骨架"知识，忽视了语言形式的文化意义。教材中涉及英语文化，特别是关于英语国家伦理价值、思维方式、民族心理等精神层面文化的材料较少。可见，我国一些英语教材内容从某种程度上限制了我国的英语文化教学。这使学生在学习英语时对非语言形式中的一些西方文化因素，如生活习俗、社会准则、价值观念、思维特征等了解不够。而教材的文化内容有限，主要是由于我国目前的教学实践功利色彩浓重，片面追求学生书面语言能力（尤其是书面应试能力）的提高，忽略了文化因素在语言教学中的重要性。例如，外语教学与研究出版社出版的《新视野大学英语》各单元的主题中，直接与文化有关的仅有五个单元，它们是：第二册的 Unit 1 和 Unit 4，以及第三册的 Unit 3，Unit 4 和 Unit 7，而这套大学英语教材从第一册到第四册共有 40 个单元，有关文化的材料仅占 12.5%。因此，教材的限制使学生很少触及英语文化中的行为原则和准则，造成跨文化交际能力培养的收效甚微。

（四）文化教学内容具有片面性

尽管一些英语教师在英语教学中加入了一些文化背景介绍，认为这就是文化教学。但是实际上，文化教学内容涉及面广，内容纷繁复杂，因此，我们不可能把文化的方方面面都包含在英语教学中。在英语教学中，教授学生如何在特定的文化情境中得体地使用英语进行交流，是一种易于操作的文化教学方法。但是此种方法灌输性强，而启发性比较弱。因此，即使通过此种方法使学生获得了有关的文化知识，由于真实的跨文化情境要比刻板的知识复杂得多，因而在面对具体的交际时，学生自己已经掌握的概括化、刻板化的文化特征以及行为规范等往往不能保证跨文化交际的成功。

（五）应试教育严重阻碍了文化教学的发展

我国的大学英语四、六级考试以及高职高专的 A、B 级考试是衡量英语教学的重要标准。不可否认，这些考试对促进大学英语教学有十分重要的作用，因而其存在是十分必要的。但是，也必须承认，这些考试缺乏对英语文化知识的考核。实际上，不仅仅是四、六级以 A、B 级考试忽视对英语文化知识的考核，大学英语的其他考试也是如此，只注重英语语言知识的考核，忽略英语文化知识的考核。目前，我国的英语教学普遍存在应试教育问题，素质教育被应试教育所代替，文化教学被忽视。

第二节 高职大学英语文化教学的目标与内容

大学英语文化教学的目标与内容对文化教学的开展有重要的指导意义，对文化教学的效果也有重要影响。下文将介绍大学英语文化教学的目标和内容。

一、文化教学的目标

（一）国外外语教学中的文化教学目标的界定

文化教学目标对文化教学有着重要的指导作用，因此许多学者对文化教学的目标进行了深入研究，从而有力地促进了文化教学的理论研究和教学实践的发展。下文将简单介绍部分学者对文化教学目标的界定。

1. 拉多的观点

拉多（Lado）指出，文化教学有着不同的目的，主要包括以下几种：作为整体素质教育的一部分；为了阅读文学著作；服务于国际交流；为了采纳一种民族共同语；为了阅读科技文献。

2. 西利的观点

西利（Seelye）在总结前人观点的基础上，提出了文化教学的"超目标"，即文化教学的目标是培养全体学生的文化理解力、态度和技巧，使学生能在出现文化障碍时在目的语社会中得体地进行语言交际。为了具体阐述自己的观点，西利在 *Teaching Culture* 一书中提出了旨在提高学生跨文化交际技能的文化教学目标。

3. 托马林和斯特姆斯的观点

托马林和斯特姆斯（Tomalin & Stempleski）认为，目的语文化的学习是外语教学大纲中的一个重要部分。同时，他们还认为人类的文化虽然各不相同，但仍然存在共同之处。所以，托马林和斯特姆斯在研究西利所提出的文化教学目标的基础上，对西利所提出的教学目标进行了补充，提出文化教学的目标应该体现在以下几方面。

（1）使学生逐渐增强对目的语中的单词、词组在文化内涵上的了解。

（2）使学生逐渐意识到人们的行为都无一例外地受到有关文化的影响。

（3）使学生逐渐意识到人们的言行受到年龄、性别、社会阶层和居住环境等可变因素的影响。

（4）激发学生对目的语文化的求知欲，并鼓励他们与该文化的人们有所共鸣。

（5）使学生进一步了解目的语文化在通常情况下的常规行为。

（6）使学生掌握必要的查获、整理有关目的语文化信息的技巧。

（7）提高学生用实例对目的语文化进行评价、完善的能力。

值得一提的是，托马林和斯特姆斯不仅提出了以上文化教学目标，而且针对教师缺少适合文化教学的教材这一问题，为语言教师提供了生动、有趣、能调动学生积极性的教学材料，促进了文化教学的发展。

4. 莫兰的观点

与其他学者相比，莫兰（Morin）更强调文化教学的语言基础以及发展变化。他认为，跨文化教育与外语教学有所不同，跨文化教育应该包括对外国文化的学习等教学目标，而外语教学中的文化教学应该只是以引导学生理解外国文化为目标。但是，在外语教学中，为了让学生能够深刻地理解、体会外国文化，学生必须首先具备一定的语言水平。所以，外语教学中的文化教学应该以语言教学为基础。另外，综合教育的社会取向和个人取向，将个人的文化学习以及社会变迁都规定为文化教学的结果。

由以上学者所提出的文化教学的观点可以看出，文化教学的目标并不是一成不变的，而是不断发展变化的。从这些发展中的教学目标，我们可以总结出外语教学中文化教学的最终目的：增强学生对外语文化和母语文化之间的差异的认识，丰富学生外语学习的经历，帮助学生突破母语特定文化交际的模式、范围，从而培养学生对外语文化规约的认同态度以及尊重的态度，帮助学生在交际中实现从适应过渡到跨越，进而实现超越的跨文化交际过程。

（二）大学英语文化教学的目标

1. 我国学者对文化教学目标的研究

我国众多学者也对我国的外语文化教学的目标进行了研究。下文将对其中几位学者的观点进行介绍。

胡文仲、高一虹指出，对于我国广大学生而言，外语教育的目的不仅仅是工具性的，也不仅仅是为了学会应付生存的交际技能，更不是为了将中国学生变成西方人，而是从总体上提高学生的社会文化能力。胡文仲、高一虹把外语教学的目的分为微观、中观和宏观三个层面。其中，微观层面的外语教学的目的是交际能力；而宏观层面的外语教学的目标是社会文化能力，即运用已掌握的知识、技能对社会文化信息进行有效的加工，使学生的人格更加完整，潜能得到更充分的发挥。其中，社会文化能力具体又由语言能力、语用能力与扬弃贯通能力组成。

为了具体阐明文化教学与学生人格之间的关系，高一虹在《语言文化差异的认识与超越》中进一步指出，培养学生的跨文化交际能力，应该以人的建设为根本，以人格的基本取向为目标。她认为，人格的培养应该通过具体的教学或训练内容、材料、活动来进行，而不应该是空洞枯燥的道德说教。另外，在她看来，"是什么"和"成为什么"远比"了解什么"和"做什么"重要，也即"道高于器"。总之，高一虹坚持认为，文化教学重要的是将跨文化能力与人的素质培养这一整体教育目标有机地结合起来。

张伊娜在《外语教育中跨文化教学的重点及其内涵》中也阐述了与高一虹相类似的观点。张伊娜认为，工具观的文化教学重点主要在于扫除那些语言理解困难的文化障碍，而忽略了对形成价值观念取向影响至深的文化命题。因此，张伊娜提出应把文化教学从狭隘的工具观中解放出来，并将其上升为外语教育培养目标的组成部分，从而在文化教学中帮助学生在学习、掌握外语的同时形成符合时代和社会要求的世界观、价值观和价值体系。

除了强调文化教学与培养学生人格、价值观的关系外，学者们还指出应培养学生在真实的交际中、在理解和运用的基础上的创新能力。陈申在《外语教育中的文化教学》中提出，文化教学的目标应该是培养学生的文化创造力。他认为，文化创造力是指外语学习者在跨文化交际的实践中，掌握、运用外国语言文化知识，并与本国文化相互作用而产生的一种创新能力。文化创造力是学生的一种能动性，一种主动从外国文化的源泉中摄取新东西的能力。另外，陈申还从语言与文化的关系之间存在动态发展的观点出发，认为从长远的角度看，文化教学除了是语言教学的目标，更是帮助学生获取文化创造力的手段。

综观我国学者对文化教学目标的界定，可以看出学者们已达成以下共识：外语教学中的文化教学不是除了听、说、读、写、译等技巧以外可有可无的另一种技巧，而是对语言学习有着重要影响的学习内容。同时，学者们以广阔的社会为着眼点，把文化教学与学生综合素质的提高结合起来，认为文化教学的目的绝不仅仅是帮助学生掌握一门外语，更重要的是帮助学生形成正确的世界观和人生观，适应世界的发展。

2. 我国大学英语专业的文化教学目标

我国2000年版本的《高等学校英语专业英语教学大纲》在教学要求上按级划分，每学期为一级。其中，教学要求中的文化教学目标如下。

（1）入学要求：对中国文化有一定的了解；有较扎实的汉语基本

功；对英美等英语国家的地理、历史和发展现状有一定的了解；掌握基本的数理化知识。

（2）二至八级的要求：熟悉中国文化传统，具有一定的艺术修养；熟悉英语国家的地理、历史、发展现状、文化传统、风俗习惯；具有较多的人文知识和科技知识；具有较强的汉语口头和书面表达能力；具有较强的创新意识和一定的创新能力。

二、文化教学的内容

（一）国外外语教学的文化教学内容研究

国外众多学者对外语教学中的文化教学进行了深入研究，并取得了诸多研究成果。下文将对一些主要的研究成果进行简单介绍。

1. 弗赖斯的观点

20 世纪 40 年代以来，弗赖斯（Fries）及其学生拉多等就对文化在语言教学中的作用做过不少论述。弗赖斯从语言教学的角度出发，主张在外语教学中加入文化内容。他还提出，有关民族的文化和生活情况的文化教学内容绝不仅仅是实用语言课的附加成分，也不是与语言教学总目的全然无关的事情，而是语言学习各个阶段中不可或缺的部分。

2. 拉多的观点

拉多（Lado）认为，语言是文化的一部分，如果不掌握文化背景，就不可能教好语言，不懂得文化的模式、准则，就不能真正学到语言，当然也就不能真正学会使用英语正确、得体地进行交际活动。根据文化教学的不同目的，拉多把文化教学内容分为以下三个部分。

（1）初级意义单位，这些单位因文化和语言的不同而不同，教师在此部分应当传授文化内容以及所选词汇和成语的隐含意义。

（2）虚假定式，即关于目的语文化的定型刻板印象，如果本族人对目的语文化的形象是虚假定式,教师应当用正确的信息替代它们。

(3)伟大成就,使学习者用自己的眼睛看到目的语文化成员心目中的英雄,这样学习者才可以真正学好一门语言。

3. 海姆斯的观点

随着交际法的兴起,海姆斯(Hymes)在乔姆斯基(Chomesky)提出的"语言能力"这一概念的基础上,发展提出了"交际能力"这一新概念。根据海姆斯的观点,交际能力除了包括语言形式规则,还包括语言使用的社会文化规则。由于交际教学法主张依照语言的内容来安排教学,而不是依照语言的结构,因此交际法有利于自然而然地将社会文化因素融入教学活动。这样,学生在练习交际的过程中,往往自行领悟行为中的社会文化规则,即交际文化。

跨文化交际学的兴起,使越来越多的专家认识到外语教学的主要目标是培养具有跨文化交际能力的人才。因此,外语教学中除了要注意语言方面的内容之外,还必须让学生了解所学语言国家的文化。基于对文化的重视,学者将交际中的错误分为语言错误和文化错误,并认为后者的性质更严重。因为语言错误至多是词不达意,没有将心中的想法表达清楚,而文化错误却往往使双方产生误解甚至敌意,从而导致交流双方的失败。

4. 克拉姆的观点

克拉姆(Kramsch)认为文化教学内容应从学习者自己的文化行为、个人习性、矛盾、偏见等的理解开始,主张文化学习中的多面性和多元化,从而提出文化学习的主要价值之一在于能使学习者加深对母语文化的理解。

后来,摩尔(Moore)继承了克拉姆的观点,认为文化教学的内容应是"全语言"的一部分,而焦点应是学生。

5. 杜思特伯格的观点

杜思特伯格(Duesterberg)在深入探讨母语文化重要性的基础上,

进一步指出教师应该帮助学生判断自己在文化形成中的作用。可以说，文化内容从最初的只关注目的语文化转变到重视母语文化，发展到现在的关注文化学习者本人及学习者本人在文化形成中的作用，既是内容上的回归，也是对学习者的回归。教师进行的文化教学，不仅要让学生认识文化差异，学会对目的语文化的宽容，更重要的是教会学生协调彼此的文化差异。只有做到这一点，才可以成功地表达交际双方真实的意图，实现真正意义上的交际，具备真正意义上的文化能力。

6. 查斯顿的观点

查斯顿（K. Chastain）主张在外语教学中应从狭义的文化入手，逐步扩展到广义的文化。他提出44个主题作为讲授狭义的文化的纲要，实际上是需要讲授的文化知识。桂诗春（1988）将查斯顿的外语文化教学的纲要简化为下列一些方面：学生生活、青年、父母、家庭、亲戚、朋友、恋爱婚姻、教育、职业、成就、快乐、饮食、文娱活动、金钱、社会制度、经济制度、政治活动、爱国主义、社会问题、环境污染、人口、宗教、法律、仪表、报纸、广告、死亡、纪律、度假、穿着、交通、礼貌用语、身势语。

7. 斯特恩的观点

斯特恩（Stem，1992）提出，一般的语言学习者需要学习以下六大文化教学内容。

（1）微观的个体及其生活方式（individual persons and way of life）。

（2）宏观的民族及社会（people and society in general）。

（3）地理（places）。

（4）历史（history）。

（5）艺术、音乐、文学及其他成就（art, music, literature, and other major achievements）。

（6）制度、习俗（institutions）。

（二）大学英语文化教学的内容

英语文化教学无论是从全球性文化还是从同一文化的不同层面来看，其内容大体可概括为言语文化、非言语交际文化及交际环境文化三类。下文将对其进行介绍。

1. 言语文化

（1）与语音有关的文化内容。语音是语言的三大重要因素之一，因而是语言学习中的重要内容。而一种语言的语音不仅能保证使用该语言的人能相互交际，而且能显示出说话人的文化特征。因此，语音所体现的文化，也是英语文化教学中的重要组成部分。例如，美国人讲话时习惯于慢吞吞地拖出声音，或者多带明显的鼻音，而英国人则没有这一特点。说话人的语音不仅能显露其区域特征，而且还能够反映其社会地位特征。例如，英国的皇家贵族、上层人士，无论在什么地区都把讲 RP（Received Pronunciation）当成自己社会身份的象征，因为这种发音在历史上有 King's English（国王英语），Queen's English（女王英语），Oxford English（牛津英语）之称，而老百姓则大多喜欢讲地方方言。如果一个高级职员讲地方方言，就会显得粗俗，有失身份；而如果一个搬运工讲 RP，就会被笑话为"装模作样"。因此，我国学生有必要学习英美的语音文化，学会通过语音识别一个人的文化背景，从而有助于跨文化交流的顺利进行。

（2）与词汇有关的文化内容。词汇是最明显的承载文化信息、反映人类社会文化生活的工具。词汇中的成语、典故、谚语等更是与文化有着密切的关系。教师在文化教学中要充分挖掘英语词汇的文化内涵，归纳、总结、对比这些词语与汉语词汇含义的文化差异。例如，英语中的 green 可以用来表达"嫉妒"的意思，而汉语则用"红眼""眼红"表达"嫉妒"的含义。对于这一类具有文化内涵的词语，教师应着重介绍或补充与之相关的文化背景知识，在必要时还可以将其与汉语文化进行比较，使学生不但知道它们的表层词义，更能了解其文化内涵，学会真正得体地使用这些词汇。

（3）与语法有关的文化内容。语法是语言表达方式的小结，它揭示了连字成词、组词成句、句合成篇的基本规律。文化背景不同，语言的表达方式各异。因此，教师在文化教学中应该注重挖掘语法所承载的文化，引导学生通过语法学习，理解英美国家文化。

首先，英汉语言语法的逻辑形式结构体现着英汉民族的思维习惯。英汉语言的逻辑形式结构表现在英语重形合，汉语重意合，这是因为西方人重理性和逻辑思维，汉民族重悟性和辩证思维。英语重形合，是指英语注重运用各种连接手段达到句子结构以及逻辑上的完美。例如，要表达"他是我的一个朋友"，用英语不能说"He's my a friend."，而应该说"He's a friend of mine."。后一个句子中双重所有格的使用准确地体现了"他"与"我的朋友们"之间的部分关系。而汉语则未必如此，"打得赢就打，打不赢就走，还怕没办法？"这一句话看上去像是一连串动词的堆砌，这几个短句之间也没有任何的连接词语，但实际上其上下文的语意使它们自然地融为一体，这体现了汉语重意合的特点。

让学生了解西方人重理性和逻辑思维、汉民族重悟性和辩证思维这种思维习惯上的文化差异，并体会其对语言表达方式的影响，对于学生学习英语语法、减少 Chinglish（中国式英语）的错误是非常有帮助的。

其次，语言的语法还与心理、社会因素有关，因此，教师在教授语法知识时应该介绍与其相关的心理、文化因素。语法是语言在交际过程中逐渐形成的语言使用规律，因此必然会受到语言使用者心理上、社会上的影响。在英语教学中，如果学生忽视了语法的心理因素、社会因素，就难以理解语言中一些特殊表达方式和习惯用法。例如：英国人说"I was scolded."，中国学生则往往使用"Some people scolded me."以主动语态代替被动语态，其原因在于在中国人眼里，施事者的形象比受事者突出。可见，文化背景不同，思维方式就不同，语言表达因此也不同，而句法结构也就随之不同。因此，教师在介绍某些句法结构时，应同时介绍其语意和交际功能。如"Would you please turn down the radio?"并非表示疑问而是表示请求,这是因为按照西方人的风俗习惯,提出请求常用问句形式,以表示有礼貌;"Why don't you do something?"形式上虽然是疑问句,但实质上是表示一种有礼貌的请求与建议;而附加疑问句"Lovely day, isn't it?"实际上是无疑而问,只是英美人引起话题的一种常见的方式罢了。

2. 非言语交际文化

非言语交际文化也是文化教学的重要内容之一。不仅言语行为传播着文化,有时非言语行为也在传递文化信息、表达思想感情。当然,非言语行为只有在一定的语境中才能表达明确含义,孤立地理解某一非言语行为的含义常常是难以奏效的。

非言语交际的定义有很多。宏观上讲,非言语交际涉及文化、民俗、社会学、人类学等众多领域,运用范围十分广泛,其语义也十分复杂。具体而言,"非言语交际指那些不通过语言手段的交际,包括手势、身势、眼神、面部表情、体触、体距等"(胡文仲,1999)。关于非言语交际的涵盖范围,其分类方法有很多。胡文仲教授从跨文化交际的角度出发,将非言语行为大致分为以下四大类。

(1)体态语。体态语包括基本姿势、基本礼节动作以及人体部分动作所提供的交际信息。

(2)副语言。副语言包括沉默、话轮转接和各种非语义声音。

(3)客体语。客体语包括皮肤的修饰、身体气味的掩饰、衣着和化妆等所提供的交际信息。

(4)环境语。环境语包括空间信息、时间信息等。其中,前两类称为非言语行为,而后两类则是非言语手段。

在文化教学中,教师在非言语交际文化的教学过程中应该注意以下三种情况。

(1)有些动作是某一文化中特有的。例如,在美国摇动食指(食指向上伸出,其他四指收拢)表示警告别人不要做某事或表示对方在做错事;把胳臂放在胸前,握紧拳头,拇指向下,向下摆动几次表示反对某一建议、设想或是强烈反对某人；压指甲表示有重大的思想负担、担心和不知所措。在中国用两只手递东西给客人或别人（即使可以用一只手拿起的）表示尊敬；说话时用一只张开的手捂着嘴，说明说秘密话。

（2）相同的含义在不同的文化中行为不同。例如，同样是表示不知道、为难、不赞成等含义，西方人喜欢耸肩，而中国人则喜欢摇头或摆手；同样是叫别人"过来"，美国人喜欢把手伸向被叫人，手心向上，握拳用食指前后摆动；而中国人通常把手伸向被叫人，手心向下，几个手指同时弯曲几次。

（3）同一行为在不同文化中所表示的含义不同。例如，人们见了很小的孩子喜欢用手去轻拍、摸摸孩子，这样的行为让西方妇女感到十分别扭，因为西方文化中，这种行为是无礼的，会引起对方强烈的反感与厌恶；而在中国人看来，这一行为是表示对孩子的亲近和爱抚，表示对小孩的喜爱。

3. 交际环境文化

教师在文化教学中还应注意教授与交际环境有关的文化内容。因为它与不同交际场合、人际关系、礼仪习俗、价值观念等有着密切的关系，最容易引起跨文化交际的误解，因此这方面的内容在文化教学中十分重要。

与交际环境有关的文化内容，主要包括不同文化在招呼与问候、道谢与答谢、敬语与谦语、恭维与称赞、禁言与委婉以及称谓等方面语言使用的差异。因此，教师在教学中不仅要让学生记住相关的交际用语，还要指导和帮助学生总结归纳日常口语交际中存在的文化因素，使学生懂得相关的交际规则。例如，中国人在回答别人的称赞时往往过于谦虚，如人家称赞说你的外语说得很好!中国人往往回答"不敢当，还差得很远!"或者"哪里，哪里，说得不好。"以表示谦虚；而英美人则会直接用"Thank you."或"Thank you for saying so."等来回答。如果在与英美人士交际时按照中文的方式来回答对方的称赞，对方就会感到你认为他刚才说了假话，是虚伪的奉承。再如，中国人迎接远道而来的客人时常常会说"一路上辛苦了，累不累？"（You must have been tired after the long flight/journey.），而外国人不喜欢被认为体弱，或有疲劳感，而喜欢在别人面前显得年轻、有朝气，因此使用"How was the flight?"或"Have you had a pleasant flight?"或"You have had along flight."等问候远道而来的客人才是恰当的。

西方人不喜欢将自己的意志强加于人，因此往往使用委婉用语"Would you mind doing…？"代替"You should do…"；在表达建议时西方人很少用祈使句，而用"How about doing…？"；即使是主动提供帮助时，西方人也显得很客气，使用"Would you like me to…？"表达提供帮助的意愿。

另外，英美国家人士认为年龄、收入、婚姻等涉及个人隐私，而询问个人隐私是不礼貌的行为，因此他们对涉及此类的问题比较反感。教师要让学生掌握西方人的谈话禁忌，使学生在交际中避免语用失误，更加得体地运用语言。

尽管文化内容大体可概括为言语文化、非言语交际文化及交际环境文化三类，但是实质上，文化的内容是纷繁复杂的，涉及的内容既包括政治、军事、经济、历史等大的方面，又包括社交礼仪、节日文化、禁忌文化等风俗习惯。在我国的英语文化教学中，由于学生的时间和精力都十分有限，不可能涉及文化中的方方面面，因而对于众多的文化教学内容需要有所取舍，只能有针对性地挑选部分内容进行教学。我国的英语文化教学重点教授与英美国家有关的文化内容，同时简要了解其他英语国家的文化，或世界范围内的文化。换句话说，由于学习西方文化的目的归根结底是为了更好地与具有西方文化背景的人进行交流，所以在文化教学内容的选择上，教师应该选择容易掌握、适于学习、实用性强的文化知识和文化技能进行教授，比如英美国家的地理、历史知识，英语词汇和短语的文化内涵，社会习俗，非言语交际符号，价值观念和思维方式等。因此，我国英语教学中具体的文化教学内容见表4-1。

表 4-1　我国大学英语文化教学内容

文化分类	具体文化内容
观念文化	1. 地理、历史——英美地理、历史 2. 宗教——基督教、天主教 3. 艺术——美术、建筑、音乐 4. 哲学——哲学简介 5. 文学——英国文学、美国文学 6. 科学技术——世界科学技术发展简史 7. 价值体系——英美价值体系
制度文化	1. 政治制度——英国政治制度、美国政治制度 2. 法律制度——英国法律制度、美国法律制度 3. 经济制度——英国经济制度、美国经济制度 4. 生活习俗——英美生活习俗 5. 礼仪——英美礼仪常识
物质文化	1. 饮食——英美饮食简介 2. 服装——英美服装流派
语言文化	1. 词语内涵 2. 习语、谚语 3. 语篇结构

第三节　大学英语文化教学的原则与方法

一、大学英语文化教学的原则

确立文化教学的原则是为了有计划、有目的和有层次地将语言和非语言所负载的文化内容纳入外语教学总的体系中去，使传授语言与介绍文化同时在一个层面上展开，以达成语言学得和习得与文化学得和习得的一致性，从而帮助学生有效克服因文化差异而容易发生的跨文化交际障碍。据此，笔者认为在大学外语教学阶段，对文化内容的导入必须遵循以下几个原则。

（一）认知原则

认知原则强调了解和理解，而不强调行为表现。文化教学中的认知原则，一则指关于英语文化和社会的知识，二则指可能进一步涉及诸如观察力、识别力等某些能力的培养。

英语中有很多词汇、语句、典故等来源于神话、圣经、文学作品、文学故事等。如果学生对这些词汇、语句或典故所蕴含的文化不了解、不熟悉，那么就难以理解这些语言所表达的内涵意义。

文化教学中的认知原则，首先强调学生对目标文化有所了解、认识。例如：

He sowed the apple of discord between the two countries.

国王帕琉斯和女神西蒂斯结婚，邀请众神参加，唯独忘了争吵之神厄里斯。她便寻衅把一个金苹果扔到宴席上，说要送给最美丽的女神。从而在天后赫拉、智慧女神雅典娜和爱神阿芙洛狄特之间引起争端，最后导致了特洛伊战争。后来 the apple of discord 就被用来表示"祸端、争端"。如果学生了解了 the apple of discord 这一文化背景知识，就很容易理解上述例子的意思：他在两国之间制造不和。

在英语文化教学中，教师还应该注意培养学生发现、分析、总结目标文化的能力，并据此掌握西方文化在价值观、生活习俗等方面的特点，以及中西方文化的区别。为此，教师可以鼓励学生搜集相关资料、撰写相关论文。

（二）交际性原则

文化教学的目的是培养与提高学生的跨文化交际能力，因而教师在文化教学中应充分考虑文化内容的"交际性"，遵循交际性原则。从语言的交际概念看，在文化教学中，教师需要向学生传授的应该是那些容易使中国学生在理解和使用上产生误解的，或者是直接影响学生进行有效交际的文化知识。

（三）层进性原则

英语文化教学具有阶段性、层次性，在教学中应该遵循循序渐进或层进性原则。这就意味着，教师在英语文化教学中应该根据学生的语言水平、接受能力、领悟能力等确定文化教学的内容，由浅入深、由简单到复杂、由具体到抽象、由现象到本质地进行文化教学。这一原则可以从以下几位学者的观点中得到证实。

林汝昌曾经提出，"外语教学应考虑以下三个层次：语言的结构层次，语言结构的文化层次，语言的语用文化层次"，并指出文化导入的这三个层次是不可分割的有机体，只是在实践中各有所侧重，在不同阶段应该导入不同层次的文化教学，循序渐进地进行。

之后，曹文也提出，"文化教学存在两个层次，即文化知识层和文化理解层以及连接这两个层次的文化意识教育"，并对此做了进一步的解释，即"文化知识层培养的是具有观光客型生存技能的语言学习者，而文化理解层培养的是具有参与者型跨文化交际能力的语言学习者"，最后还强调"文化教学的定位应是以文化知识为起点，文化意识为桥梁，文化理解为最终目的"。可见，曹文也认为文化教学应该是有层次地进行的。

王开玉认为，文化教育具有"阶段性"，因而把文化教育划分为"文化知识层次的教学与文化理解层次的教学"。他认为，"文化知识层的教学主要传授的是知识文化……不直接影响交际的背景知识。文化理解层次的教学主要传授的是交际文化，即直接影响交际的背景知识和文化模式。"

（四）对比性原则

对比性原则是指在英语文化教学中，教师可以引导学生将英语国家的文化和本土的文化进行对比，使学生发现中西方文化存在的差异。

学生通过对比，不仅可以加深对英语国家文化的认识，而且可以了解不同国家在价值观、思维模式、审美情趣等各方面所存在的差异，一则可以避免形成种族中心主义，二则有助于提高学生的文化理解能力。

对比不仅可以让我们更加深入地理解不同的文化概念，而且可以帮助我们避免不同的文化行为，从而避免根据自己的标准来判断别人的文化行为，也可以避免把我们自己的文化带人到其他文化情境中去。通过对比，学生不仅可以学会区分文化差异，还可以提高辨别不可接受文化和可接受文化的能力，从而避免不加辨析、不加批评地接受目标文化，而且可以提高学生的跨文化交际能力。实际上，很多学生经常犯文化类知识的错误，正是因为缺乏对文化差异的了解，只关注文化的相似性，却忽略了文化的差异性造成的。

在英语文化教学中，教师可以引导学生从以下方面进行对比。

（1）词汇方面不同的文化内涵。

（2）习惯用语方面不同的文化背景。

（3）句法方面不同的语法运用。

（4）演讲方面不同的语言风格。

在这几方面中，教师和学生尤其应该重视英语教学中词汇和短语的文化内涵，因为它们反映了文化，是构成语言的基本材料。例如：

Live with your head in the lion's mouth.

中国人认为，老虎是最勇猛的动物，老虎被称为百兽之王；而在英语的寓言以及民间传说中，狮子被称作百兽之王。如果教师此时能够将中英文化进行对比，那么学生就很容易理解此句意思，即：你要虎口求生。

在文化教学中，教师要抛砖引玉，组织、引导学生在课后搜集资料，了解中西文化的差异，从而有助于积累文化知识，提供学生的跨文化交际能力。

由于不同的文化产生不同的看法，不同文化背景下的生活方式、价值观念、思考方式和社会规范不同，文化冲击或文化冲突难以避免。

但是，如果我们密切注意不同文化的差异，并时刻不忘对比它们，就可以加深对其他文化的了解，消除互相的误会，从而减少甚至避免由于文化的冲突而引起的暴力行为、武装冲突等。

（五）灵活性原则

在文化教学中，文化知识的理解相对容易，但是要让学生学会在跨文化交际中对文化知识运用自如却并非易事。为了取得更好的文化教学效果，为了更有效地培养与提高学生的跨文化交际能力，教师应该对不同的学生，按不同的教学要求，灵活采用不同的教学方法，以激发学生的学习兴趣，调动学生学习文化的积极性。例如，教师可以通过开办文化知识专题讲座、组织小组讨论、进行角色表演等方式引导学生学习文化知识。

文化内容广泛复杂，而教师的讲解毕竟是有选择的、有限的。因此，在英语教学的过程中，教师应该将文化教学的场所延伸到课外，做到课内外相结合，开展内容丰富、形式多样的课外实践活动，以此加强学生的实际运用能力。例如，教师可以通过开展读书活动、英语角、英语晚会等，帮助学生不断积累文化知识，使学生语言知识与文化洞察力同步增长，语言技能与文化能力同步增长。通过这些活动，学生不仅可以学会以正确的语法结构、恰当的语义和适合场合要求的外语进行交际，而且可以增大信息获得的准确性，减少交际中的误会，从而增进互相了解。

（六）适度性原则

适度性原则是指教师在文化教学中所采用的教学方法和教学材料都具有适度性。其中，教学方法的适度性是指教师在文化教学中应该创造机会，让学生进行探究式、研究式学习；而教学材料的适度性则是指所选择的材料要能代表主流文化，代表普遍性文化，而不是个别的、特殊的文化。总体而言，文化教学中的适度，就是指教师要根据教学任务、教学目的的需要，适度地教授学生学习所需要的文化内容，而不是无限制或不考虑学生接受能力地进行文化教学。适度应该以能扫除"当前文化障碍"为标准,并适当考虑"尔后文化障碍"为限,也就是说,在教学中遇到文化障碍时,只根据此时此景的文化障碍而进行必要的背景文化介绍,同时,为了便于为今后克服相同或类似障碍,文化知识所传授的面和度可适当放宽一些。另外,适度性原则也意味着教师应该控制文化教学占用的教学时数,因为如果缺乏针对性,宽泛、深入地介绍文化背景知识,势必占用宝贵的教学时间。因此,点到为止或稍加发挥也是适度的应有之义。

(七)实用性原则

文化内容包罗万象,涉及社会生活的各个层面。但是由于英语教学受到各种客观教学条件的限制,教师在英语文化教学中不可能面面俱到地对英语文化的各个方面都进行介绍。所以,教师应该根据不同的教学对象、日常交际等具体情况,选择恰当的文化内容进行教学。换句话说,教师在实际的英语文化教学过程中需要遵循实用性文化教学原则,重点传授那些与学生所学的内容密切相关的文化内容、与学生的日常交际所涉及的主要方面密切相关的文化内容,以及与跨文化交际密切相关的文化内容。例如,对于国际贸易专业的学生,教师可以侧重介绍有关贸易方面的文化常识和交际技能。另外,文化教学的实用性原则还要求相关文化教学的内容要有广泛的代表性,应属于英语国家中有代表意义的主流文化,而不必把英语国家的文化介绍得面面俱到。

采用实用性原则,一方面,可以避免使学生认为语言与文化的关系过于抽象,过于空洞;另一方面,文化教学紧密结合语言交际实践,不但可以激发学生学习语言、学习文化的兴趣,还有助于学生将所学到的知识转换为技能,迁移到实际交际中。

二、大学英语文化教学的方法

为了达到英语文化教学的各项目标,教师在教学中要采取不同的文化教学方法。下文将介绍一些常用的大学英语文化教学的方法。

（一）直接导入法

直接导入法就是指教师在语言教学中直接向学生介绍语言的文化背景知识。这是一种最简单易行的方法。在我国，课堂是学生学习英语的主要场合，除此之外，学生平时很少接触英语使用环境，因而遇到与课文相关的文化背景知识时，学生往往会感到十分陌生，难以理解。因此，教师应该发挥课堂在教学中的主导作用，直接向学生介绍相关的文化背景知识。为此，教师在备课时可以精选一些与教学相关的、典型的文化信息材料，将它们恰到好处地运用到课堂上，这样不仅能增强教学的知识性、趣味性，而且可以加深学习内容的深度和广度，同时可以激发学生的求知欲，活跃课堂气氛，使课堂气氛有利于英语教学的顺利进行。比如：当别人问是否要吃点或喝点什么时（Would you like something to eat/drink?），我们通常习惯于客气一番，回答"不用了""别麻烦了"等。按照英语国家的习惯，你若想要，就不必推辞，可以说"Yes, please."；若不想要，只要说"No, thanks."就行了。这也充分体现了中国人含蓄和英语国家人坦荡直率的不同风格。

（二）文化旁白

文化旁白（Culture Aside）是一种较为方便的形式，也是传授社会文化知识的主要方法之一。文化旁白是指在进行语言教学时，教师就所读的材料或所听的内容中有关的文化背景知识，见缝插针地做一些简单的介绍和讨论（陈俊森，2006）。

一般而言，教材所选的课文都有特定的文化背景，有的是时代背景，有的是作者背景，有的是内容背景。如果学生对相关背景知识不了解，或者缺乏相关的背景知识，就会影响他们对文章的正确理解，自然也就不能准确地推理和判断阅读理解中遇到的问题。例如，在《21世纪大学英语》第一册第十单元的 Cloning: Good Science of Bad Idea 中，有这样一句话"Faster than you can say Frankenstein, these accomplishments triggered a worldwide debate."（不等你说出弗兰克斯坦，这些成果就已经引发了世界范围的大辩论。）对于这个句子，如果学生缺乏相关的文化背景知识，就难以理解它的内涵和社会意义。教师需要在讲授前，以文化旁白的形式进行文化背景介绍：其一，Faster than you can say Frankenstein 源于英语成语 before you can say Jack Robinson（开口讲话之前）；其二，弗兰克斯坦（Frankenstein）是英国女作家玛丽·雪莱（Mary Shelley）同名科幻小说中的主人公，是一个创造怪物而最终也被它毁灭的年轻医学研究者，其三，本文提及此人物有其社会意义，它能使读者将克隆技术与小说情节产生联想，表达出作者担心克隆技术会使人类作茧自缚、玩火自焚的心情，而这种担心又与世界上已经掀起的大辩论不谋而合。当学生了解这些文化背景后，会有一种茅塞顿开的感觉，对句子的理解也就顺理成章了。

再如，在讲授人教版 New Senior English For China 必修 1 Unit 4 Earthquake 一课时，教师可以利用视频展示世界上有史以来大地震的情况，还可以介绍地震的有关情况以及预防地震的方法，以使学生对地震有较形象、具体的认识。

学生在学习英语时，文化差异往往是理解英语的较大障碍。使用文化旁白法，能够有效地清除部分语言认知障碍，帮助学生正确理解英语。教师可以充当讲解员，也可以运用图片、实物教具或者多媒体课件等手段进行讲解，无论通过哪一种手段，其目的都是帮助学生更好地理解所读或所听的内容，同时丰富学生的感性认识，促进理解。文化旁白具有机动灵活、用途广泛的优点，因而使用时间最长，但同时具有任由教师掌握、随机性很大的缺点，而且对教师的要求也比较高，需要教师有较高的驾驭语言与文化的能力和一定的教学技能与艺术。

（三）对比分析法

对比分析法就是在文化教学中对母语文化和所学语言国文化的异同点进行对比，使学生理解和掌握两种语言使用过程中的文化规约、行为规约的异同，是利用"同"来获得语言学得和习得的"正迁移"，而指出"异"是为了防止文化学得和习得的"负迁移"。

简单地说，对比分析法就是在教学中直接利用本国文化，通过对比两种文化的差异来进行文化教学。对比分析法主要是通过对比让学生发现本国文化与目的语文化之间的异同，正确区分知识文化因素和交际文化因素。由于汉语和英语分属两种截然不同的语系，而东方文化与西方文化又差异颇大，因而通过比较两者的异同进行教学可以产生良好的效果。因此，对比分析法是跨文化研究的主要方法，也是第二语言教学的重要方法。文化的对比分析法是语言教学常用的一种方法。此外，在这种方法的使用中，对比不能仅限于表层的形式的对比，还应该有深层的内涵的对比；不仅要进行语言的对比，还要有非语言的对比；不仅要做语言、非语言形式与意义的对比，还要做语言交际行为的形式和意义的对比等。

例如，在讲授人教版 NSEFC 必修 3 Unit 1 Festivals around the World 时，教师可以通过比较分析中西方具有相同功能、相同意义的节日，让学生对国外风俗理解得更深刻。这是就文化主题的讲授进行对比分析，在语言知识等方面的学习中，也可以使用这种方法。例如，高中英语必修模块北师大版中出现了 peacock，phoenix，bat，rooster 等表示动物的词汇。在教授这些单词时，教师可以先列举几个表示动物的单词，再给出它们在中西方文化背景下的不同喻义，然后要求学生先把它们与其汉语背景下的寓意相配对，再与其英语背景下的寓意相配对，最后给出含有该动物词汇的词组，从而帮助学生理解所学的表示动物的词汇在中西方文化中的不同喻义。表格设计见表 4-2。

表 4-2 动物词汇在中西文化中的喻义

Animals	Metaphor and Cultural Association in China	Metaphor and Cultural Association In Western Countries	Your Choice
1. phoenix	（1）beautiful/gentle （2）lucky/king of all binds （3）happy/healthy/rich （4）hopeful/talisman（辟邪物）	a. evil/ugly b. egotistic（自高自大） c. reborn/revived d. a male chicken/very pleased with oneself in a negative sense	1.
2. peacock			2.
3. rooster			3.
4. bat			4.

总之，对比分析法不仅有助于学生克服在学得和习得所学英语和文化的过程中的心理障碍，而且非常有利于培养学生的文化意识。当然，在比较两种文化时，教师应引导学生正确认识和对待本族文化和外国文化的相互关系。一方面，对外国文化抱一种客观、宽容的态度，避免拒绝任何外国文化的狭隘的民族主义态度；另一方面，要避免盲目追随外国文化，对外国文化不做任何分析，全盘接受，而应坚持本国的优秀文化传统，加深对中国文化的理解。

（四）讨论法

教师还可以在课堂教学的过程中，适当安排一些小组讨论、集体讨论等活动，把学生的学习情绪调动起来，促使学生发挥学习积极性。例如，在学习人教版 NSEFC 必修 3 Unit 2 Healthy Eating 一课时，教师可以先提供一篇介绍西方饮食文化的材料给学生阅读，然后组织学生就材料的内容进行扩展性的介绍和讨论，最后让学生就西方饮食文化与中国饮食文化进行对比、分析、讨论。通过这种介绍、讨论、对比、分析等有意识的活动，可以有效培养学生对英美文化的敏感性，使他们在英语学习中善于发现英美文化特点并乐于了解和学习英美文化。再如，教师可以在课堂上先向学生解释中西方人对待老人的态度有很大的不同，然后组织学生讨论反映社会生活的许多其他方面的差异，使他们掌握所学语言的一些语用原则和使用特点。

让学生参与讨论，不仅可以调动学生的学习兴趣和学习积极性，而且可以使他们对所讨论的结果留下深刻的印象。

（五）图片、实物展示法

图片、实物展示法指用图片或实物来说明、解释某一个"文化现象"。例如，教材中可能出现 hamburger, pudding, sandwich, salad 等西方文化所特有的词语，我国学生可能对其不太理解。为了便于学生理解，教师可通过给学生展示图片或者照片的方式介绍此类物品，让学生对它们有一种感性认识。另外，教师还可以采用实物展示的形式给学生讲解中西方习惯上的差异。例如，教师在教授英美信件、信封的格式、式样时，为了便于学生理解，可找一封英美国家的来信，直接在课堂上展示给学生，以免学生在实际运用中出错。

（六）借助媒体法

借助媒体法指通过各种媒体手段，如电影、电视、网络等，帮助学生了解多种不同的文化背景知识和不同的文化习俗。现在，电视、电影、网络等媒体上有大量关于西方普通人生活的材料，对于了解西方社会生活、风俗习惯和日常用语，不同地区、不同阶层的语言特色，以及姿态、表情、动作等非语言的交际手段有很大帮助。

在一些电视英语教学节目如 *Follow Me*，*OnweGo*，*People You Meet* 中有很丰富的材料可供使用。如果教师能够适当指点学生借助媒体进行学习，就会收到更好的教学效果。以打招呼为例，朋友之间、陌生人之间、上下级之间在表达上有许多不同。由于电视节目提供的场合多，语言材料自然也就富有变化。同时，电视、电影还是观察和研究姿态、表情、动作等语言以外的交际手段十分有用的材料。例如，教师可以组织或鼓励学生观看 *Dashan and Friends in Canada*；*Family Album USA*；*You and Me*；*Hello, America* 等 VCD 或 DVD，增强学习材料的真实度和挑战性，进一步增强学生对文化差异的认识与理解，为他们日后能顺利参与各类语言交际活动打好基础。

电影也是一种了解西方社会文化的有效手段，能够提供丰富有用的材料。尤其是对于专门介绍西方社会情况的纪录电影，直观的画面与所要教授的文化内容相得益彰，使得学生犹如身临其境地体验异国文化的不同。这比从书本上得到的知识印象更加深刻，如果教师能加以适时的指点，教学效果会更好。

（七）外国文学作品的学习和鉴赏法

外国文学作品的学习和鉴赏法指学生在教师的指导下，对文学作品进行多角度的剖析，了解人物的情感，了解不同文化背景人物间的交流和文化冲突。

在我国现阶段的英语教学中，大多数学生了解英美文化主要还是依靠间接阅读相关材料，如小说、报纸、杂志等。但是，很多学生在阅读文学作品的时候，仅仅为了追求情节或者为了扩大词汇量，而并没有注意文学作品中所反映的文化方面的细节，比如风俗习惯、文化差异等。因此，教师应该正确指导学生阅读文学作品，引导学生在阅读的过程中注意和积累相关文化背景知识，并适当对这些文化开展分析、对比，从而有效增加学生的文化背景知识。

例如，《大学英语》（外语教学与研究出版社）第四册第三课 Solve That Problem With Humor 第 10 段有这样一句话：Suddenly, the graying pencil line mustache on Michener's face stretched a little in Cheshirean complicity. "How very nice of you all to turn out to see me! …Shall we go in?"（第 10 段第 2-3 行）。这里的 Cheshirean complicity（柴郡猫式的共谋）虽是作者杜撰出来的一个短语，但 Cheshirean 一词是有它的由来背景的。柴郡猫（Cheshire cat）是著名英国儿童文学作家卡罗尔（Carroll）的作品《艾丽丝漫游奇境记》中的一个形象。总督（Michener）酷似柴郡猫样地咧嘴一笑，把纠察人员及旁观的工人当作是来欢迎他的人，机智地使自己摆脱了困境。

（八）游戏法

造成学生交际失误的另一个主要原因，是英汉两种语言中的许多词语对英美人和中国人来讲所产生的词的联想意义和词的文化内涵是不同的。对于这类文化知识，教师可以通过做游戏的方式使学生了解语言所负载的文化内涵。例如，在讲解 landlord, owl, peasant, restroom, propaganda 等具有文化含义的词语时，教师可以把全班同学分成两组，让其中一组列出这些词在英语里的联想意义，而另一组列出这些词所对应的汉语词的联想意义，然后教师进行对比分析。

（九）丰富课外活动

课堂时间是十分有限的，而英语文化包含的内容纷繁复杂。因此，为了扩大学生的文化知识，教师应该充分利用课外活动来扩大学生的知识面，促进学生跨文化交际能力的提高。

教师可以帮助学生在课后开展形式多样的有关文化、交际知识的课外活动，通过形式多样的课外活动增加学生对文化的理解和对文化差异的认识。例如，教师可以在课后组织学生开展一系列有关西方文化的讲座，也可以组织学生开展有关文化交际的文艺晚会、知识竞赛等。

（十）充分利用外籍教师资源

就英语学习而言，与英语人士接触，听英语人士授课是非常有必要的。因此，有条件的学校有必要聘请外籍教师授课。学生通过与外籍教师接触，不但能够听到纯正的语音，学到地道的语言表达方式，而且还能学到许多生动的、课堂上学不到的有关社会文化背景方面的东西。例如，在什么场合应该讲什么话，做出何种反应，以及一些非语言的交际手段等。此外，对于教材中的有些东西，中国教师没有接触过，只能把词典中的"definition"传授给学生；而外籍教师作为两种不同文化的中介者、解释者，可以根据自己的切身体会，生动地、形象地向学生讲述清楚中国和西方文化的区别，从而帮助学生避免用本族的文化标准来衡量外族文化。另外，学校还应请外籍教师有针对性地介绍一些他们本国的社会情况、文化生活、风土人情等，也可以请外籍教师讲述其在中国遇到的一些文化差异等。通过与外教接触，学生们可以直接地感受到文化的差异，这对于培养学生的跨文化意识有很大的帮助。

第五章
高职大学英语情感教学与学习风格

虽然大学英语教学在很多方面有所改革，而且取得了一定的成果，但在实际的高职大学英语教学中，教师依然是课堂教学的主体，采用的依然是以教师为中心、以语言输入为主的教学方式，忽视了学生的情感交流和学习风格。殊不知学生的情感因素和学习风格对学生的英语学习以及教学都有重要意义。因此，本章将从这两个方面来介绍大学英语教学。

第一节 高职大学英语情感教学

心理学研究表明，人所进行的所有活动都伴随着情感体验，而情感体验反过来也会对人的各种活动产生一定的支配作用。如果是愉快的情感体验，就会对活动产生积极的促进作用；如果是不愉快的情感体验，就会对活动产生消极的作用。所以，在大学英语教学中，教师要重视学生的情感态度，注意使学生产生好的情感体验，实施情感教学。因此，本节将重点对大学英语情感教学的相关内容进行具体介绍。

一、情感

（一）情感的内涵

情感是人脑的一种机能，是对客观事物抱有不同好恶而产生的内心变化和外部表现。情感是主体对客观事物是否满足自己需求时所持的态度体现。情感的发展，是个性的情感机能和情感品质在有利于个人成长发展和主动适应社会发展方面所产生的积极变化的过程。

就情感的分类而言，情感可分为消极情感和积极情感两类。其中，消极情感包括害怕、焦虑、羞涩、愤怒、沮丧、怀疑、厌恶等；积极情感包括兴趣、自信、自尊心、强烈动机、愉快、惊喜等。

因情感与态度有着紧密的关系，因此在这里笔者也要对态度的定义做一个简要的说明。态度是一个人对待外在事物、活动或自身的思想行为所持的一种向与背、是与非的概括的倾向性。态度又可细分为肯定态度和否定态度、积极态度和消极态度。尽管情感与态度有着密切的联系，但这并不说明情感就等同于态度，情感和态度是有区别的。

（二）情感的主要功能

情感对学生的学习行为以及教学效果有着重要的影响作用，具体来讲，情感具有激智、动力、调节、感染和移情功能。

1. 激智功能

通常，积极的情感能有效激发学生的智力，提高学生的智力水平，促进学生的智力技能超常发挥。

2. 动力功能

通常，学习的操作系统是由人的智力因素构成的，而学习的动力系统是由人的非智力因素构成的。如果动力系统发挥的作用越大，那么操作系统的效率就会越高，学习效果就会越好；反过来，如果动力系统发挥的作用越小，那么操作系统的效率就会越低，学习效果就会越差。

3. 调节功能

积极的情感可以对学生的自信心和焦虑心情起到调节作用，提高学生的自信心，缓解学生的焦虑情绪，还可以改变学生的学习节奏，延缓学习疲劳。

4. 感染功能

教师在课堂上流露出的情感会对学生的学习情绪产生直接的影响，如教师说话的节奏、声调以及表情等都会使学生产生共鸣。

5. 移情功能

学生会将教师在教学过程中的情感迁移到所学的学科中来，所以教师的人格品质和举止行为可通过情感影响教学效果。

总的来讲，积极的情感能有效创造有利于学生学习的心理状态。实践证明，高效的英语学习必须具备积极的情感。如果学生具有强烈的学习动机、浓厚的学习兴趣以及大胆的实践精神，那么他们的学习效率将会有很大的提高。如果学生具有乐观向上的态度，那么他们就愿意积极地参与语言实践活动，进而获得比其他人更多的学习机会。如果学生具有充分的信心和坚强的意志，那么他们就不会畏惧学习中遇到的困难。而消极的情感往往会抑制学生学习和探究的积极性，如害羞、胆怯以及过于内向的学生都缺乏学习的动力，不愿意参与学习活动和展示自己，更不能独自解决学习中遇到的问题。

二、情感教学

（一）情感教学的内涵

就情感教学的定义而言，不同的人持有不同的看法。以下介绍其中的几种观点。

情感教学是指在教学过程中师生双方处于积极的情感状态。教师通过语言、态度、行为并借助一定的教学手段来激发、调动和满足学生的情感需要，促进教学活动积极化的过程。

情感教学指的是以人为核心，充分尊重人的本性、平等、自由、关怀及精神追求的尊重。

情感教学就是教师以教学活动为基础，运用一定的教学手段来调动、激发和满足学生的情感需求，从而努力做到认知因素和情感因素完美统一的过程，以期达到优化提高教学效果、促进学生全面、和谐发展的目标。

尽管不同的人对情感教学的定义看法不尽相同，但对情感教学的本质认识却是一致的，即在充分尊重学生个体的基础上，运用一定的教学手段来满足学生的情感需求，进而促使学生全面发展。

（二）情感教学的理论基础

语言教学中的情感问题很早就被人们所关注。20世纪60年代，以艾瑞克森和罗杰斯（Erikson & Rogers）为代表的人本主义学家主张将学生看作是有别于他人的、有情感的个体。1977年，杜莱提出了"情感过滤说"，认为情感过滤是"一种内在的处理系统，它潜意识地通过情感因素来阻止学习者对语言的吸收"。之后，美国的克拉申（Krashen）将这一理论进行发展，他认为通过习得可以获取足够的语言输入，然而情感过滤"是阻止学习者完全消化他学习中所得到的可理解性的语言输入的一种心理屏障"。这一理论说明，大量的语言输入并不能说明学生可以掌握目的语，因为第二语言的习得还受情感因素的影响。"语言输入"（input）必须通过情感过滤才有可能变成语言的"吸入"（intake）。而且情感过滤的程度也影响着语言的输入，即情感过滤越低，语言输入就越容易被吸收；情感过滤越高，语言输入就越难被吸收。

此后，越来越多的语言学家开始将情感渗透到语言教学中。美国著名心理学家奥斯贝（Ausuel）认为意义学习必备两个条件，一个是认知范畴，一个是情感范畴。认知范畴指学生能否掌握相关的知识；情感范畴则指学生是否已掌握相关的内容。汤姆·哈钦森（Tom Hutchinson，1999）也认为，"学习，特别是语言学习是一种情感的经历，而学习过程中所诱发的情感对于学习的成功和失败起着关键的作用"。不难看出,在任何学科的教学中,情感都是十分重要、不可或缺的因素,而在大学英语教学中表现得尤为突出。

我国学者也非常注重情感因素在语言教学中的作用。很多学者都从不同的角度和层面研究了情感因素对学生学习的影响。束定芳(1994)强调,"学习过程中影响学习效果的最大因素之一是学习者的情感控制"。王初明(2001)指出,"情感是维持学习动力的助推器,出现障碍必然导致学习的停滞"。项茂英(2003)强调,"解决情感问题有助于学生潜能的发挥,提高英语学习的效果"。

(三)影响大学英语教学的情感因素

具体来讲,影响大学英语教学的情感因素主要包含两类。一类是学习者的个人因素,即焦虑学习动机、自尊心。另一类是学习者之间、学习者与教师之间的情感因素,即移情、课堂交流。

1. 焦虑

焦虑指的是个人的自信心和自尊心受到威胁时产生的担忧的反应倾向。埃利斯(Ellis, 1994)对焦虑进行了分类,具体包含以下三种。

(1)气质型焦虑,这是一种持久性的焦虑。

(2)情境型焦虑,这是由具体的事情或情境激发出来的忧虑心情。

(3)状态型焦虑,这是某一时刻产生的焦虑心情,是气质型焦虑和情境型焦虑结合的产物。

在学习的过程中之所以会产生焦虑,主要源于以下原因。

(1)学习者个性差异。性格内向或缺乏自信的学生因不擅于交谈或害怕出错,而不敢参加英语实践活动或参加活动的积极性不高,回答问题时也非常紧张,因此很容易产生焦虑。

(2)文化背景差异。大学中很多学生来自边远地区或农村,无论是他们的普通话还是英语基础相较于其他学生都有很大差距,他们说话或回答问题时常怕被人嘲笑,因此很容易产生焦虑情绪。

(3)教学方式的差异。课堂活动的方式、师生之间的交流方式、教师纠错的方式等都会引发学生产生焦虑情绪。

在学习过程中，一定程度的焦虑是不可避免的，但同时也是不可或缺的。如果学习过程中没有任何焦虑或焦虑程度过低，学习就会缺乏紧迫感，在没有动力和紧迫感的状态下，学生是不可能学好的。但是如果焦虑程度过高，那么学生就会处于一种过度紧张的状态，在这种状态下学生也是很难学好的。只有焦虑处于适度的水平上，才会化压力为动力，激发学生的内在学习动力，学习效果才会最好。因此，在具体的大学英语教学过程中教师要做到以下两点。

（1）减轻学生的焦虑。首先，教师要对学生在使用语言时所犯的错误持容忍态度，要使学生明白，语言能力是在不断地产生错误和纠正错误中获得的，如果害怕出错，将永远不会有进步。其次，要鼓励学生积极大胆地参与各种英语活动，并对他们的进步进行表扬，使他们时刻感受到自己的点滴进步和成功的喜悦。

（2）让学生有适度的紧张感。在教学过程中，教师要让学生产生一定程度的紧张感，使他们必须通过努力才能达到某种目标，以此来激发他们的学习动力，挖掘他们的学习潜能。

2. 学习动机

学习动机是指学习者在从事学习活动时出于个体内部的一种需要，或者出自外部环境的推动力被个体所意识而产生的一种内部需要的动因。学习动力是学生学习的内在心理动力，所以其在学生的学习中发挥着重要的作用。研究表明，动机水平高的学生可以在很长时间内保持认真的学习态度和坚持将学习任务完成的恒心。

学习动机大致分为四种。第一种是以自我成就需要为目标的指向自我学习动机；第二种是以其他个人和自己的作用关系为目标的指向他人学习动机；第三种是以集体需要为目标的指向团体学习动机；第四种是以社会需求为目标的指向社会学习动机。

针对大学而言，学生的学习动机受两方面因素的影响。一方面，受教室或课堂教学以外因素的影响；另一方面，受教室内部或课堂教学的影响。其中，大部分学生受课堂教学的影响。教师作为整个学习过程的知识传授者和组织者，其所具有的责任感、权威性、创造性以及情感因素均对学生的学习动机有直接的影响。喜欢专断的教师常采用填鸭式的教学方法，进而使得课堂气氛沉闷，学生学习兴致不高；喜欢放任学生的教师往往缺乏责任感和对学生的约束力，进而使得学生的情绪不够稳定，缺乏学习积极性；最能激发学生学习动机的教师就是民主型教师，民主型教师通常采用科学的、适应的、灵活的教学方法，发挥学生的主体作用，充分调动学生的积极性，引导学生自主学习。除教师外，课堂氛围对学生的学习动机也有着重要的影响。调查表明，学生的学习成绩和学习状态受课堂氛围的影响很大。因此，在具体教学过程中，教师要注意为学生创设轻松愉悦的课堂氛围。具体来讲，首先，教师要保持饱满的精神状态和真挚的热情，在带动学生的基础上激发学生的学习动机；其次，教师要充分尊重学生的个性，真诚地对待每一个学生，与学生建立良好的关系；最后，教师要灵活采用多种方法，充分调动学生的积极性，激发学生的学习热情。

3. 自尊心

自尊心对学生的学习也有着重要的影响。自尊心源自人们对自我价值的评价，具体是指学习者对自身能力或价值的认识和评价。在相同的语言环境中，缺乏自信、焦虑感强、害怕出错的学生往往不敢大胆回答问题和参与各种英语活动，因此也就失去了很多语言实践的机会，进而学习效果也就不能令人满意。这就需要教师在教学过程中，针对学生的不同个性设置不同难度的任务，使学生感受到自己的进步，进而增强自尊心。

4. 移情

移情是指从别人的角度看待问题的一种行为和意识。移情对和谐的人际关系有着重要的影响。移情并不代表放弃自己的情感，也不是一定要同意他人的观点。在课堂上，教师与学生之间的关系是能否形成良好学习氛围的基本要素。如果师生之间关系疏远，相互都有一种陌生感，那么师生双方的交流就会受阻，课堂气氛必然压抑沉闷。因此，在课堂教学中，教师要以平等的身份与学生交流，切忌将自己的观点和看法强加给学生；要注重学生的情感，尊重学生的意见。只有建立了和谐的师生关系，学生才能抛开思想包袱，积极、轻松地参与课堂活动。

5. 课堂交流

课堂是教师教学、学生学习、教师与学生交流沟通的重要场所，所以在课堂中形成的生生关系、师生关系以及由此形成的课堂气氛对学生的语言学习有着重要的影响。因此，教师要放下架子，积极地与学生沟通，并利用各种方法和渠道了解并尽快解决学生的困难。只有这样，学生才能不断增强自己的信心和学习热情，进而取得良好的学习效果。

三、情感教学的原则

尽管情感本身并不是学生直接学习的内容，但情感却与教学中学生的智力活动有着密切的关系，并间接地影响着学生的学习效果。所以，在具体的教学中，教师应了解情感教学的原则，并以此来指导教学的具体实践。

（一）寓教于乐原则

寓教于乐原则是指在教学中教师要操纵一切教学变量，激发学生的兴趣，使学生怀着快乐的情绪进行学习，简单来讲，就是使教学在学生乐于学习和接受的状态下进行。这一原则是情感教学原则体系中的核心原则。教师在贯彻这一原则时，虽然操作点在于引发学生的快乐和兴趣，但不能仅仅停留在情绪调节的层次上，而应以情绪调节为入口，引导学生向更高层次的方向发展，也就是从"乐中学"向"学中乐"发展，使学生的学习状态达到最佳。

（二）以情施教原则

以情施教原则是指教学中教师在教授知识、技能，发表思想、观点的同时，应伴以积极的情感，以情促知，达到情知交融的教学效果。这一原则是情境教学中最具代表性的原则。在遵循这一原则时，教师应善于控制自己的情绪，始终使自己处于快乐、激情的情绪状态下，使自己的情绪积极地影响学生，陶冶学生的情感。此外，在处理教学内容时，教师也应考虑到这一原则，做到以情促知，知情并茂。

（三）情感交融原则

情感交融原则是指在教学活动中，教师应重视师生交往中的情感因素，积极地以自己的良好情感去引发学生的积极情感反应，发展和谐的师生关系，进而优化教学效果。教学活动是存在于教师与学生之间的一种特殊的交往活动，是以认知信息为中心、传递师生之间情感的交流现象。所以，这一原则是教师在教学中必须遵循的一个原则。

（四）移情原则

心理学研究表明，一个人对某人或物的情感可以移情到与之相关的对象身上。具体到教学中，移情包含两个方面，一是指教师个人情感对学生情感加以影响，教师的文化水平、教学水平以及道德素质、人格魅力、精神状态等都会对学生起到很大的感染作用；二是指学生被文章的人物情感所影响。所以，在教学中，教师要贯彻这一原则，引导学生认真体会文章作者写作时的情感，并注意情感的移情，寓情感、思想、美育于英语教学中，让学生在学习的过程中得到情感陶冶。

四、高职大学英语教学中情感教学的实施方法

（一）加强学生认知，激发学生的积极性

受传统的"以教师为中心"的教学模式以及四、六级考试的影响，学生在课堂上普遍缺乏积极性，也不愿意主动参与课堂活动。而大学英语改革要求学生全方位参与课堂教学，参与知识的学习与建构。所以，学生必须改变过去被动的学习方式，主动参与课堂教学，充分发

挥自己的主观能动性，从而提高自主学习能力，更好地适应社会需求。对此，教师要充分发挥引导作用，激发学生的学习兴趣，调动学生的积极性。例如，对于发音不准确的学生，教师可安排学生利用课余时间或每学期的第一周专门进行有计划的语音训练，帮助学生纠正发音，建立学生说英语的自信。

（二）建立良好的师生关系

良好的师生关系对增强学生自信心、激发学生学习兴趣、减少学生恐惧心理发挥着重大的作用。所以，教师有必要注重学生的情感，与学生建立良好的人际关系。尽管很多的情感因素有外显的表现，但更多的情感是内在的。教师只有与学生建立了良好的关系，才有可能进一步了解学生的情感，学生也才有可能愿意与教师交流沟通。此外，教师还应该促进学习群体（班级）建立和谐、融洽、民主、团结、互尊互重的情感氛围。教师想与学生建立良好的关系，可从以下几个方面着手。

1. 展现教学过程的魅力

教师要想激发学生的学习兴趣，增加他们的情感体验，就要在教学过程中努力改进教学活动，使教学过程充满情趣和活力，并联系学生实际，使学习贴近他们的生活。只有将教学过程的魅力充分展现在学生面前，才能吸引学生的注意力，激发学生学习的兴趣。

2. 真诚地爱护每一位学生

要建立良好的师生情感关系，教师还必须具有真诚的品质，乐于关心和爱护每一位学生，公平地对待每一位学生，特别是对那些学习困难的学生，教师要多鼓励、多关怀，少批评、少指责，要相信他们的潜力，使他们充满自信。

3. 完善自身的个性

教师要得到学生的认可与接受，首先就应具备内在的人格魅力。所以，教师要努力完善自己的个性，使自己拥有热情、负责、真诚、宽容、幽默等优秀品质。此外，教师还要扩大知识视野，提高自身修养，使自己成为一个富有魅力、受学生喜爱的教师。

（三）帮助学生克服情感态度方面的问题

上文提到，焦虑情绪伴随着学生学习的整个过程，学生学习过程中避免不了焦虑情绪的产生。严重的焦虑情绪往往会引发害怕与紧张等情绪，这对学生的语言学习十分不利。紧张与害怕的心理很容易分散学生的注意力，随之学生的思考与记忆能力也会逐渐减弱，最终导致储存及输出语言的效率降低，如此恶性循环，将会引发更大的焦虑。因此，教师要帮助学生及时克服这方面的困难，使语言学习上的成功体验与情感的发展相互促进。学生的情感态度往往与他们学习上的成功和失败有密切关系。学习上的成功能够促进情感态度的积极发展，而积极的情感态度又有利于促进学习上取得更大的成功。为了帮助学生克服情感态度方面的问题，教师可以从以下几个方面入手：

（1）善于发现每一位学生身上的优点，并让其优点不断扩大。

（2）真诚地关爱、呵护每一位学生，保护学生的自尊。

（3）适当降低对学生的学习要求，让学生在体验初步的成功中逐步恢复学习英语的兴趣。

（4）面对学生的语言错误不要大声训斥，而要学会与他们一起分析错误的原因，并试着修正。

（5）多与学习困难生交流，鼓励他们敢于迎难而上。

（6）对每一位学习困难生英语水平的提高都要有所期待。

（7）让不同水平的学生组建合作学习小组，确保学习困难生能有更多的参与机会。

（四）充分利用多媒体与网络

在英语教学中运用多媒体，不仅可以丰富教学内容，还可以通过鲜明的图像、有趣的声音刺激学生的视觉和听觉，吸引学生的注意力，更能增添课堂的活力和感染力，激发学生的学习兴趣，进而提高教学质量。因此，教师在教学中应注意多媒体的运用。

此外，教师还应考虑多运用网络进行教学，因为网络环境下的英语教学能够很好地发挥学生学习的积极性和主动性，体现学生的主体地位，最重要的是它可以促使学生情感目标的达成。首先，网络具有丰富的、开放的学习资源，学生只要掌握一定的网络操作技能，就可以根据自己的需求和兴趣，通过网上检索自主选择学习内容、学习方式和学习路径，进行自主学习或与他人进行讨论、交流，开展合作学习。其次，网络学习资源还能及时为学生的学习提供反馈信息，为学生的个性化学习、自主学习创造有利的条件，使学生之间相互帮助、分享学习资源成为可能。

第二节　高职大学英语学习风格

学习风格是教师了解学生学习行为的有效工具，它可以帮助教师了解学生学习中出现问题的原因，从而有效地指导学生更好地学习英语。尊重学生的学习风格并据此因材施教，可以促进学生学习积极性的提高，增强学生在使用学习方法上的灵活性，也可以使学生的自主学习能力得到较好的发展。在大学阶段，学生学习风格的差异十分明显，所以教师要尤其重视。

一、学习风格概述

（一）学习风格的定义

关于学习风格的定义，国内外学者有不同的看法和解释。以下将介绍几种具有代表性的定义。

德赛克（De Cecco）认为，学习风格是人们在学习新概念时处理信息的方式。

丽塔·邓恩（Rita Dunn）和肯尼斯·邓恩（Kenneth Dunn）将学习风格界定为，学生集中注意并试图掌握和记住新的或困难的知识技能时所表现出的方式。凯夫（Keefe）认为，学习风格是学习者特有的认知、情感和心理行为方式，是反映学习者的知觉，如何与学习环境相互作用并做出反应的相对稳定的指标。

英国心理学家帕斯克（Pask）认为，学习风格是学生在学习过程中喜欢采用的某种特殊的策略的倾向。

在瑞德（Reid）看来，学习风格是学习者所采用的吸收、处理和储存新的信息，掌握新技能的方式。这种方式是自然的和习惯的，不会因为教学方法或学习内容的不同而发生变化。

凯特·肯塞拉（Kate Kinsella）将学习风格定义为：学习者个体在接受、加工以及储存信息的过程中所采用的自然的、习惯的偏爱方式，这种偏爱方式具有持久性和独特性，就像自己的签名一样与众不同。它既反映了个体特有的生理特征，也记录了环境对个体成长的影响。

斯滕伯格（Sternberg）将风格的意义解释为一个人较喜欢使用其能力的方式，它不是一种能力，也没有好坏之分，只是有所不同，是个人运用其能力的偏好方式。他认为风格具有下列特性：风格不是能力，而是使用能力的偏好方式，风格与能力相互配合即可创造出一个相得益彰的整合体；人具有多种风格的组型，而不是只具有单一的学习风格；对于同一类型的风格偏好具有程度上的差异；人具有程度不同的风格变通性；风格是社会变化的结果，是可以改变的；风格没有固定的好坏标准，时间与场合不同，所得到的评价也不同。

亨特（Hunt）从学习情境的角度认为学习风格是最有可能促使个体学习成功的教育条件或学习情境：学习情境指的是描述学生如何学习，而非学到什么。

我国的谭顶良先生认为，学习风格是学习者持续一贯的带有个性特征的学习方式，是学习策略和学习倾向的总和。

胡斌武先生把学习风格定义为学习者在长期的学习活动中表现出的一种具有鲜明个性的学习方式和学习倾向。学习方式指的是学习者为完成学习任务而采用的方法、策略、步骤；学习倾向指的是学习者对学习活动的动机、态度、情绪体验、坚持性以及对学习环境、学习内容的偏爱。

可以看出，从不同的角度出发，不同的学者对学习风格的定义也不尽相同。综合上述定义，笔者将学习风格总结如下。

（1）学习风格是个人在学习的过程中，运用个人学习能力的方式或偏好。

（2）学习风格是个人经验及文化环境之间在长时间的交互作用下的结果。

（3）学习风格具有独特性、一致性及稳定性。

（4）学习风格多种多样，无优劣之分。

（5）学习风格在一定条件下可以改变。

（二）了解学习风格的意义

无论是对于教师还是学生而言，了解学习风格都有着重要的意义。具体体现在以下几个方面。

针对教师来讲，了解学生的学习风格为教师了解学生、激励学生、帮助学生提供了有力的帮助。具体表现为以下几点。

（1）教师可以帮助学生充分利用他们的优势，使学生形成更加全面、合理的学习风格，帮助更多的学生获得成功。

（2）教师可以帮助学生重新审视他们惯用的学习方法，确定这些方法是否与学生的先天倾向相符合，使学生找到真正适合自己的学习方法，提高学习效率。

（3）教师在安排、组织教学时，能做到心中有数，兼顾到更多学生的不同需求，从而有效地激励学生学习。

针对学生来讲，了解了自己的学习风格，可以更加关注学习过程，注意向他人学习有用的学习方法，不断拓宽、改进原有的学习风格，进而不断发展自己的学习潜能，提高学习质量。

总体来讲，了解学习风格对于教师和学生的意义具体体现在以下五个方面。

（1）体现了以人为本的教育思想。

（2）有助于落实因材施教，有利于个别化教育。

（3）促进了学习风格与教学风格的匹配，从而提高教学效果和学习质量。

（4）帮助个体了解其学习特征，采取相应的学习策略，拓展学习思路和方法。

（5）指导个人的自我发展。

二、学习风格的类型

由于学习风格是一种自然的感知、认知和情感上的倾向，因此在这里笔者重点从感知方式、认知方式以及个性特点三个方面来探讨学习风格的类型。

（一）感知方式

人们在学习时总会运用到不同的感官，而且每个人都有自己偏爱的学习感官及学习方式。因此，按照对外部信息的感知方式划分，学习风格分为视觉型（Visual Type）、听觉型（Auditory Type）和动觉型（Kinesthetic/Tactile Type）三种类型。

1. 视觉型

视觉型的学习者喜欢用眼睛来学习，也就是说，他们善于通过"看"来接收信息，直观形象的视觉材料能在他们的脑海中形成清晰的视觉形象。他们通过"看"书、黑板以及屏幕上的文字材料、图片、图表和录像就能获得良好的学习效果。如果在课堂上教师只是单纯口头讲授知识，就会给他们的学习造成困难。他们更愿意"看到"所学的知识，因此老师的板书会对他们十分有帮助。这种类型的学习者愿意记笔记，喜欢独自学习。

2. 听觉型

听觉型的学习者喜欢用耳朵来学习，也就是说，他们善于通过"听"来接收信息，听口头解释就能获得良好的学习效果。他们喜欢通过听录音带、听报告、听对话等方式获取信息。通常，他们的口语表达能力较强，能轻松地听懂老师的口头讲授，但却不擅长书写。一般这种类型的学习者喜欢在有背景声音的环境中学习，喜欢参加小组活动。

3. 动觉型

动觉型的学习者喜欢通过实践和直接经验来学习，也就是说，他们喜欢通过参与活动，通过自己动手或亲身体验来获得知识。他们喜欢动手尝试，乐于在"做"中学，善于执行计划并愿意参与新的富有挑战性的活动。这种类型的学习者多喜欢参与课堂活动、角色扮演、实习等活动，并善于通过这些活动来提高学习效果。

（二）认知方式

认知方式是指人们组织、分析和回忆新的信息和经验的方式。根据认知方式的差异，学习风格可分为以下几种类型：**场依赖型与场独立型**（Field-dependent Type & Field-independent Type）、**整体型与细节型**（Global Type & Particular Type）、**左脑主导型与右脑主导型**（Left-brain Type & Right-brain Type）。

1. 场依赖型与场独立型

场依赖与场独立指的是学习者对自身依赖的程度，代表了人们在处理信息方面的两种截然不同的倾向：场依赖者往往依靠外部提供的有关信息，倾向于从整体认知事物，他们易受外界因素的干扰，不善于独立分析问题；场独立者往往依靠自己内部具有的知识框架，倾向于自己独立分析问题，他们不易受外界因素干扰，能洞察出超越事物本身以外的事物间的相互关系，能够很容易地把重要细节从复杂的背景中区分出来，善于借助视觉和直觉线索。通常情况下，场依赖型的学习者有着较强的社交能力，而场独立型的学习者有着较强的分析能力。实际上,场依赖和场独立是一个连续体,连续体的两端分别是场依赖和场独立。大部分的学习者介于两者之间。只要创造适当的条件,场独立型和场依赖型的学习者都可以获得成功。

一般在语言学习的过程中,场依赖型的学习者较相信教师的权威指导,会不假思索地接受教师讲授的语言知识,他们很在意别人对自己的看法,依赖正面的反馈意见。他们往往性格开朗,具有良好的语言交际能力。他们喜欢有人情内容、社会内容、个人色彩以及充满幻想和幽默的材料。在学习方法的选择上,他们讲究实际,要求学习环境有意义,喜欢各种特征同时存在的学习方法。但是,他们一般不善于指导自己的学习,通常在半独立的情况下会表现得更好。

不同于场依赖型的学习者,场独立型的学习者通常不认为所学的语言知识一定是正确的,他们会根据自己的分析和思考决定学习的内容和方式。他们通常比较敏感,喜欢与人保持一定的距离,自我意识较强。他们喜欢抽象的、不带感情色彩的语言材料,喜欢事实性的或分析性的、有实用价值的、充满思想的材料。在学习方法的选择上,他们喜欢重点突出的、系统的、有次序的、逐步积累的学习方法,善于制定学习目标来引导自己的学习。

2. 整体型与细节型

根据接收信息的方式划分,学习者可分为整体型与细节型两种。

(1) 整体型。整体型的学习者善于全面看待问题,通常他们的深刻性、准确性较低,直觉性、模糊性较高。他们即使遇到不认识的词汇或不懂的概念也能很好地与别人进行交流。

(2) 细节型。细节型的学习者善于记住具体的信息,擅长逻辑分析和对比,善于以精细的逻辑形式理解各种信息,经常把宽泛的概念分解成若干小的单位来学习,擅长发现事物之间的差异。

3. 左脑主导型与右脑主导型

根据人们左右脑处理信息的倾向,学习者可分为左脑主导型与右脑主导型两种。

（1）左脑主导型。左脑主导型的学习者喜欢通过"放大镜"来学习，他们喜欢关注细节，有很强的逻辑性和分析能力，擅长学习数学。

（2）右脑主导型。右脑主导型的学习者善于用"广角镜头"来学习，他们喜欢抓大意，相信直觉，有很强的灵活性，喜欢音乐和艺术。

实际上，左脑和右脑是一个统一的整体，无论学习什么，都会同时用到左脑和右脑。

（三）个性特点

根据学习者个性的差异，学习风格可分为以下三种类型：外向型与内向型（Extrovert Type & Introvert Type）、开放型与封闭型（Open-oriented Type & Closure-oriented Type）、随机—直觉型与具体—程序型（Random-intuitive Type & Concrete-sequential Type）。

1. 外向型与内向型

（1）外向型。外向型的学习者通常性格开朗，喜欢与人交流，兴趣广泛，关注外部世界。在课堂上，他们愿意参与游戏、对话、小组讨论、角色扮演等交际性的活动。他们能够利用一切机会使用英语，善于表达自己的思想，而且不怕犯错误，因此口语水平较高。

（2）内向型。内向型的学习者喜欢独处，不愿意与人多接触，兴趣不多，一般关注内部世界。他们不善于表达自己的思想，但对个人喜欢的事却很精通。在课堂上，他们喜欢独立思考，喜欢自己独立完成任务，或者与比较熟悉的同学做两人的学习活动。他们一般害怕出错，所以不愿意主动学习新的语言知识，但是他们愿意集中注意力，独立思考解决问题，因此他们对语言结构的理解更加准确。

2. 开放型与封闭型

根据接收信息的方式来划分，学习者有开放型与封闭型之分。

（1）开放型。开放型的学习者善于收集信息，而且不急于下结论，他们通常会在广泛获取信息和经验的基础上下结论。他们喜欢灵活、顺其自然的学习方式，喜欢放松地享受学习过程，把学习当成娱乐，能从语言学习中获得乐趣。他们对歧义的容忍程度高，不关心规则也不重视规定的时间期限，他们喜欢通过自然的方式收集信息，喜欢发现式的学习。

（2）封闭型。封闭型的学习者善于决策和行动，他们善于制订计划并按规定的期限完成任务，希望掌控并且尽快完成学习任务。他们对歧义容忍度低，难以忍受模糊，希望得到详尽的讲解和明确的指令，为了尽快找到答案，他们经常对语法规则或文章主题仓促下结论。

3. 随机—直觉型与具体—程序型

按照加工信息的方式，学习者可分为随机—直觉型和具体—程序型两种类型。

（1）随机—直觉型。随机—直觉型学习者爱推测可能性，善于发现事物的主要规律，常以随机的方式处理事情，喜欢抽象的思考，不喜欢循规蹈矩的指令。

（2）具体—程序型。具体—程序型学习者关心眼前的任务，喜欢按部就班的学习活动，善于使用各种记忆策略。他们学习上讲究先后步骤，会严格遵照指令办事，往往将教师的话当成真理，刨根问底。

三、大学生学习风格的特点

当代大学生的学习风格呈现出独立性、稳定性、相互性的特点。

（一）独立性

独立性指的是大学英语课堂教学模式以及学习机制给学生的学习留下了更多空间，使学生的个性更加鲜明，独立性更强，所以大学生这个群体的学习风格呈现出很强的独立性。

（二）稳定性

大学生的学习风格是在初、高中阶段学习风格的基础上逐步改变，最终形成适应新的大学环境的学习风格，这一过程是逐步渐进的，一旦形成便具有较强的稳定性。所以，大学生的学习风格具有一定的稳定性。

（三）相互性

相互性指的是大学生学习风格由个性化趋于稳定性的影响机制。我们知道，大学生都有着很强的个性，而且有着自己独特的风格，但这种独特性又包含着稳定性。随着大学生个体个性的发展，可能会形成新的思维方式和行为，这些思维方式和行为随着个性发展的相对停止而逐渐形成定式，又趋于稳定。

实际上，上述三者并不是独立存在的，而是密切联系、相互统一的。在这里笔者提倡大学生的学习风格在保持稳定性的同时也要发展风格的鲜明性，促进创新思维的形成。

四、学习风格差异对大学英语教学的启示

从上述内容可以看出，学习者在学习风格上有着很大的差异，因此教师应注意这一情况，并根据学生学习风格的差异采取相应的教学策略，使学生扬长补短。

（一）尊重差异，提供人文关注

学生的学习风格是存在巨大差异的，所以教师必须充分重视学生的学习差异，并能预见其直接对学生参与学习活动的影响。这就对教师提出了一定的要求：首先，教师要树立学习风格的差异教学观念。学生的学习风格具有独特性，教师要尽量给学生提供按照其自身学习风格特点进行学习的机会，让他们学得更轻松，更多地体会到成功的快乐和喜悦，从而增强学习动机和学习热情。其次，教师要为学生提供更多的人文关注，因为学习风格具有多维性，所以教师要辩证地看待学生学习风格与教师自身教学风格的关系，树立公平公正的教学观念，对每一类学习风格类型的学生都要平等对待。

（二）针对差异，采用多元化的教学策略

为使学生充分地发挥自己学习风格的优势，教师可针对学生学习风格的差异，灵活地调整课堂活动，提高学生的积极性，使学生充分参与课堂活动。例如，针对视觉型的学生，教师可以鼓励他们多阅读，将语言材料以实物、图形或情景模拟、书写符号等各种形式呈现出来；针对动觉型的学生，教师可让学生亲自参与，模拟情境，展示有关的语言材料，这有助于他们对语言材料的理解和吸收。

（三）弥补差异，丰富和拓展学习风格

任何一种学习风格都不可能适用于所有的知识学习，如果学生在学习中坚守某一种固定的学习风格，那么必然会在一些不适合自己风格的学科学习中失败。学生的学习风格具有一定的稳定性，但同时也具有一定的可塑性，后天的经验和训练起着很大的作用。因此，在教学过程中，教师要均衡地实施与学习者偏爱的学习风格相一致的匹配教学策略和针对学习者学习风格中的劣势或短处的失配教学策略，并通过策略训练，拓宽学习者的学习风格。例如，场依赖型学习者倾向使用社交策略，交际能力较强；场独立型学习者倾向使用元认知策略，自主学习能力较强。根据这种差异，教师可有针对性地采用不同的策略实施教学，如教师可用元认知策略训练场依赖型学习者，以社交策略训练场独立型学习者，有意识地弥补原有风格的不足与缺陷，培养灵活的认知方式。学生一旦拓宽了接收信息的方式和渠道，学习动力也会随之增强。

（四）明确目标，转变教学思想

随着高等教育理论研究的不断深入，要求教师有全面的教育教学能力和全新的教学行为，现在大力提倡的素质教育、创新能力和终身学习观念也已经成为广大教师和学生的共识。因此教师必须改变传统的以课本和教师为中心的教育思想，重视学生在教学中的主体作用，外语教学是一种实践性很强的教学活动，除了给学生传授知识，更需

要学生将这些知识灵活应用，从而培养自己的外语运用能力。对于教师来说，更应该清楚地认识到自己在教学过程中的角色，以学生为中心、以培养综合应用能力为重点，全面提高学生的文化素质，充分调动教与学双方的主动性和潜能，最大限度地实现教学目标，并考虑好教学内容与社会个人需求之间的联系，注意听、说、读、写、译的协调发展，使学生能学有所用。

五、探索和创新适合高职学生的教学体系

1. 优化教材

教学内容改革是高职英语教学改革的首要任务，而教材改革又是教学内容改革的重要环节。教材指导着教师和学生的课堂活动，在教学活动中起着不可忽视的作用。而现如今各个高职院校实用的英语教材版本颇多，内容题材很广，虽然强调了提高听、说、读、写、译各种语言技能，有很多材料都是来源于文学作品，不具有太大的实用性。有些学校为了体现大学英语教学，干脆就使用与普通高校相同的大学英语教材，根本不适合高职高专学生使用。

2. 课堂教学多样化

教学方法是教学过程中教师与学生为实现教学目标和教学任务要求，在教学活动中所采取的行为方式，是搞好教学和提高教学质量的关键因素。英语教学方法多样，高职英语教育应该选择能够培养学生综合素质的教学方法。

3. 开展大学生英语第二课堂

英语第二课堂是指为学生在课外进行有序语言实践活动提供环境和指导，是一种全新的工作方式或沟通机制。第二课堂实现教与学的交流互动，教与学共同参与、共同设计来推进学生工作，第二课堂是相对课堂教学而言的。如果说依据教材及教学大纲，在规定的教学时

间里进行的课堂教学活动称之为第一课堂的话,那么第二课堂就是指在第一课堂外的时间进行的与第一课堂相关的教学活动。英语第二课堂的建设使学生能够把课上所学用于实践,提高语言实际运用能力,还能够提高学生学习英语的兴趣、积极性和主动性,推动切实提高学生英语实际应用能力教学目标的实现。可开展的英语第二课堂活动形式有很多,如:英语角、宣传窗、讲座、各类英语竞赛、学习交流活动、电影赏析、学术讲座等。通过第二课堂的实施,能提高学生主动学习英语的能动性和积极性,自主学习能力也会有所提高,从原来的"要我学"转变为"我要学"。各种活动的安排也培养了学生的合作意识,提高了学生的合作能力。

4. 构建科学的英语评价考核体系

一门课程的评价与考核是否科学,从一定程度上指导了该课程的教学方向,因此构建有特色的评价考核体系对于实现高职英语教学目标非常重要。现如今很多高职院校采用的评价学生英语能力的考核办法就是"一卷定胜负",只要学生能够通过英语应用能力考试,就可以拿到毕业证,这样的考核方式实际上很难评价一个学生真实的英语应用能力。所以要改革学生成绩考核方法,实现成绩考核的经常化、标准化,特别要考虑到不同层次学生成绩的横向比较问题,为学生在推荐就业提供理论依据,而不是仅仅考一张考试合格证书。科学的考核体系要注意评价内容的多样化,既要评价学生的知识、能力与应用技能,又要评价其学习态度、兴趣和方法是否得当。

高职英语教学在教学思想、教学体系、考核体系上都应该进行必要的改革和研究,要形成以应用为目的、实用为主攻方向的英语教学体系。只有建立科学合理的教学体系,使教学活动更符合语言学习规律,才能满足社会对高级应用型专门人才能力素质的需要,发挥应用型人才培养方面的重要作用。

第六章
信息化教学手段在高职英语教学中的应用

第一节　信息化教学模式

　　信息化教学是一种与传统教学有很大差别的全新的教学模式。传统教学的英语教学基本上还是根据行为主义理论，强调的是刺激引起反应，教师只是起到一个外部刺激作用，教学当中忽视了学生内在的心理反应。根深蒂固的教学模式是以教学为中心的，学生在学习过程中，处于被动的位置上，学生成了知识灌输的对象。传统教学扼杀了学生的个性。此外，"统一式"授课也是弊端之一，教师面对的是全班学生，满足不了学生个性差异的要求，因而教师提供的有效信息量有限。90年代的多媒体教学，虽然在教学形式上有所变化，也脱离不了教师"导"的作用，但只是把"人"灌变成了"电"灌。而英语的信息化教学是利用文本书籍、光碟软件、网上资料三大资源为基础，强调的是以学生自学为主体，培养他们的存储能力、检索能力、多媒体表达能力、道德情感能力、协作学习能力、自主学习能力，培养学生的美感。例如：在学习 weather 这一单元的时候，笔者要求学生：

　　（1）运用教学软件。例如：金山词霸、东方快车等，查出一些与天气有关的单词进行读、写、背。

　　（2）组成学习小组进行分工，到网上寻找有关天气的资料和一些国家城市的天气情况。

（3）对在学习过程中存在的问题，随时请老师或小组的同学讨论帮助解决并记录在个人文件夹上。

（4）把读到的和查到的东西通过小组合作制成网页。教师归纳总结存在的典型问题，集体评议每小组网页的质量和艺术性并布置下次学习的内容。评价时需要评定记录。这种教学法从根本上改变了传统教育教学理念，它在课堂教学、知识结构、课程安排、能力评价、协作学习、师生关系等方面都发生了质的变化。真正体现了学生"自主学习、协作学习"的核心思想。

第二节　信息化手段下的学习模式

网络信息化教学是一种教师与学生互动的学习模式。传统的英语教学是以教师为主体的，这大大妨碍了学生创造性思维的发展，也限制了教师的知识空间。新的教学模式不但开阔了学生的学习视野，而且也给教师在专业知识上、信息化素养上、知识范围上提出了更高的要求。同时，随着学生创造思维的不断发展，教师可从学生活跃的思维浪花中体会、学习到非常规的思维方式，进而促进教师知识的全面发展。学生间的交流是掌握知识的重要途径。英语的常规教学，学生的知识信息主要来源于教师，学生的学习交流一般都是在课后与放学这一段时间内，而且大多都是以本族语为主，而网络就为学生的英语交流提供了广阔的空间。笔者首先教会学生在一些网站上留言，把自己的问题放到网上去，让同学或其他人为他解答问题。学生也可以通过阅读、查资料等方法去解答其他人的一些问题。当为别人成功地解答好一个问题的时候，学生心里就会充满欢乐和成就感。特别是那些性格比较内向的学生，平时见到老师都会脸红，更谈不上向老师提问了，而在网上，他们就可以无所顾忌地提出自己的问题。为了便于交流,笔者教会了学生上网用英语聊天,到一些著名的网站和同学、网友用英语进行交谈。这样学生们既增强了运用英语的能力,还学到了很多书本上学不到的知识,聊天也使学生对英语越来越感兴趣,这对于学生们的协作学习很有好处。此外,互联网技术也缩短了学生在放学后的距离,当学生在学校还有问题没有解决时,可以存放在个人主页上很方便地进行相互交流。

第三节 信息化手段下的教学方法

信息化是一种培养综合能力的教学方式。网络信息化的教学特点:信息资源永远开放;传播媒介多向交流;传递系统是多媒体的;知识是跨越时空限制的。(这些特点决定了网络环境下的英语教学过程具有以下特点:开放性与全球化;学习过程的交互性;学习内容选择的自主性和个性化;内容形式的多媒体化。)这恰恰迎合了人本主义和素质教育的宗旨。这也说明,一旦网络环境下英语课堂组织起来,必然带有松散性、不确定性、难控制性,在不脱离学校模式、班级模式的课堂形式下,这种教学设计的确是一种前所未有的尝试。

由于英语信息化教学是利用现代技术学习国家教委规定的课程,因而在要求学生学习好英语课的同时,也要培养学生的信息化素养,提高学生的电脑技术水平。学生在毕业时,在信息化素养、创造性思维的发展方面得到了很大提高。

当然,任何一个新生事物的诞生和发展,它所经历的道路都不会是平坦的,它总会遇到这样或那样的困难和问题。试验中发现,传统教育不论在教育理念、课程设计上还是在教学方法、教学评价上都是一个非常成熟的教育体系,近代教育理念虽然使其变革了许多,但由于其教学模式没有从根本上改变班级讲解授课制,因而它的历史惯性仍然很大。信息化教学首先遇到的问题是,如何准确地评价信息化教学的成绩。其中包括学生的文化课成绩、综合素质能力、信息化素养、道德品质,教师的教学能力、文化素养、师德以及敬业精神等,因为这直接影响到学生的升学和评教问题。

其次是教材问题。整合课的形式是让学生自己设计,创造教育资源。教育是通过学习过程中提高学生的各方面能力,是通过网络学习文化课知识。整合课要求打破各学科间的界限,而且大部分知识来自教材以外,因而教材和资源的衔接具有跳跃性,学生很难把握,学科系统将被打乱。目前多数学校的英语学习都是以现行教材为主,而现行的教材呈多样化,网络信息化教学的特点就是以单元教学为主,而不是以课为教学单位,到现在为止还没有相应的教材,这就给教师讲课带来很大困难。

此外,英语网络信息化的学习只有硬件不行,还必须有好的软件。目前英语学习上的软件还是太少,好的软件更少,大部分都是以题海战术为主。另外,掌握网络信息化教学毕竟不像操作录音机和录像机那么简单,它需要掌握一些计算机操作知识和有相应的网络知识,这些知识也不是两三天就能学会的,这也制约了网络信息化学习的应用。

虽然有诸多问题和困难,计算机的发展在改变着人们的经济模式和文化观念,同时对英语学习也产生了巨大的影响,任何一种传统的英语学习方法都是无法同它相比的。作为一个全新的教学模式和手段,网络信息化教学会受到学校和社会越来越多的关注,也必将对传统的学校教学造成冲击和深远的影响。

第七章

翻转课堂、混合式教学在高职英语教学中的应用研究

混合式学习是一种将传统课堂师生面对面教学与数字化学习相结合的教与学的新方式，混合式教学既能发挥教师在教学过程中的引导、启发、监控等主导作用，又能体现学生在学习过程中的积极性、主动性和创造性，将传统的面授课堂教学与现代网络多媒体教学方式结合起来，以获得更好的教学效果。

翻转课堂是一种新出现的课堂教学组织形式，即在信息化环境中，课程教师提供以教学视频为主要形式的学习资源，学生在上课前完成对教学资源的观看和学习，师生在课堂上一起完成作业答疑、写作探究和互动交流等活动的一种新型的教学模式。对传统教学流程的颠覆和基于"以学生为中心"的思考是翻转课堂的真正本质。

目前，海内外的学者普遍认为，翻转课堂不仅仅是能增加学生与教师之间的互动以及学生个性化学习时间的一种手段，它更是一种全新的"混合式学习方式"——是在以"B-Learning"为标志的教育思想指引下，对课堂教学模式实施重大变革所产生的成果。

笔者认为，在混合式教学中贯穿翻转课堂的理念，既能发挥混合式教学的优势，又能改变单一的学习方式，激发学生的学习热情和主动性。这种新型的混合式教学为我们的教育教学改革提供了新的思路。

第一节 基于翻转课堂理念的混合式教学模式

1. 传统课堂讲授教学与现代网络多媒体教学方式混合

长期以来，多数学校教育采用的都是传统的课堂教学，即"教师讲、学生听"的教学模式，教师是教学活动的主体，是知识的传授者，而学生是知识的接受者。这种模式虽然弊端较多，但是其根本目的是服从于学科教学的需要，系统、完整地传授人类社会几千年来积累的文化科学知识。因此，目前大多数的学科教学采用的还是讲授教学模式，通过教师将学科的基本概念、基本理论和原理等基础知识与技能传授给学生，学生通过教师的指导和引导，可以快速、集中、系统地获取大量知识，得到最快和最佳的发展。

但是传统的课堂讲授知识传递方式单一，不利于调动学生学习的主体积极性，剥夺了学生课堂教学中的情感生活，造成了课堂教学的沉闷局面，不利于发展学生的创新能力。而现代网络和多媒体技术能为教学构建友好逼真的学习环境，能提供丰富形象的教学资源、多样的知识获取途径和多元的师生交流方式。混合式教学结合二者的优势，充分发挥教师的主导作用和学生的主体地位，使学习方式更加多样化，学习途径更加多元化，学习体验更加形象化，是目前教学改革中一种非常实用有效的教学模式。

2. 传统课堂讲授教学、部分翻转课堂和完全翻转课堂混合

翻转课堂颠倒了传统的教学观念和教学顺序，以一种全新的教学方式引起了广大教育工作者的关注，成为教育教学改革中的"香饽饽"，越来越多的学校和教师将翻转课堂应用到教学实践中。但是也有人质疑翻转课堂教学模式使得教师的作用下降，调动不起学生的兴趣，学

习效果不好，有研究也表明翻转课堂并没有大幅度提高教学效果。究其原因，翻转课堂教学的有效实施受到多种因素的影响。如果把握不好，反而会流于形式，只做到形似翻转课堂，可实际上学生课外没能完成自学任务，课堂上的研讨活动就无法有效展开，学习效果反而更差。

笔者认为在课程教学中完全采用课堂讲授教学或是完全采用翻转课堂都是不可取的，在二者之间可以有交叉部分，即部分翻转课堂，教师选择教学内容的重点部分在课堂上进行讲授教学，而其他部分可由学生课前自主学习。也可根据内容选择特定主题或项目让学生以小组或学生代表形式进行基于主题或基于项目的探究学习，在课堂上分享学习成果、讨论交流，教师引导学生思考和讨论，并进行答疑解惑和补充说明。

这种混合方式是探索课程教学中实现翻转课堂的一个有效的尝试，既注重了专业知识的教学，又给予学生一定的学习自由度，激发了学生参与学习的积极性，还能有效避免由于各种因素导致的翻转课堂形似而神不似。在混合式教学中，可以采取讲授教学、部分翻转课堂和完全翻转课堂三种混合形式，根据课程内容特点和学生特点灵活选择。

3. 教师教学活动和学生学习活动混合

在现代教育理论的指导下，课堂教学活动的行为主体是教师和学生，但更加强调学生的自主性和能动性，所有教学活动的开展过程、教学环境的创设等都是围绕着"促进学生发展"这一目标进行的。在基于翻转课堂理念的混合式教学模式下，教师的教学活动和学生的学习活动如表7-1所示。

表7-1 教师的教学活动和学生的学习活动

教师活动	课堂讲授、准备和发布学习任务和资源、教师点评、组织讨论、解答疑难、批改作业、与学生互动交流、补充讲解
学生活动	课堂听讲、基于资源的自学活动、完成个人作业或小组作业、课题汇报、提问讨论、互动交流、课外拓展练习

翻转课堂颠倒了传统的教学理念和流程，强调"课外传授知识，课间内化知识"，这时学生学习活动和教师教学活动的顺序和组合也将发生不同的变化。学生成为课堂的主角，课堂活动主要以学生的问题探究或主题汇报、学习成果分享、讨论交流、提问等活动为主，以内化或修正知识理解，教师则成为学习活动的引导者、指导者和对话者。

4. 形成性评价与总结性评价混合

基于翻转课堂理念的混合式教学模式既强调教师的课堂讲授，又强调学生基于资源的自主学习和合作学习，注重培养学生的信息素养和表达交流能力，引起了学生的认知模式、学习方式以及教师的教学模式和师生角色的深刻变革，因此在课程考核时也要注重采用多元的评价体系，注重形成性评价与总结性评价相结合，而且要加大形成性评价比例。形成性评价包括学生出勤、平时作业、个人或小组学习的质量和效果、成果展示、参与交流讨论的活跃度等，教师平时应做好记录；总结性评价通常以期末考试的形式进行，考查学生课程学习的整体结果是否达到教学目标的要求。

基于以上分析，笔者提出基于翻转课堂理念的混合式教学模式，如图7-1所示。

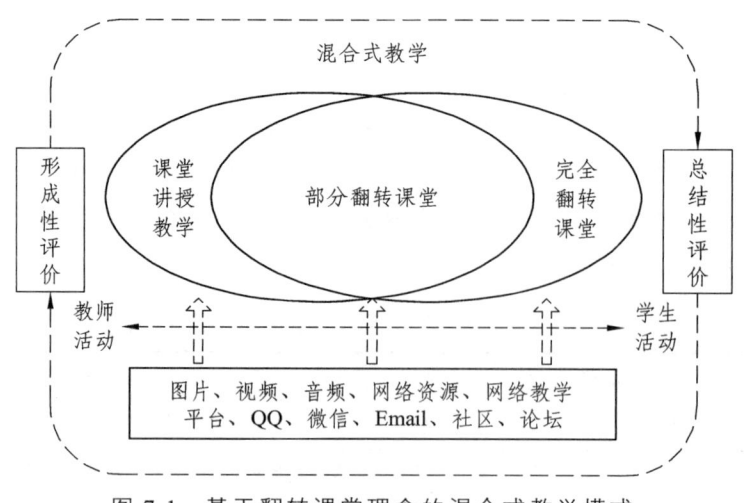

图7-1 基于翻转课堂理念的混合式教学模式

第二节 混合式教学模式的构建

一、混合式学习

混合式学习即 Blended-learning 或 Blending-learning，学界对混合式教学有不同的界定和阐述。科里斯和穆南 Collis & Moonen（2001）认为混合式教学模式"混合了面试学习和网上学习，教师的授课既在教室也在网上进行，网上授课是传统的教室授课的延伸"。李克东（2004）把混合式学习定义为在线学习和面对面学习的混合。表面上看是两种不同学习形式的混合，更深层次的是基于两种不同理论的教学模式的混合，教师主导活动与学生主体参与的混合，课堂教学与在线学习环境的混合，不同教学媒体的混合，课堂讲授与虚拟教授或虚拟社区的混合。何克抗（2005）基于新型建构主义的观点，把混合式教学描述为"把传统的教学方式的优势和 E-learning 的优势结合起来""既要发挥教师引导、启发、监控教学过程的主导作用，又要充分体现学生作为学习主体的主动性、积极性与创造性，只有把二者结合起来，优势互补，才能获得最佳的教学效果"。混合式教学是根据教学对象和教学目标，确定合适的教学起点和终点，将教学诸要素有序、优化地安排，形成教学方案的过程。结合教学设计分析、开发、应用和评价，通过调动教师讲授与学生学习的双边积极性，使学生掌握知识体系，并从学习工具、学习环境、学习者之间的互动、学习内容、学习步调制定等方面，培养学生深度的学习能力及较强的信息素养，帮助其形成终身的学习能力。混合式教学模式充分体现了人本主义教育思想，把学生看成能动的主体，而不是被动的客体，尊重学生的个性发展，促使学生掌握知识，获取技能。

二、混合式教学模式构建

根据混合式教学的特点，混合式教学分为线上自主学习、线下翻转课堂、线上重温内化。

（1）线上自主学习：要求学生在课前完成学习相关的在线课程内容，并完成分层次、差异化的预习任务，如学习笔记、预习报告、项目汇报、论坛提问、讨论等。

（2）线下翻转课堂：由任课教师提炼本单元的知识重点，师生共同探讨难点、疑点；学生分享预习收获，并以个人陈述、演讲、角色扮演、小组讨论、辩论等形式呈现学习任务的完成情况。

（3）线上重温内化：要求学生按时完成在线课程的相关练习，内化所学内容。

为了综合评价学习者的学习效果，该课程构建了多维评价体系，该体系由过程性评价、表现性评价和结果性评价三个模块组成，量化并综合考核学习者的学习情况，使考核结果合理化、全面化、立体化。过程性评价主要是记录、考核学习者在学习过程中的参与度和知识掌握情况并及时给与反馈，包括线上学习的学习时长、练习题答题准确度、提问频率和线上讨论参与度以及各单元课程涉及的短文写作、句子或段落翻译、反思日志等。该模块约占比例20%。表现性评价主要是多维度观察、记录和评价学习者完成包括课堂展示、项目汇报、小组合作等表现性任务的情况。如：语言表达的流利度、准确性；汇报内容的丰富度、逻辑性；小组合作中的积极性、组织和协作能力等。该模块约占比20%。结果性评价主要是语言水平测试，包括口语和笔试。口试按照难易程度分为朗读答问、日常对话、话题讨论、观点陈述、辩论等，逐级进阶，占比为10%；笔试包括期中、期末两次，含听力、阅读、翻译、写作等基础题型，考查学习者听、读、写、译的语言要素，该模块约占比50%。

教师角色的转变：在传统的教学模式下，教师占主体地位，控制和管理着整个课堂流程，以输出为主，每次授课完成相应的教学内容和教学目标；学生被动接受教师所传授的教学内容，课堂上以听和做笔记为主，师生缺乏良好的互动。独立学院大多数学生基础薄弱，英语能力不足，在这种课堂模式下，只有少数学生能在课堂上理解教师所传授的知识，而大多学生由于无法理解教师所讲授的知识，对大学英语课越来越丧失信心，学习动力不足。随着信息技术的高度发展，教师的角色需要转变，从"一言堂"转变为"主持人"，引导学生参与课堂各个环节，切实地提高学生的主体地位，实现师生的良性互动，从而提高大学英语课堂的教学效率。

第三节 高职英语课堂混合式教学的必要性和可行性

一、高职大学英语课堂混合式教学的必要性

高职学院非英语专业学生的英语基础薄弱，在传统的教学方法中，学生学习缺乏积极性和主动性，不少学生对于英语学习存在畏惧心理，且缺乏自主学习能力。教师的教学技术手段陈旧，动手能力不强，课程课时有限，班型较大，学生基础参差不齐，教学目标难以实现。学生在学了十多年英语后，仍然不具备相应的听、说、读、写、译的能力和水平。随着互联网信息技术的出现，教学理念和模式都出现了新的变革，翻转课堂、微课和慕课等教学方法和手段给外语教学带来了新活力。我国大学英语教学在 20 世纪 90 年代就开始采用多媒体辅助方法，然而经过了多年的实践后，人们发现如果完全脱离了教师的指导，仅仅利用网络远程教育学习，学习效果达不到理想状态。高职英语教师的角色和所发挥的作用不能完全被取代。要结合具体的学习情况和教学情况构建本地化的模式，将传统的大学英语课堂教学模式和在线网络课堂教学模式相结合，使二者优势互补，改变以教师为中心的传统教学模式，实现以学生为中心的教学模式，这样有利于提高大学英语课堂教学效果和提升学生的英语综合能力。高职英语混合式教学模式是一种

具有创新性的教学方式，更容易激发学生的兴趣。互联网和手机的大量应用使大部分学生都很依赖手机，无论课上课后，学生的注意力都放在手机上。在此情况下，高职英语的教学内容通过线上和线下的方式传递给学生，更符合新时代的教学模式。新时代的教师也要懂得与时俱进，关注学生的个体差异，做到因材施教。在混合式教学模式中，学生可以通过网络了解西方风土人情，学习西方文化，也可以通过观看英语视频和电影、收看国外节目等方式来学习英语。教师可以组织丰富多样的课堂活动来让学生内化知识，从而达到良好的教学效果。

将传统教学模式和互联网教学模式相融合的混合式教学模式能有效改善课堂效率低的问题；有利于顺应信息化教学的发展趋势，丰富大学英语教学资源，实现优势资源共享；有利于提高学生的学习质量，增强学生自主学习能力、跨文化交际能力和英语综合能力；有助于保证学生学习时间和内化时间的延长，更好地完成教学目标，实现"高效课堂"；有利于大学英语教师师资队伍的建设和发展，提升大学英语教师的专业能力和水平，适应时代发展的需求；有利于完善大学英语课程体系的建设，极大丰富教学资源，从而推动其他学科体系的建设和发展。综上所述，大学英语混合式教学模式适应了当代信息科技时代的发展，这种新的模式可以改变以教师为中心的传统教学模式，实现以学生为中心的教学模式，从而提高教学效果。

二、高职大学英语课堂混合式教学的可行性

随着信息科学技术的高速发展，"互联网+"时代的兴起，多媒体网络教学在全国应运而生，在此背景下校园网、多媒体教室和网络课程日益增多，成为大学英语教学中的重要辅助工具。学生获取知识的渠道拓宽，改变了以往的从教师教学中获取知识的单一途径，教师的授课形式也发生了改变，不再是以往以教师为主的教学方式。网络的覆盖使学生可以随时随地通过网络获取所需的知识，教师在课堂上不

仅可以使用多媒体教学，也可以通过手机或笔记本电脑实现教学互动。这种线上和线下的结合，满足了不同层次学生的要求，极大地提高了教师的教学效果和学生的学习效率。

第四节 混合式教学模式有效实施的反思及建议

一、教学反思

通过在英语课程教学中努力实践基于翻转课堂理念的混合式教学模式，笔者发现该模式确实能极大地调动学生的学习积极性，丰富学生的学习体验，锻炼学生的文献查阅能力、学术汇报能力和口语表达能力，学生对课堂教学氛围和教学方式的满意度也大大提高，整体教学效果较之以前有所提升。

但是反思教学，笔者也发现有一些因素制约了该模式在教学中的应用，突出表现在三个方面：（1）学生的学习基础较差，自主学习能力还有待提高，这直接影响到学生自主学习活动能否完成。（2）课程教学主要以文本资源为主，而跟课程内容相关的视频资源或其他类型资源较少，这直接影响了学生参与学习活动的积极性。（3）教师的教学技能水平和综合素质高低，将直接决定混合式教学的成功与否。

二、改进策略

基于翻转课堂理念的混合式教学要想在课程教学中取得更好的效果，需要从以下几个方面做出努力。

（1）转变师生观念和角色，提高学生的自主学习能力。在基于翻转课堂理念的混合式教学模式中，师生之间是一种平等、对话的关系，课堂是师生之间共同学习、交流思想、内化知识的场所。教师要精心设计好教学所需的教学资源和基于主题的学习活动，把更多的时间交给学生去进行自主学习、汇报和讨论，而自己转变成一个组织者、引导者、与学生的对话者。学生也要转变角色，认识到自己才是学习的主体，变被动的"要我学"为"我要学"，积极主动地参与学习活动，努力提高自己的信息素养和自主学习能力，以保证混合式教学顺利进行。

（2）根据教学课程的特点和学习者特征灵活地对混合式教学模式进行改变和创新。混合式教学是学习理念的一种提升，是由传统课堂转变而来的整合了各种教学方式的学习范式，是以教师为主导、学生为主体的教学方式。一个"混"字本身就体现着极大的灵活性，混什么、怎么混都需要教师在教学过程中根据教学内容特点、学习者特点、资源及条件等合理地进行设计，以获得最佳的学习效果。

（3）提升教师的教学技能和综合素质。教师定期参加一定的师资培训项目，系统地学习各种新型教育教学理论和教学模式、信息技术的应用、系统化教学设计、教学实施技能、教学研究技能等，开展校本研修，参加教师工作坊研修，在教学实践中开展行动研究，这些都有利于提高教师的综合素质和教学实践能力。

（4）高质量教学资源建设与共享。优秀的教学资源是教学取得成功的基石。首先，教师根据教学需求制作的资源比较符合实际教学需求，这些因课制宜的校本资源可经过收集、整理共享给其他教师使用。其次，教育主管部门围绕核心性课程，建设少而精的专门配套的教育教学资源。此外，应大力建设适合网络在线学习的开放教育资源、慕课和适合翻转课堂使用的微课、微视频，以及适合移动学习或手机播放的碎片化资源，建设适合个性化、个别化教学需求的教学资源，并促进资源的共享和利用，这些是混合式教学取得持续发展的重要保障。

第八章
在高职英语教学中融入思政教育

以习近平新时代中国特色社会主义思想为指导，在高校英语教学中融入思想政治教育，培养学生的语言理解和表达能力，培养学生的"家国情怀"和"世界眼光"，既要学生专业成才，又要促其精神成人，这不仅是高校英语教学的努力方向，也是一个现实的重要课题。我国的教育方针，一直把思想品德教育放在首位。高职教育培养目标是培养德、智、体、美、劳全面发展的高素质技术技能型人才。高职英语教师应责无旁贷的在英语教学中融入思政教育，以社会主义核心价值观和中华传统文化教育为主线，既要教会学生知识，又要教会学生做人，既要"教书"又要"育人"，把学生培养成品学兼优的、社会需要的高素质人才是高职院校每一位教师的使命。

第一节 高职院校学生的思想现状分析

一、高职院校学生的思想状况

高职院校学生的思想现状总体来说是积极的、健康向上的，但根据对高职院校学生的思想状况调查统计的情况来看，还存在以下一些问题。

（1）部分学生理想信念缺失，缺乏正确的世界观、人生观、价值观和是非观。一些学生以为考上大学就万事大吉了，不思进取，沉迷于网络游戏。无论在学习上，还是在生活中，态度消极被动，自主学习、自我管理能力差。

（2）部分学生集体荣誉感差，只关心自己，不关心他人，更不会关心社会。

（3）部分学生责任感差，缺乏奉献意识和社会公德意识，在践行社会主义核心价值观等方面做得远远不足。

（4）一些高职院校的学生自律意识不强，在学习和生活中存在一些不良习惯，难于改正。

（5）不少高职院校的学生没有明确的学习目标，只想混个文凭，缺乏学习动力。另外，高职院校学生的学习基础相对薄弱，学习中遇到的困难相对较多。不少学生没有找到正确的学习方法，没有及时主动地解决问题，特别是专业知识难度较大，导致了厌学情绪。

（6）不少高职院校学生普遍存在自卑心理，从而缺乏正确的思想和行为表现。

总之，不少高职院校学生的思想状况不稳定，缺乏明确的学习目标和人生目标，学习态度和生活态度都比较消极、被动。因此，加强高职院校学生的思想政治教育工作刻不容缓。

二、存在以上问题的原因

1. 高职院校生源质量下降

高职院校在和重点高校，甚至和一些普通本科院校竞争时是处于下风的，受办学质量、师资、声誉等方面的影响，高职院校一般来说竞争不过其他本科院校，导致高职院校在招生方面处于弱势。一些高职院校的招生面临很大困难，在这种情况下，很多高职院校降低了录取分数线，学生高考只要过了专科提档线就可录取，这样也就导致生源质量下降，高职院校学生的思想道德素质随之出现了参差不齐的状况。

2. 社会大环境因素的影响

随着社会经济的日益发展，对外开放的力度加大，全球化浪潮的日益高涨，社会越来越多元化，一方面社会充满了活力，另一方面也给学生带来了一些负面的影响。特别是随着信息化时代的来临，大学生在学习西方先进文化和科学技术的同时，也受到了西方社会一些不良思想的影响，从而使一些学生没有树立正确的世界观、人生观、价值观和是非观。

3. 高职院校自身的原因

一些高职院校为了提高就业率，提升学校的名气，只重视学生知识和技能的培养，忽视了学生思想道德素质的培养，对学生的思想、心理状况重视不够，思想品德、心理健康教育相对滞后，导致学生出现了这样或那样的思想和心理问题。

4. 家庭的原因

一些高职院校的学生家庭教育缺失，导致学生养成了一些不良的习惯，思想懒散、不求上进、早恋、沉迷网络、厌学等情况在高职院校学生中比较常见，这些负面情况必定会影响他们的学习和生活。

三、加强高职院校学生思想政治教育的重要性和紧迫性

高等职业教育是我国高等教育的重要组成部分，担负着为我国社会发展、经济建设培养高素质的技术技能型人才的重任。在高职教育中，思想政治教育意义重大。它是对中学阶段应试教育的弥补，也对学生世界观、人生观、价值观的最终塑造产生重大影响，更是学生职

业生涯规划的重要引导。加强高职院校学生的思想政治教育，就是要把学生的聪明才智正确引导到报效祖国、振兴中华、实现中华民族伟大复兴上来，确保中国特色社会主义事业兴旺发达、后继有人，这对于创建和谐社会，全面实现小康社会尤为重要。大学生代表着祖国的未来、民族的希望，是中国特色社会主义建设的接班人。因此，加强大学生思想政治教育，是直接关系到祖国未来、民族兴衰的一件大事，也是高等教育和职业教育一项紧迫的任务。

中共中央、国务院发出的《关于进一步加强和改进大学生思想政治教育的意见》，充分表明了党中央、国务院对大学生思想政治工作的关心和重视，明确指出加强思想政治教育事关广大青年学生的健康成长，事关国家和民族的前途与命运，是一项基础工程、民心工程、希望工程和社会工程。

（1）基础工程。

加强思想政治教育是推进素质教育、引导学生全面成长的基础工程。高素质人才，既要有较高的科学文化素质、健康的身体素质和心理素质，又要有良好的思想政治素质。

（2）民心工程。

加强思想政治教育，是实践"三个代表"重要思想，办人民满意的教育的民心工程。广大青年学生的健康成长，关系到亿万家庭的幸福，关系到广大人民群众的根本利益。

（3）希望工程。

加强思想政治教育是关系国家前途和民族命运，确保中国特色社会主义事业兴旺发达的希望工程。一个有远见的民族，总是把关注的目光投向青年；一个有远见的政党，总是把青年看作推动历史发展和社会前进的重要力量。学生是青年中的优秀分子，是十分宝贵的人才资源。

（4）社会工程。

加强思想政治教育是需要学校、家庭和社会密切配合，需要全社会大力支持的一项社会工程。任何成功的教育都是综合各种因素形成的，思想政治教育的成功需要学校、家庭和社会的密切配合，齐抓共管，其中任何一个方面出现问题都会导致思想政治教育的失败。因此，思想政治教育需要全社会各个方面、各种力量的支持。

随着各行各业改革的深化，经济社会的全球化、信息化，大学生的思想政治教育也要做到与时俱进、不断创新发展，内容、目标及形式上都要做出及时调整，才能适应社会的发展。学生的思想政治教育不单是思政课的任务，也是其他各门课程一项必不可少的教学任务。

第二节 改变高职院校学生思想状况的方式

一、转变教学观念，强化思想政治教育意识

传统的高校英语课堂采用以教师为中心、以知识讲授为主的教学方式，把传播知识和掌握知识点作为主要的教学目标，教学的重点往往在于如何提高学生的听、说、读、写、译等技能，并没有充分意识到在教学过程中融入思想政治教育的重要性。

因此，要实现寓思想政治教育于英语教学之中，英语教师就必须转变教学观念，不断提高自身的思想政治修养，强化思想引领责任意识，积极主动成为思想政治教育的一员，努力争当新时代合格的思想政治理论课工作者，以便更好担起学生健康成长指导者和引路人的责任。这就需要院校始终坚持把立德树人作为英语教学的中心环节，既重视英语知识的传授与专业技能的培养，又把思想引导和价值观塑造融入英语教学的各方面，贯穿英语教学的全过程，帮助学生树立正确的世界观、人生观、价值观，从而培养出适应新时代社会发展需求的德才兼备的高素质英语人才。

二、挖掘教学资源，创新思想政治教育方式

在英语教学中，教师应运用灵活多样的教学方法，使思想政治教育融入各项教学活动中，从而实现"无缝对接"和"润物细无声"的教学效果。

英语教学的特殊性，不仅在于它的语言教育功能，更重要的在于英语语言所体现的文化价值观念和思想价值体系。英语教师教授英语知识，不应局限在语音、词汇和语法的表层结构，还应在此基础上深入介绍相关的文化背景知识，给学生以正面引导。比如，对于马丁·路德·金的著名演讲《我有一个梦想》的解析，教师可以引导学生讲述自己的梦想，解读民族伟大复兴的中国梦，用中国梦激扬青春梦，为学生点亮理想的灯、照亮前行的路。

教师可以从《习近平谈治国理政》中英文版、中国文化典籍英译、国外传媒报道与评论等资源中，补充各类融英语教学和思想政治教育于一体的教学素材，在此基础上，根据学生的思想状况，灵活运用教学方法，在完成课程既定教学目标的同时，使得思想政治教育取得良好效果。

三、遵循教学规律，深化思想政治教育改革

其实，英语教师真正把思想政治教育融入高校英语教学中，最根本的要靠教学改革。如果因循守旧，缺乏亲和力与针对性，就不能满足学生的成长发展需求和期待，也很难取得实效。

只有遵循思想政治工作规律，遵循英语教学规律，遵循学生成长规律，沿用好办法，改进老办法，探索新办法，着力推动高校英语"课程思政"改革，不断增强针对性、时代感和吸引力，才能使思想政治教育给学生以人生启迪、智慧光芒、精神力量。

尤其值得注意的是，"课程思政"与"思政课程"并不是等同的。"思政课程"是指思想政治教育类课程；"课程思政"不是一门或一类

特定的课程，而是一种教育教学理念，它的实施不是简单增设一门课或者添加一部分教学内容、教学活动。

高校英语"课程思政"改革的核心，就是改革教学内容，重构教学目标，加强教材建设，优化教材结构。比如，听力教学要凸显中西社会背景差异，词汇语法教学要注重中英文化对比，阅读教学要加强正面价值取向引导，翻译写作教学要强化民族意识熏陶，使英语课程具有传授知识、培养能力及思想政治教育的双重功能，实现英语课程与思想政治教育同向同行、同频共振，形成协同效应，让英语课上出"思政味"，让英语教师挑起"思政担"，探索构建英语教学全员、全过程、全方位的大思政教育体系。

在英语教学中，教师应运用灵活多样的教学方法，使思想政治教育融入各项教学活动中，从而实现"无缝对接"和"润物细无声"的教学效果。

英语教学的特殊性，不仅在于它的语言教育功能，更重要的在于英语语言所体现的文化价值观念和思想价值体系。英语教师教授英语知识，不应局限在语音、词汇和语法的表层结构，还应在此基础上深入介绍相关的文化背景知识，给学生以正面引导。比如，对于马丁·路德·金的著名演讲《我有一个梦想》的解析，教师可以引导学生讲述自己的梦想，解读民族伟大复兴的中国梦，用中国梦激扬青春梦，为学生点亮理想的灯、照亮前行的路。

教师可以从《习近平谈治国理政》中英文版、中国文化典籍英译、国外传媒报道与评论等资源中，补充各类融英语教学和思想政治教育于一体的教学素材，在此基础上，根据学生的思想状况，灵活运用教学方法，在完成课程既定教学目标的同时，使得思想政治教育取得良好效果。

参考文献

[1] 林新事. 英语课程与教学研究[M]. 杭州：浙江大学出版社，2008.

[2] 何少庆. 英语教学策略理论与实践运用[M]. 杭州：浙江大学出版社，2010.

[3] 鲁子问，康淑敏. 英语教学方法和策略[M]. 上海：华东师范大学出版社，2010.

[4] 鲁子问. 英语教学论[M]. 上海：华东师范大学出版社，2010.

[5] 王笃勤. 英语教学策略论[M]. 北京：外语教学与研究出版社，2008.

[6] 崔刚，孔宪遂. 英语教学十六讲[M]. 北京：清华大学出版社，2009.

[7] 罗毅，蔡慧萍. 英语课堂教学策略与研究方法[M]. 武汉：华中科技大学出版社，2011.

[8] 张鑫. 英语教学的理论与实践[M]. 北京：知识产权出版社，2012.

[9] 乔姆斯基. 论自然与语言[M]. 北京：北京大学出版社，2004.

[10] 林立，王之江. 人本主义活动在英语教学中的应用[M]. 北京：首都师范大学出版社，2005.

[11] 侯旭. 社会语言学[M]. 南京：东南大学出版社，2010.

[12] 教育部高等教育司. 大学英语课程教学要求[M]. 北京：外语教学与研究出版社，2009.

[13] 胡春洞. 英语教学法[M]. 北京：高等教育出版社，1990.

[14] 肖礼全. 英语教学方法论[M]. 北京：外语教学与研究出版社，2005.

[15] 王电建，赖红玲. 小学英语教学法[M]. 北京：北京大学出版社，2007.

[16] 张琳琳. 小学英语课程教学论[M]. 郑州：郑州大学出版社，2008.

[17] 晨梅梅，等. 探索与变革：转型期的英语教学[M]. 北京：商务印书馆，2004.

[18] 樊永仙. 英语教学理论探讨与实践应用[M]. 北京：冶金工业出版社，2009.

[19] 何广铿. 英语教学法教程：理论与实践[M]. 广州：暨南大学出版社，2011.

[20] 武尊民. 英语测试的理论与实践[M]. 北京：外语教学与研究出版社，2010.

[21] 姚敏. 英语教学法[M]. 北京：中国文联出版社，2004.

[22] 曾淡君，黄若好. 新编日常交际英语口语速学速用[M]. 武汉：武汉大学出版社，2007.

[23] 魏朝夕. 大学英语文化主体教学探索与实践[M]. 北京：中国农业科学技术出版社，2010.

[24] 严明. 大学英语自主学习能力培养教程[M]. 哈尔滨：黑龙江大学出版社，2007.

[25] 严明. 大学英语自主学习能力培养模式研究[M]. 哈尔滨：黑龙江大学出版社，2009.

[26] 陈俊森，樊葳葳，钟华. 跨文化交际与外语教育[M]. 武汉：华中科技大学出版社，2006.

[27] 杨连瑞. 英语教学艺术论[M]. 南宁：广西教育出版社，2003.

[28] 高等学校外语专业教学指导委员会英语组. 高等学校英语专业英语教学大纲[M]. 北京：外语教学与研究出版社，2000.

[29] 肖正德. 冲突与调适——农村中小学教学改革的文化路向[M]. 杭州：浙江大学出版社，2010.

[30] 钱穆. 文化与生活[M]. 台北：台湾乐天出版社，1963.

[31] 张岱年，方克立. 中国文化概论[M]. 北京：北京大学出版社，

2004.

[32] 张岱年, 程宜山. 中国文化与文化争论[M]. 北京：中国人民大学出版社, 1990.

[33] 雷蒙德·威廉斯. 文化与社会[M]. 北京：中国人民大学出版社, 1991.

[34] 爱德华·泰勒. 原始文化[M]. 杭州：浙江人民出版社, 1989.

[35] 伊恩·罗伯逊. 社会学（上册）[M]. 北京：商务印书馆, 1990.

[36] C. 恩伯, M. 恩伯. 文化的变异[M]. 沈阳：辽宁人民出版社, 1998.

[37] 高洪德. 高中英语新课程理论与教学实践[M]. 北京：商务印书馆, 2005.

[38] 谭顶良. 学习风格论[M]. 南京：江苏教育出版社, 1995.

[39] 杜秀莲. 大学英语教学改革新问题新策略[M]. 济南：山东大学出版社, 2011.

[40] 许志坚. 多媒体外语教学理论与方法[M]. 厦门：厦门大学出版社, 2010.

[41] 程东元. 外语教学技术[M]. 北京：国防工业出版社, 2008.

[42] 张红玲, 朱晔, 孙桂芳, 等. 网络外语教学理论与设计[M]. 上海：上海外语教育出版社, 2010.

[43] 黄宇星. 现代教育技术学[M]. 福州：福建教育出版社, 2004.

[44] 杨永林. 社会语言学研究：功能·称谓·性别篇[M]. 上海：上海外语教育出版社, 2004.

[45] 冯志伟. 应用语言学综述[M]. 广州：广东教育出版社, 1999.

[46] 陈坚林. 计算机网络与外语课程的整合[M]. 上海：上海外语教育出版社, 2010.

[47] 钟志贤. 信息化教学模式[M]. 北京：北京师范大学出版社, 2006.

[48] 徐锦芬. 大学外语自主学习理论与实践[M]. 北京：中国社会科学出版社, 2007.

[49] 米哈依尔, 瓦西里耶维奇, 利亚霍维茨基. 外语教授方法[M]. 莫

斯科：莫斯科高等学校出版社，1981.

[50] 都建颖．以内容为依托的学术用途英语教学：概念、理论基础与实践模式[J]．中国 ESP 研究，2011（1）.

[51] 顾琦一．输出假说剖析[J]．外语学刊，2006（2）.

[52] 秦秋．英语阅读与听力关系探析[J]．语言学研究，2006（12）.

[53] 卜玉坤．大学英语写作分阶段教学的具体方案与教学实验[J]．外语界，1996（4）.

[54] 卢春艳．大学英语教学中的文化教学[J]．枣庄师范专科学校学报，2003（6）.

[55] 肖华芝，欧阳玲珑．大学英语文化教学现状调查与分析[J]．西南石油大学学报，2010（7）.

[56] 李一飞．大学英语文化教学的现状分析[J]．湖北广播电视大学学报，2010（3）.

[57] 林汝昌．外语教学的三个层次与文化导入的三个层次[J]．外语界，1996（4）.

[58] 曹文．英语文化教学的两个层次[J]．外语教学与研究，1998（3）.

[59] 王开玉．走出语言系统：由"外"向"内"[J]．外语与外语教学，2003（12）.

[60] 鲍志坤．也论外语教学中的文化导入[J]．外语界，1997，（1）.

[61] 顾弘，张燕．论外语教学中的"文化导入"[J]．西安外国语学院学报，2001，（1）.

[62] 杨洪侠，范凤芝．谈高级英语文化教学原则[J]．高教研究，2010（11）

[63] 许静．浅谈大学英语之文化教学原则[J]．经济研究导刊，2008(7).

[64] 吴春明，李德超．论外语教学中文化教学的内容和方法[J]．韩山师范学院学报，2000（3）.

[65] 罗宏，张昭苑．大学英语的情感教学[J]．天津市经理学院学报，2010（4）.

[66] 杨培沛．论大学英语情感教学[J]．鄂州大学学报，2010（1）.

[67] 吴金娥. 浅析大学英语情感教学[J]. 河北大学成人教育学院学报，2011（2）.

[68] 洪俊彬. 试论大学英语情感教学[J]. 牡丹江教育学院学报，2007（6）.

[69] 蒋业梅，秦耀咏. 论大学英语情感教学[J]. 玉林师范学院学报，2005（6）.

[70] 张玉红. 论情感教学法在大学英语教学中的作用[J]. 河南教育（高校版），2007（6）.

[71] 胡斌武. 学习风格与学习策略的选择[J]. 上海教育科研，1996（9）.

[72] 何高大. 中国网络英语教学所面临的问题与对策[J]. 四川外国语学院学报，2002（6）.

[73] 朱哗. 英语网络学习策略缺失文体及其对策[J]. 外语电化教学，2005（1）.

[74] 肖川. 补一补方法论的课[J]. 青年教师，2008（2）.

[75] 杨晓丹，王利娟. 大学英语网络教学的研究现状[J]. 北京农学院学报，2007（2）.

[76] 李康. 网络教学模式构成要素分析[J]. 远程教育杂志，2003（3）.

[77] 韩清林. 关于"自主学习"教育教学改革实验的若干基本问题[J]. 河北教育，1999（12）.

[78] 程晓堂. 论自主学习[J]. 学科教育，1999（9）.

[79] 庞维国. 论学生的自主学习[J]. 华东师范大学学报，2001（5）.

[80] RICHARDS, JACK C. Error analysis: perspectives on second language acquisition[M]. London: Longman Group Limited, 1974.

[81] JOY M. REID. Learning styles in the ESL/EFL classroom[M]. Beijing: Foreign Language Teaching and Research Press, 2002.

[82] HARRIS, M. P. MCCANN. Assessment[M]. Oxford: Heinemann, 1994.

[83] 何克抗. 从 Blending-learning 看教育技术理论新发展（上）[J]. 电化教育研究，2004（3）.

[84] 李克东，赵建华. 混合学习的原理与应用模式[J]. 电化教育研究，2004（8）.